Direito Penal Econômico

2020

Coordenador
Rogério Cury

Organizadora
Mariana Beda Francisco

DIREITO PENAL ECONÔMICO
© Almedina, 2020
COORDENAÇÃO: Rogério Cury
DIAGRAMAÇÃO: Almedina
DESIGN DE CAPA: FBA
ISBN: 9786556270548

Dados Internacionais de Catalogação na Publicação (CIP)
(Câmara Brasileira do Livro, SP, Brasil)

Direito penal econômico / coordenação Rogério
Cury. -- 1. ed. -- São Paulo : Almedina
Brasil, 2020.

Vários autores.
Bibliografia
ISBN 978-65-5627-054-8

1. Direito econômico 2. Direito penal I. Cury,
Rogério.

20-38175   CDU-343.33

Índices para catálogo sistemático:

1. Direito penal econômico 343.33

Maria Alice Ferreira - Bibliotecária - CRB-8/7964

Este livro segue as regras do novo Acordo Ortográfico da Língua Portuguesa (1990).

Todos os direitos reservados. Nenhuma parte deste livro, protegido por copyright, pode ser reproduzida, armazenada ou transmitida de alguma forma ou por algum meio, seja eletrônico ou mecânico, inclusive fotocópia, gravação ou qualquer sistema de armazenagem de informações, sem a permissão expressa e por escrito da editora.

Agosto, 2020

EDITORA: Almedina Brasil
Rua José Maria Lisboa, 860, Conj.131 e 132, Jardim Paulista | 01423-001 São Paulo | Brasil
editora@almedina.com.br
www.almedina.com.br

SOBRE O COORDENADOR

Rogério Cury
Advogado criminalista (sócio de Cury & Cury Sociedade de Advogados).
Professor de Direito Penal e Prática Penal da Universidade Presbiteriana
Mackenzie. Coordenador Adjunto dos Cursos de Pós-Graduação em Direito
Penal da Universidade Mackenzie. Cursou Direito Penal e Direito Proces-
sual Penal Alemão, Europeu e Transcontinental na George August Uni-
versitat, Alemanha. Professor convidado dos Cursos de Pós-Graduação em
Direito Penal da PUC-SP/COGEAE e da Escola Paulista de Direito. Coor-
denador dos Cursos de Direito Penal e Direito Processual Penal da Atame
(Brasília/DF, Goiânia/GO e Cuiabá/MT). Conselheiro Secional da OAB-SP
(2019/2021) e Vice-Presidente da Comissão Especial de Processo Penal da
OAB-SP (2019/2021).

SOBRE OS AUTORES

Ana Flávia Messa
Doutora em Direito Público pela Universidade de Coimbra. Doutora em Direito Público pela USP. Mestre em Direito Político e Econômico pela Universidade Presbiteriana Mackenzie. Membro da Academia Paulista de Letras Jurídicas. Membro do Conselho Científico da Academia Brasileira de Direito Tributário. Membro do Conselho Editorial da *International Studies on Law and Education*. Professora da Universidade Presbiteriana Mackenzie. Advogada e Consultora Jurídica.

Augusto Martinez Perez Filho
Doutor e Mestre em Direito. LLM pela *Brigham Young University*, EUA. Professor Universitário e advogado.

Daniela Marinho Scabbia Cury
Mestre em Direito Penal pela USP. Especialista em Direito Penal e Processo Penal pela PUC-SP. Concluiu curso de extensão em Direito Penal Econômico pelo IASP e em Direito Penal Econômico pela Escola Paulista da Magistratura. Cursou Direito Penal e Direito Processual Penal Alemão, Europeu e Transcontinental na *George August Universitat*, Alemanha. Advogado criminalista (sócio de Cury & Cury Sociedade de Advogados).

Edson Luz Knippel
Doutor, Mestre e Bacharel em Direito pela PUC-SP. Professor de Direito Penal e Prática Penal da Faculdade de Direito da Universidade Presbiteriana Mackenzie. Advogado criminalista, palestrante e conferencista.

Enzo Fachini
Pós graduado em Direito Penal Econômico pela Fundação Getúlio Vargas – FGV. Bacharel em Direito pela Universidade Presbiteriana Mackenzie. Membro do Instituto de Defesa do Direito de Defesa e do Instituto Brasileiro de Ciências Criminais – IBCCRIM. Advogado.

Everton Luiz Zanella
Doutor em Direito Processual Penal e Mestre em Direito Penal pela PUC--SP. Professor de Direito Penal e Direito Processual Penal da Universida-

de Presbiteriana Mackenzie e da Escola Superior do Ministério Público de São Paulo. Professor convidado dos cursos de especialização da Escola Paulista de Direito e do Centro Universitário Toledo de Ensino (Presidente Prudente). Promotor de Justiça no Estado de São Paulo.

Fernando Gardinali Caetano Dias
Mestre e Bacharel em Direito pela USP. Especialista em Direito Penal Econômico pela Universidade de Coimbra/IBCCRIM. Especialista em Direito Penal Econômico pela Escola de Direito da FGV-SP.

Fernando Vieira Luiz
Doutor em Direito pela UFSC. LLM pela *University of Connecticut School of Law (Honors)*. Mestre em Direito pela Unesa. Juiz de Direito. Juiz Instrutor do Superior Tribunal de Justiça de Santa Catarina.

Glauter Del Nero
Mestrando em Direito Penal pela USP. Professor da Pós-Graduação em Direito Penal e Processual Penal da Universidade Presbiteriana Mackenzie. Advogado criminalista.

José Paulo Micheletto Naves
Doutorando e Mestre em Direito Penal pela Faculdade de Direito da USP. Advogado criminalista.

José Roberto Coêlho de Almeida Akutsu Lopes
Especialista em Direito Penal Econômico pela Escola de Direito da FGV-SP. Bacharel em Direito pela Universidade Presbiteriana Mackenzie. Membro da Comissão de Processo Penal da OAB-SP.

Juliana Malafaia
Especialista em Direito Penal Econômico pela Escola de Direito da FGV-SP em Direito Penal e Processo Penal pelo IDP-Brasília. Membro do Instituto de Defesa do Direito de Defesa e do Instituto Brasileiro de Ciências Criminais – IBCCRIM. Bacharel em Direito pelo Centro Universitário de Brasília – UniCEUB. Advogada.

Lissa Moreira Marques

Pós-graduada em Direito Penal e Processo Penal pela Universidade Candido Mendes – UCAM. Especialista em Direito Penal Econômico pela Universidade de Coimbra/IBCCRIM. Bacharel em Direito pelo Centro Universitário de Brasília – UniCEUB. Advogada.

Luiza Borges Terra

Doutoranda em Derecho Penal Económico pela Universidad Pablo de Olavide, Espanha e Mestre em Criminología pela mesma instituição. Conclui curso de Dogmática Penal na *Georg-August-Universität Gottingen* e de Lavagem de Dinheiro e Organizações Criminosas na Universidade de Palermo. Professora da pós-graduação em Direito Penal do Centro Universitário Filadelfia. Vice-Presidente da Associação Nacional da Advocacia Criminal do Estado do Paraná. Advogada.

Marcela Vieira da Silva

Pós-graduanda em Direito Penal e Criminologia pela PUC-RS. Especialista em Direito Penal Econômico pela Universidade de Coimbra/IBCCRIM. Bacharel em Direito pela Universidade Presbiteriana Mackenzie. Advogada.

Marco Aurélio Florêncio Filho

Pós-Doutor em Direito pela *Faculdad de Derecho* da Universidad de Salamanca. Doutor em Direito pela PUC-SP. Mestre em Direito pela Universidade Federal de Pernambuco. Coordenador do Programa de Pós-Graduação (Mestrado e Doutorado) em Direito Político e Econômico da Universidade Presbiteriana Mackenzie.

Mariana Beda Francisco

Pós-graduanda em Direito Penal e Criminologia pela PUC-RS. Cursou Direito Penal e Direito Processual Penal Alemão, Europeu e Transcontinental na *George August Universitat*, Alemanha. Advogada.

Marina de Oliveira de Vasconcellos Luiz

Pós-Graduada em Direito Penal e Processo Penal pela Escola do Ministério Público de Santa Catarina – UNIVALI. Advogada.

Pablo Milanese

Doutor em Ciências Jurídicas pela Universidade de Granada, Espanha. Mestre em Ciência Jurídica pela Universidade do Vale do Itajaí-SC. Especialista em Direito Processual Penal pela PUC-PR. Professor da Universidade Estadual de Ponta Grossa – PR. Advogado.

Thamara Duarte Cunha Medeiros

Doutora em Direito Penal e Política Criminal pela Universidade de Granada, Espanha. Professora da graduação e pós-graduação e coordenadora acadêmica do curso de pós-graduação em direito penal econômico e empresarial da Universidade Presbiteriana Mackenzie. Advogada.

Wagner Flores de Oliveira

Especialista em Direito Penal Empresarial pela PUC-RS. Cursou a Escola Alemã de Ciências Criminais na Georg-August-Universität Gottingen. Concluiu V Curso sobre Lavagem de Dinheiro e Organizações Criminosas na *Università Degli Studi di Palermo*. Graduando em Filosofia pela Universidade de Caxias do Sul. Advogado criminalista.

Yasmin Abrão Pancini Castanheira

Cursando LLM em *Corporate Finance Law na University of Westminster*. Bacharel em Direito pela Faculdade de Direito da Universidade Presbiteriana Mackenzie.

AGRADECIMENTOS.

À minha esposa, Daniela Cury, advogada criminalista e autora de obras jurídicas, e ao meu amado filho João Pedro, obrigado pelo carinho, amor e apoio incondicional. Amo vocês.

À Dra Manuella, editora jurídica da editora Almedina, pela confiança. Em seu nome, cumprimento todas e todos os profissionais que laboraram na confecção da presente obra.

À Mariana Beda Francisco, competente advogada e organizadora da obra. Sem sua atuação, não teríamos a reunião, em um único livro, de temas e profissionais de destaque nacional e internacional. Muito obrigado, Mari.

Aos coautores, agradeço pela disponibilidade e confiança. Minha eterna gratidão e respeito.

A você, leitor, muito obrigado por acreditar.

APRESENTAÇÃO

Coordenar uma obra, em especial com o selo Almedina, me traz extrema responsabilidade que, no caso, divido com excelentes profissionais que a compõem, na condição de coautores.

Assim, honrado, apresento-lhes a obra "Direito Penal Econômico", fruto do trabalho de pesquisa e atuação prática de renomados juristas, pós-doutores, doutores e mestres que abordaram temas que servirão de base para estudos e julgados, tais como os delitos contra a ordem tributária, o delito de gestão temerária de instituição financeira e de lavagem de capitais, as criptomoedas, o delito de cartel, a teoria da cegueira deliberada, o alcance do *ne bis in idem*, os acordos de leniência e de não persecução penal, dentre outros.

Em verdade, com a crescente e, porque não dizer, exagerada expansão do direito penal, notadamente no campo dos bens coletivos, imprescindível que a doutrina traga luzes e discuta temas que integram - o que costumo chamar – o novo direito penal de incidência transindividual e multidisciplinar. Matérias das quais ainda há um certo neofitismo no Brasil, cabendo a todas e todos avançarmos em sua abordagem sempre sem a pretensão de findar a discussão.

Enfim, o direito penal expansionista mostra um futuro a repetir o passado, que precisa ser estudado e questionado, como foi feito na presente obra.

Caro leitor, com isso, desejo-lhe bons momentos e uma ótima pesquisa.

Rogério Cury
Coordenador

SUMÁRIO

1. **Aspectos controvertidos dos crimes contra a ordem tributária**
    ANA FLÁVIA MESSA e EVERTON LUIZ ZANELLA 17

2. **Teoria da cegueira deliberada e o elemento subjetivo do tipo no crime de lavagem de dinheiro**
    FERNANDO VIEIRA LUIZ e MARINA DE OLIVEIRA DE VASCONCELLOS LUIZ 47

3. **Considerações dogmáticas sobre o crime de cartel**
    GLAUTER DEL NERO e JOSÉ PAULO MICHELETTO NAVES 65

4. **O crime do art. 48 da Lei n. 9.605/1998 e o termo inicial da prescrição da pretensão punitiva**
    MARCELA VIEIRA DA SILVA 87

5. **Prevenção à lavagem de dinheiro em** *Cryptocurrencies Exchanges Anti-Money Laundering at Cryptocurrencies Exchanges*
    MARCO AURÉLIO FLORÊNCIO FILHO e YASMIN ABRÃO PANCINI CASTANHEIRA 105

6. **Relativização da função crítica do bem jurídico no âmbito do Direito Penal Econômico**
    PABLO MILANESE e THAMARA DUARTE CUNHA MEDEIROS 131

DIREITO PENAL ECONÔMICO

7. **Gestão temária de instituição financeira**
    Rogério Cury e Edson Luz Knippel — 151

8. **A internacionalização do direito penal econômico: uma primeira aproximação ao caráter transnacional do crime de lavagem de dinheiro**
    Wagner Flores de Oliveira e Luiza Borges Terra — 171

9. **Breves reflexões sobre o acordo de não persecução penal**
    Augusto Martinez Perez Filho — 195

10. **Breve recorte jurisprudencial do alcance da garantia do *"ne bis in idem"***
    Daniela Marinho Scabbia Cury, Lissa Moreira Marques e Mariana Beda Francisco — 223

11. **Breve análise sobre a sentença absolutória do crime antecedente e seus reflexos na persecução do crime de lavagem de capitais**
    Enzo Fachini e Juliana Malafaia — 237

12. **Reflexos penais do acordo de leniência: quando a lógica empresarial colide com a lógica personalíssima**
    Fernando Gardinali Caetano Dias e José Roberto Coêlho de Almeida Akutsu Lopes — 255

1. Aspectos Controvertidos dos Crimes contra a Ordem Tributária

Ana Flávia Messa
Everton Luiz Zanella

Introdução

Um dos fundamentos da República Federativa do Brasil é a **soberania**, que pode ser analisada em dois aspectos[1]:

a) externo[2]: soberania é independência, ou seja, a República Federativa do Brasil relaciona-se com outros Estados estrangeiros na base da igualdade jurídica, de forma que o vínculo internacional é caracterizado como relação de coordenação e não de subordinação[3];

---

[1] "A soberania tem um aspecto interno e um aspecto externo. O primeiro se manifesta nos diferentes poderes do Estado: no Legislativo, no Executivo e no Judiciário. Ele é a consagração do direito de autodeterminação, isto é, o direito do Estado de ter o governo e as leis que bem entender sem sofrer interferência estrangeira. O aspecto externo é o direito à independência que se manifesta no direito de convenção; direito à igualdade política; direito de legação; direito ao respeito mútuo." (Mello, Celso D. de Albuquerque. *A soberania através da história. Anuário: direito e globalização: a soberania*. São Cristóvão-RJ: Renovar, 1999).

[2] "No plano internacional não existe autoridade superior nem milícia permanente. Os Estados se organizam horizontalmente, e dispõem-se a proceder de acordo com as normas jurídicas na exata medida em que estas tenham constituído objeto de seu consentimento" (Resek, J. Francisco. Direito internacional público. São Paulo: Saraiva, 2005).

[3] Duguit, Léon. *Traité de droit constitutionnel*. Paris: Ancienne Librarie e Fontemoing, 1930.

DIREITO PENAL ECONÔMICO

b) interno: soberania é supremacia interna, ou seja, é o comando que o Estado exerce sobre todas as pessoas e os bens do território nacional, visando o bem comum[4]. Manzini[5] afirma que a relação de submissão de todos à soberania estatal interna é denominada relação política.

No tocante à soberania interna, há uma discussão doutrinária a respeito de sua conceituação[6]; alguns sustentando a ideia de poder[7]; outros a da qualidade inerente ao poder[8]. Não obstante exista a divergência doutrinária, o fato é que o poder estatal é supremo, não existindo nada nem ninguém acima do Estado.

1. Supremacia estatal

A supremacia estatal, exigência por vezes necessária para manter a convivência social, não implica, no sistema constitucional vigente, numa cláusula de caráter absoluto. Desta forma, incidem sobre ela limitações da ordem jurídica, especialmente de cunho garantista, que refletem o respeito aos direitos básicos do indivíduo. Conforme acentua Antonio Scarance Fernandes[9]: *"Na evolução do relacionamento indivíduo-Estado*

---

[4] Há na doutrina dois posicionamentos a respeito do estudo da finalidade do Estado. O primeiro posicionamento sustenta que a finalidade do Estado não é elemento formador do Estado (KELSEN, Hans. *Teoria general del estado*. México: Editora Nacional, 1950). O segundo posicionamento sustenta que a finalidade do Estado é elemento formador do Estado (GROPPALI, Alexandre. *Doutrina do estado*. São Paulo: Saraiva, 1962).

[5] Entre o Estado e os particulares surge uma relação política que a todos vincula, subordinados que se acham à soberania dele: obrigação geral de respeitar as leis (MANZINI, Vincenzo. *Tratado de derecho procesal penal*. Torino: Unione Tipografico-Editrice Torinese, 1948).

[6] Há na doutrina dois posicionamentos a respeito da caracterização conceitual de soberania. O primeiro posicionamento sustenta que soberania, em termos objetivos, possui um aspecto substantivo (poder) e um aspecto adjetivo (qualidade do poder estatal) (RANELLETTI, Oreste. *Istituzioni di diritto pubblico*. Milano: Giuffrè, 1955). No segundo posicionamento, há em comum a percepção do aspecto unitário no conceito de soberania; porém, existem nesse posicionamento duas vertentes: a) é o poder (JELLINEK, Georg. *Teoria general del estado*. Buenos Aires: Albatroz, 1954); b) é a qualidade do poder estatal (HELLER, Hermann. *Teoria do estado*. Buenos Aires: Fondo de Cultura Econômica, 1961).

[7] CAETANO, Marcello. *Manual de ciência política e direito constitucional*. Lisboa: Coimbra Ed., 1972.

[8] REALE, Miguel. *Teoria do direito e do Estado*. São Paulo: Martins, 1960.

[9] FERNANDES, Antonio Scarance. *Processo penal constitucional*. São Paulo: Revista dos Tribunais, 2005.

houve a necessidade de normas que garantissem os direitos fundamentais do ser humano contra o forte poder estatal intervencionista".

A soberania interna[10], caracterizada pela supremacia, na realidade contemporânea, é um **conceito relativo**, por dois motivos: a) é susceptível de limites e restrições impostos pela ordem jurídica e pelo respeito aos direitos fundamentais; b) pela inserção gradativa dos Estados na comunidade internacional, em busca da cooperação internacional dos Estados em prol das finalidades comuns[11].

No âmbito da soberania interna, além da exigência de uma administração pública dialógica preocupada com a máxima garantia dos direitos fundamentais, é necessário que a atuação estatal espelhe as diretrizes básicas conciliatórias da ampliação da participação comunitária nos destinos políticos do país com o bem-estar social consubstanciado no respeito à dignidade da pessoa humana[12].

2. Controle social penal

O Estado, para manter a supremacia interna, justificando sua própria existência, realiza atividades que visam ordenar o comportamento das pessoas, de forma a regular a vida em sociedade. Conforme acentua Muñoz Conde[13]:

"Controle social é condição básica da vida social. Com ele se asseguram o cumprimento das expectativas de conduta e o interesse das normas que regem a convivência, conformando-os e estabilizando-os contrafaticamente, em caso de frustração ou descumprimento, com a respectiva sanção imposta por uma determinada

---

[10] "É o poder de produzir o Direito Positivo, que é o direito contra o qual não há direito; o direito que não pode ser contrastado; e é um poder de decidir em última instância , "porque é o poder mais alto, o poder acima do qual [internamente] não há poder" (TELLES JUNIOR, Goffredo. Iniciação na ciência do direito. São Paulo: Saraiva, 2001).

[11] MAZZUOLI, Valério de Oliveira. *Soberania e a proteção internacional dos direitos humanos: dois fundamentos irreconciliáveis.* Revista de informação legislativa. Brasília: Senado Federal, Subsecretaria de Edições Técnicas, ano 39, n. 156, out/dez 2002.

[12] "O Estado moderno, para assegurar a paz, afirmou-se, em última análise, graças a uma ordem jurídica coativa e ao monopólio legítimo do uso da força. O objetivo foi sempre o de garantir as condições mínimas externas possibilitadoras do livre desenvolvimento da personalidade do indivíduo e do funcionamento do corpo social" (DIAS, Hélder Valente. *Metamorfoses da polícia:* novos paradigmas de segurança e liberdade. Coimbra: Almedina, 2012).

[13] MUÑOZ CONDE, Francisco. *Direito penal e controle social.* Trad. Cíntia Toledo Miranda Chaves. Rio de Janeiro: Forense, 2005.

DIREITO PENAL ECONÔMICO

forma ou procedimento. **O controle social determina, assim, os limites da liberdade humana na sociedade, constituindo, ao mesmo tempo, um instrumento de socialização de seus membros"** *(os grifos são nossos).*

Uma das atividades de ordenação social é o controle social punitivo[14], realizado através de duas formas:

a) controle social primário ou imediato ou direto: é realizado pela esfera estatal através do exercício do direito de punir[15] (*jus puniendi*), um encargo do Estado de responsabilizar o infrator da lei penal por meio de um processo criminal (*nulla poena sine juditio*[16]), de forma a disciplinar a liberdade individual em nome do bem-estar coletivo e realizar a defesa da prevenção e repressão de perigos para a ordem pública. Zaffaroni[17] define o sistema penal de persecução criminal (desde a investigação até execução da pena) de **controle social punitivo institucionalizado.**

Cabe ressaltar que o controle social punitivo primário, viabilizado pelo exercício do direito de punir, pressupõe a existência de um ordenamento jurídico-penal, ou seja, a previsão em lei pelo Estado das condutas definidas como infração penal, tendo em conta o bem comum. *O Estado, ao editar o ordenamento jurídico-penal, como esse conteúdo de direito à obediência penal, visa garantir o interesse na manutenção dos valores fundamentais da vida individual e coletiva, cuja violação importa em dano social só reparável por meio de pena*[18];

O Estado exerce, em nome da defesa social, o poder de punir[19], destacado não apenas como elemento que possibilita a existência da orga-

---

[14] BACIGALUPO, Enrique. *Manual de derecho penal.* Bogotá: Temis/Ilanud, 1984.

[15] Parte da doutrina não aceita a expressão direito de punir, mas sim poder-dever, já que a manifestação do exercício da justiça penal é decorrente do poder soberano do Estado.

[16] "Não pode haver punição sem julgamento".

[17] Chamamos "sistema penal" ao *controle social punitivo institucionalizado*, que na prática abarca a partir de quando se detecta ou supõe detectar-se uma suspeita de delito até que a imposição e execução de uma pena, pressupondo uma atividade normativa que cria a lei que institucionaliza o procedimento, a atuação dos funcionários e define os casos e as condições para esta atuação (ZAFFARONI, Eugenio Raú; PIERANGELI, José Henrique. *Manual de direito penal brasileiro*: parte geral. 5. ed. rev. São Paulo: Revista dos Tribunais, 2004).

[18] PETROCELLI, Biagio. *La colpevolezza.* 3. ed. Padova: CEDAM, 1955.

[19] "O Estado não tem, apenas, o direito de punir, mas sobretudo o dever de punir. Seus funcionários devem agir" (DE ALMEIDA, Joaquim Canuto Mendes. *Princípios fundamentais do processo penal.* São Paulo: Revista dos Tribunais, 1973).

nização social, mas como mecanismo garantidor de uma ordem jurídica justa, com a proteção dos bens jurídicos fundamentais, estruturada na retribuição e prevenção do crime, e na reeducação do delinquente[20].

b) controle social secundário ou mediato ou indireto: é realizado pelas instâncias informais como a opinião pública, o sistema educativo, a igreja, a família, a imprensa, que objetivam criar estratégias e conscientização na submissão dos membros da sociedade ao ordenamento jurídico-penal e, por consequência, à punição estatal, quando necessária na manutenção e reintegração da regularidade na vida comunitária.

> *"Os agentes de controle social informal tratam de condicionar o indivíduo, de discipliná-lo através de um largo e sutil processo (...). Quando as instâncias informais do controle social fracassam, entram em funcionamento as instâncias formais, que atuam de modo coercitivo e impõem sanções qualitativamente distintas das sanções sociais: são sanções estigmatizantes que atribuem ao infrator um singular status (de desviado, perigoso ou delinquente)"[21].*

3. Direito Penal Econômico

Dentro do Direito Penal, existe um sub-ramo (uma especialização) que estuda e regula os crimes praticados contra a ordem econômica: O Direito Penal Econômico[22]. Como uma especialidade do Direito Penal, e não do Direito Econômico ou do Direito Tributário[23], o Direito Penal Econômico visa tutelar a ordem econômica (em sentido lato), assim entendida como a regulação jurídica da produção, distribuição e consumo de bens e serviços.

O Direito Penal Econômico surgiu em decorrência da mudança de paradigma que tivemos ao longo do século XX, em que a criminalidade

---

[20] GRISPIGNI, Felipo. *Diritto penale italiano*. Milano: Giuffrè, 1952.

[21] MOLINA, Antonio García-Pablos de; GOMES, Luiz Flávio. *Criminologia*. São Paulo: Revista dos Tribunais, 2002.

[22] CIPRIANI, Mário Luís Lírio. Direito penal econômico e legitimação da intervenção estatal – Algumas linhas para a legitimação ou não-intervenção penal no domínio econômico à luz da função da pena e da política criminal. In: D'ÁVILA, Fábio Roberto; SOUZA, Paulo Vinícius Sporleder (Coord.). *Direito penal secundário*: estudos sobre crimes econômicos, ambientais, informáticos e outras questões. São Paulo: Revista dos Tribunais, 2006.

[23] Em sentido contrário: SOUZA, Washington Peluso Albino de. *Primeiras linhas de direito econômico*. 6 ed. São Paulo: LTr, 2005; RIGHI, Esteban. *Derecho penal econômico comparado*. Madrid: Editoriales de Derecho Reunidas, 1991.

DIREITO PENAL ECONÔMICO

deixou de ser somente tradicional, caracterizada pela lesão a bens ou interesses individuais, **para ser "dourada"** (ou do "colarinho branco")[24], abrangendo também os bens jurídicos coletivos e transindividuais, chamados de coletivos e difusos (como o meio ambiente, as relações de consumo, a ordem econômica e financeira), que dizem respeito ao regular funcionamento da sociedade e do Estado.

A mudança de paradigma da criminalidade, que contribuiu para o surgimento do direito penal econômico, com a criação de novos bens jurídicos penais, caracteriza um **direito penal em expansão**. Essa expansão do direito penal decorre de transformações significativas e rápidas que têm sido presenciadas em todos os setores da nossa sociedade e que afetam nosso modo de pensar, de interagir, de agir e de nos comunicar[25]. São caracterizadas por tais fatores:

a) rompimento das fronteiras econômicas, culturais e políticas no contexto da globalização;

b) desenvolvimento tecnológico e industrial, que trouxe novas relações de produção, comunicação e convivência na sociedade pós--moderna.

Essa invasão da tecnologia eletrônica, da automação e da informação, culmina numa sociedade de informação e de comunicação mediatizada e universalizada, e numa sociedade de conhecimento, fundada no progresso científico e tecnológico (sociedade

---

[24] "Dourada" por ter como autores que, via de regra, possuem poderio político e/ou econômico. Já a expressão "colarinho branco" foi utilizada pela primeira vez em 27.12.1939, pelo sociólogo norte-americano *Edwin Sutherland* numa palestra (intitulada *White collar criminality*) proferida na *Sociedade Americana de Sociologia*, quando discorreu sobre a existência de violações da lei penal praticadas por pessoas de alto nível econômico no desenvolvimento de suas atividades profissionais. Na ocasião, *Sutherland* designou como "colarinhos branco" (*white collar*) os trabalhadores não braçais, em contraste com os "colarinhos azuis" (*blue collar*) dos macacões dos obreiros (neste sentido: ZANELLA, Everton Luiz. *Proteção penal deficiente nos crimes contra a ordem tributária: necessidade de readequação do sistema punitivo para a efetiva implementação do Estado Democrático de Direito*. Dissertação apresentada na Pontifícia Universidade Católica de São Paulo (PUC/SP) para obtenção do título de Mestre em Direito Penal, sob orientação do Professor Livre Docente Antonio Carlos da Ponte. 2009, p. 75.

[25] MASI, Carlo Velho. *A Crise de Legitimidade do Direito Penal na Sociedade Contemporânea*. Rio de Janeiro: Lumen Juris, 2014; D'AVILA, Fabio Roberto. Aproximações à teoria da exclusiva proteção de bens jurídicos no direito penal contemporâneo. In: GAUER, Ruth Maria Chittó. *Criminologia e sistemas jurídico-penais contemporâneos II*. 2. ed. Porto Alegre: EDIPUCRS, 2011.

onde o fluxo de mensagens e imagens entre redes, passa a ser o ingrediente básico nas relações sociais);

c) alterações de um modelo de Estado liberal, característico do século XIX, para um Estado social e interventor no contexto socioeconômico, conforme as circunstâncias de cada país;

d) o aumento da violência e o surgimento de novos riscos, com novas formas de lesão aos bens jurídicos individuais e coletivos.

É a ampliação dos espaços de riscos jurídicos penalmente relevantes. O sociólogo alemão *Ulrich Beck* chama a nossa sociedade contemporânea de sociedade global do risco, uma verdadeira "caixa de pandora" que promove o crescente e contínuo processo de liberação aleatória de "novos riscos" que redundam no retorno da incerteza, da imprevisibilidade e da insegurança, em suas dimensões cognitiva e normativa.

O sociólogo britânico *Anthony Giddens* chama de "crise do controle", concebida como perda de domínio sobre o mundo em virtude do surgimento de perigos novos. O filósofo e sociólogo polonês *Bauman* acentua que a contemporaneidade é marcada pela "ambivalência", o "mal-estar" e as "vidas desperdiçadas".

Apesar da doutrina do direito penal não conseguir estabelecer com nitidez o conceito de Direito Penal Econômico, fixando sua objetividade jurídica, há uma **consciência universal** da existência de uma criminalidade grave, muito maior do que o produzido pela criminalidade convencional, por configurar um risco à estrutura político-normativa do Estado, já que configura uma ameaça séria que **abala os alicerces** de qualquer sociedade organizada e a confiança no sistema econômico-social e financeiro, em razão da: a) dimensão dos danos materiais e imateriais que provoca (danos não individualizáveis, irreparáveis, incontroláveis); b) sua capacidade de adaptação e sobrevivência às mutações sociais e políticas; c) aptidão para criar defesas que frustram as formas de luta que lhe são dirigidas.

Na tentativa de buscar um conceito para o direito penal econômico, os estudiosos estabelecem um conceito amplo e restrito[26]:

---

[26] CALLEGARI, André Luís. *Direito penal econômico e lavagem de dinheiro*: aspectos criminológicos. Porto Alegre: Livraria do Advogado, 2003; TIEDEMANN, Klaus. *El concepto de derecho*

a) no conceito restrito: é o conjunto de normas penais que resguardam a ordem socioeconômica (regulação jurídica do intervencionismo estatal na Economia), tutelando a intervenção direta do Estado na vida econômica, impondo normas ou planificando as atividades dos diversos agentes.

b) no conceito amplo: é o conjunto de normas penais que protege o desenvolvimento da atividade econômica no interior da economia de mercado, para a regulação da produção, fabricação e distribuição de bens econômicos.

Dentre os conceitos adotados, podemos entender que o conceito de direito penal econômico leva em conta a união das seguintes dimensões: **a) Dimensão normativa:** conjunto de normas penais; **b) Dimensão objetiva:** tutela a ordem economia em seu conjunto, ou seja, o conjunto de instituições e mecanismos de produção, distribuição, consumo e conservação de bens e serviços[27]; **c) Dimensão finalística:** tem como escopo tutelar a política econômica, cumprindo as exigências de ordem econômica justa, objetivo essencial do Estado social e democrático de direito[28].

O Direito Penal Econômico possui as seguintes características: **a) Interdisciplinar:** possui relação com os demais ramos do Direito, *ao redor do qual circulam o direito tributário, o direito administrativo, o direito financeiro, o direito ambiental, e inúmeros outros*[29]; **b) Não codificado:** é formado por normas e princípios dispersos em vários diplomas; **c) Obscuridade:** as condutas praticadas são de difícil identificação, apuração e punição, pois, em alguns casos, o lucro ilícito é "lavado" nas instâncias formais,

---

económico, de derecho penal económico y de delito económico. In: Cuadernos de política criminal. Madrid, Edersa, n. 28, p. 65-74, 1986.

[27] "....regula tanto o comportamento daqueles que participam do mercado, quando a proteger a estrutura e o funcionamento do próprio mercado, como também, a política econômica estatal, sob o manto garantista, sem preocupação de segurança." (ARAUJO JUNIOR, João Marcello. *O direito penal econômico.* In: Revista Brasileira de Ciências Criminais. São Paulo: Editora Revista dos Tribunais, ano 7, n. 25, p. 142-156, jan./mar. de 1999.

[28] PIMENTEL, Manoel Pedro. Direito penal *econômico.* São Paulo: Editora Revista dos Tribunais, 1973.

[29] CALLEGARI, André Luís. *Direito penal econômico e lavagem de dinheiro*: aspectos criminológicos. Porto Alegre: Livraria do Advogado, 2003.

adquirindo aparência de legalidade: *"....a fronteira entre uma fuga lícita o pagamento de impostos e uma fraude fiscal é muito estreita, já o sabemos, e o mesmo sucede com outras práticas características da delinquência económica. Há múltiplas e sofisticadas maneiras de lhes "dar um banho de legalidade*[30]; **d) Conteúdo Econômico:** visa proteger a política econômica, a ordem econômica, da atividade econômica presente e desenvolvida na economia de livre mercado, expressando em seus tipos penais, o conteúdo econômico peculiar; **e) Fluído:** é alterado de forma constante, de acordo com as mudanças da política existente no país, por envolver o trato de fatores econômicos influenciados não somente pela política econômica nacional e internacional; **f) Caráter supraindividual**: provoca danos não individualizáveis, irreparáveis, incontroláveis. Nas palavras de Márcia Dometila Lima de Carvalho:

> *"Os delitos econômicos têm, como bens jurídicos, valores supraindividuais e violam a confiança que deve existir como base da sociedade. Enquanto os bens jurídicos defendidos pelo Direito Penal clássico relacionam-se com o livre desenvolvimento da personalidade de cada homem individualmente considerado, os bens jurídicos protegidos pelo Direito Penal Econômico dizem respeito à atuação do cidadão, enquanto fenômeno social".*[31]

4. Crimes econômicos

Além do conceito de Direito Penal Econômico, é importante fixar que o direito penal econômico tem com **objeto de estudo** os crimes econômicos.

Ocorre crime econômico nas situações em que fins de lucro, prestígio ou progresso são procurados por meios ilegítimos: objetivo é o lucro econômico, uma vantagem comercial ou a dominação de um mercado. O objeto jurídico é a ordem pública econômica, funcionamento regular do processo econômico de produção, circulação e consumo de riqueza[32].

---

[30] RODRIGUES, Anabela Miranda. *Direito Penal Econômico: É legítimo? É Necessário?* Revista Brasileira de ciências Criminais, vol. 127, jan/2017.
[31] CARVALHO, Márcia Dometila Lima de, *Fundamentação constitucional do direito penal*, Porto Alegre: Sergio Antonio Fabris, 1992, p. 100-101.
[32] BETTI, Francisco de Assis. *Aspectos dos crimes contra o sistema financeiro no Brasil*: Leis 7.492/86 e 9.613/98. Belo Horizonte: Del Rey, 2000.

DIREITO PENAL ECONÔMICO

A ordem econômica adquiriu dimensão jurídica a partir do momento em que as Constituições passaram a tratar do tema.

A primeira Constituição que trouxe em seu texto a ordem econômica foi a Constituição Mexicana de 1917. A Constituição Mexicana foi um verdadeiro marco, pois antes dela o Direito Constitucional vivia na era do constitucionalismo político, ou seja, a preocupação era com a organização do Estado e com os direitos e garantias fundamentais. Após o seu surgimento, o constitucionalismo passou a ser político, econômico e social, pois além do Direito Constitucional tratar da organização do Estado e dos direitos e garantias fundamentais, passou a cuidar de temas econômicos e sociais. A principal promotora do evento foi a Constituição de Weimar na Alemanha de 1919. No Brasil, a Constituição de 1934 foi a primeira a consagrar princípios e normas sobre a ordem econômica.

A ordem econômica é o conjunto de normas que regulam a atividade econômica. *"É a expressão de um certo arranjo econômico, dentro de um específico sistema econômico, preordenado juridicamente. É a sua estrutura ordenadora, composta por um conjunto de elementos que confronta um sistema econômico"*[33]. Pelo conceito estrito, a ordem econômica (ou ordem pública econômica) é entendida como intervenção estatal direta na economia. O conceito amplo, por sua vez, concebe a ordem econômica como regulação jurídica da produção, distribuição e consumo de bens e serviços[34].

O fundamento essencial da ordem econômica é a valorização do trabalho humano e da livre iniciativa. As conclusões dessa afirmativa são as seguintes: 1) a Constituição consagra economia de mercado, ou seja, em regra, as atividades econômicas são exercidas por particular; de forma excepcional são exercidas pelo Poder Público; 2) a ordem econômica dá prioridade aos valores do trabalho humano sobre todos os demais valores da economia de mercado; 3) a prioridade tem por escopo orientar o Estado na economia a fim de fazer valer os valores sociais do trabalho.

---

[33] TAVARES, André Ramos. Direito constitucional econômico. 2. ed. rev. e atual. São Paulo: Método, 2006, p. 81.

[34] COSTA ANDRADE, Manuel da. A nova lei dos crimes contra a economia. In: Ciclos de estudos de direito penal econômico. 1 ed. Coimbra: Centro de Estudos Judiciários, 1985; MUÑOZ CONDE, Francisco. Cuestiones dogmáticas básicas en los delitos económicos. Revista Penal. Barcelona, año 1, n. 1, p. 67-76, ene. de 1998; PRADO, Luiz Regis. Direito penal econômico. São Paulo: Editora Revista dos Tribunais, 2004.

A finalidade da ordem econômica é assegurar a todos um existência digna, conforme os ditames da **justiça social**, a qual: 1) só se realiza mediante equitativa distribuição de riqueza; 2) só existe se não houver grandes desigualdades sociais e regionais; 3) não aceita situações de pobreza absoluta e miséria.

Como consequência disso, a tipificação de um crime econômico possui três aspectos: **a) aspecto finalístico**: visa proteger a segurança e a regularidade da política econômica do Estado. Além do patrimônio de indefinido número de pessoas, são também objeto da proteção legal o patrimônio público, o comércio em geral, a troca de moedas, a fé pública, e a Administração Pública; **b) aspecto social**: tem por finalidade salvaguardar o interesse da comunidade como um todo: os interesses relativos à economia em si mesma, enquanto sistema econômico-financeiro; **c) aspecto digital**: as possibilidades e facilidades oferecidas pelo avanço tecnológico ensejam o aparecimento de condutas praticadas em grande escala por organizações criminosas complexas e de grande potencialidade lesiva.

A doutrina estabelece dois conceitos para o crime econômico: **a) Restrito**: são as condutas que lesionam ou põem em perigo a ordem econômica, assim entendida como regulação jurídica do intervencionismo estatal na economia de um país; **b) Amplo:** são as condutas que lesionam, em primeiro lugar, interesses patrimoniais individuais; e, só em segundo lugar, a ordem econômica, tendo como norte a ofensa ao bem jurídico-penal-econômico e/ou a regulação da produção, fabricação e distribuição de bens econômicos.

Dentre os conceitos adotados, a corrente majoritária adota o conceito restrito. Na legislação brasileira, identificam-se como delitos econômicos: contra a ordem econômica em sentido estrito; contra o sistema financeiro; lavagem/branqueamento de dinheiro; delitos contra o mercado de capitais; contra a ordem tributária e previdência social; contra a economia popular; enriquecimento ilícito; delitos contra a relação de consumo.

5. Direito Penal Tributário

O Direito Penal Econômico é o gênero do qual deriva o Direito Penal Tributário, cujo objeto de estudo são os crimes contra ordem tributária, listados nos artigos 1º a 3º da Lei n. 8.137/90, e no artigo 334 no Código Penal, que trata do descaminho (ato de iludir o pagamento de *imposto*, que é uma espécie de tributo). Num sentido um pouco mais amplo podemos incluir, também, os *crimes contra a previdência social* (artigos 168-A e 337-A, ambos do Código Penal), dado que as contribuições sociais previdenciárias (art. 195 da Constituição Federal), objeto material de tais delitos, possuem natureza similar à do tributo.

Os crimes contra a ordem tributária só podem ser imputados ao agente a título doloso, sendo inadmissível eventual responsabilidade penal objetiva, porquanto manifestamente contrária ao princípio da culpabilidade.

Direito Penal Tributário não se confunde com o Direito Tributário Penal, que estuda as infrações e sanções administrativas decorrentes do descumprimento de obrigações tributárias principais ou acessórias. As infrações fiscais, diferente dos crimes tributários, podem ser atribuídas ao agente tanto a título de dolo quanto a título de culpa, nos termos do art. 136 do Código Tributário Nacional.

É necessário um direito penal tributário? A corrente doutrinária majoritária afirma que sim, pelos seguintes motivos: a) Importância social: o bem jurídico é a arrecadação tributária, condição essencial ao funcionamento da sociedade. Os recursos auferidos das receitas tributárias dão respaldo econômico necessário para realização das atividades destinadas a atender as necessidades sociais; b) a insuficiência das sanções administrativas para coibir a criminalidade tributária.

6. Aspectos dos crimes contra ordem tributária

6.1. Objetividade jurídica

O bem jurídico protegido é a ordem tributária, cujo fundamento constitucional é o intervalo entre os artigos 145 a 169 da Constituição Federal, que forma a base jurídica para o tratamento da ordem e do processo tributário-fiscal, integrante da constituição econômica.

De um modo geral, ao se referir ao bem jurídico tutelado pelos crimes contra a ordem tributária, a doutrina costuma apontar algumas correntes. As principais são:

a) corrente patrimonialista: o bem jurídico tutelado pelos crimes tributários é o patrimônio dinâmico da Fazenda Pública, também referido como erário e arrecadação tributária; o interesse jurídico tutelado pela lei penal tributária é apenas garantir a cobrança do tributo e desestimular a sonegação, fraude e o conluio.

b) corrente funcionalista: guarda relação com as diversas funções que o tributo deverá exercer em uma determinada sociedade. Está consubstanciado nas funções que o tributo deve exercer de acordo com os dispositivos constitucionais. O bem jurídico ofendido ou posto em perigo não é apenas o crédito do tesouro, mas todo o complexo de realização dessa política financeira informada pelo bem comum.

Adotamos a segunda posição. Ora, a ordem tributária é valor essencial para administração pública, porquanto o Estado tem de cobrar tributo para arrecadar recursos necessários para manter o seu encargo, compromisso e missão de defender, conservar e aprimorar os interesses da coletividade. Conforme observa Wanderley José Federighi:[35] *"[...] o funcionamento da máquina administrativa dá-se com a arrecadação de dinheiro, por meio de pagamento de tributos à Fazenda Pública"*.

O poder tributário é uma parcela ou emanação do poder estatal. Este poder pode ser visto de forma vertical, identificando os poderes tributários da União, dos Estados, do Distrito Federal, dos Municípios e autarquias. O poder tributário é poder estatal de obter recursos públicos que visa a atender as **necessidades coletivas** e desenvolver suas atividades num contexto de planejamento governamental baseado nos valores democráticos e no equilíbrio das contas públicas.

O Estado, por meio dos seus representantes, atende às necessidades públicas através da tomada de decisões políticas frente ao dinheiro público ao patrimônio da coletividade, na condição de servidores do bem público, baseando-se no respeito às leis, na dignidade humana, no bem -estar e na segurança do povo.

Desta forma, o poder tributário concretizado, em última análise em decisões políticas, deve proteger o patrimônio público, de modo a forta-

---

[35] FEDERIGHI, Wanderley José. *Direito tributário*. p. 20.

DIREITO PENAL ECONÔMICO

lecer o Estado Democrático de Direito, o Regime Republicano e a ideia de mandatários do povo responsáveis em todas suas matizes.

Portanto, o crime tributário, além de causar prejuízo patrimonial ao erário e à fé pública, também lesiona o conjunto de relações entre o fisco e o contribuinte, a arrecadação de tributos e sua justa redistribuição.

6.2. Falta de recolhimento de ICMS oportunamente declarado nas guias adequadas e relativo à dívida por operações próprias do contribuinte configura crime previsto no artigo 2º, II, da lei 8137/90?

Constitui crime contra a ordem tributária: Artigo 2º, II, da Lei nº 8.137/90 – deixar de recolher, no prazo legal, valor de tributo ou de contribuição social, descontado ou cobrado, na qualidade de sujeito passivo de obrigação e que deveria recolher aos cofres públicos.

Antes de responder à questão, é importante acentuar que:

a) O crime é omissivo próprio, pois se perfaz com a simples omissão da realização do ato, independentemente do resultado posterior.

b) A consumação ocorre com não recolhimento no prazo legal do montante do tributo ou da contribuição, descontado ou cobrado de terceiro, na qualidade de sujeito passivo da obrigação.

c) O tipo penal pressupõe do agente a vontade livre e consciente de apropria-se do valor do tributo ou contribuição descontado ou cobrado de outrem (deixando de recolher aos cofres públicos), na qualidade de sujeito passivo da obrigação tributária. A intenção de se apropriar do objeto material do crime, configura, portanto, elemento subjetivo do tipo.

Voltamos à questão. Diante da conduta do contribuinte do ICMS que, após ter declarado nas guias adequadas o valor do imposto recolhido relativo a dívida por suas próprias operações, deixa de recolher oportunamente o montante do tributo ao Fisco, formaram-se duas correntes quanto à existência do crime:

I) 1ª corrente: não ocorrência de crime

I. 1) a simples falta de pagamento de um tributo não pode caracterizar crime, pois a nossa Constituição Federal não contempla a prisão do devedor civil, salvo no caso do devedor de alimentos[36].

I. 2) o contribuinte não está deixando de recolher no prazo legal tributo descontado de terceiro. Ele está incidindo em inadimplemento, que pode acarretar-lhe o dever de pagar, além do tributo, a multa, juros e correção monetária. Neste caso a Fazenda Pública pode executar o contribuinte.

I. 3) a oportuna e regular declaração pelo contribuinte do ICMS equivale à confissão de dívida. Há presunção de que sua omissão em recolher o ICMS é despedia de dolo, ou seja, da intenção de se apropriar do que é devido à Administração Pública, havendo mera irregularidade administrativo-tributária, sem a incidência do crime. Não se pode sancionar criminalmente a mera falta de recolhimento de tributo, a não ser quando se verifica mediante fraude, reveladora de conduta dolosa.

II) 2ª corrente: ocorrência de crime

No julgamento do Habeas Corpus nº 399.109, O STJ decidiu que o contribuinte que declara o ICMS, mas deixa de efetuar o pagamento aos cofres públicos, comete crime. Por 6 votos a 3, os ministros da 3ª seção negaram a concessão da ordem para empresários que não pagaram valores declarados dos tributos, depois de repassá-los aos clientes.

A prática foi considerada apropriação indébita tributária, com pena de 6 meses a dois anos, além de multa, pois o tipo penal pune a conduta de deixar de recolher valor de tributo ou de contribuição social **descontado ou cobrado.**

O termo "descontado" se refere aos tributos diretos, quando há responsabilidade tributária por substituição (o substituto retém o tributo na fonte e não o recolhe), enquanto que o termo "cobrado" deve ser compreendido nas relações tributárias havidas com tributos indiretos (incidentes sobre o consumo).

---

[36] Observar, contudo, que essa tese foi afastada pelo STF, o qual afirmou que os crimes contra a ordem tributária têm natureza penal e não se relacionam com a prisão civil por dívida.

DIREITO PENAL ECONÔMICO

A interpretação do STJ nos parece coerente com a dogmática penal, porque não possui relevância o fato de o ICMS ser próprio ou por substituição, porquanto, em regra, não haverá ônus financeiro para o contribuinte de direito, na medida em que o valor do tributo é repassado ao consumidor final.

São quatro aspectos essenciais que devem compor a prática do crime de "apropriação indébita tributária":

1º) Em razão da inexistência de clandestinidade no delito de apropriação indébita (art. 168 do Código Penal), que pressupõe, como elemento estrutural, a posse lícita e legítima da coisa alheia móvel, conclui-se de igual forma que, para o delito de "apropriação indébita tributária" (art. 168-A do mesmo diploma legal) basta o agente deixar de recolher (ou seja, se apropriar) de tributo ou contribuição descontada ou cobrada, independentemente do fato de o agente registrar, apurar e declarar em guia própria ou em livros fiscais o imposto devido;

2º) O sujeito ativo é aquele que ostenta a qualidade de sujeito passivo da obrigação tributária, conforme claramente descrito pelo art. 2º, II, da Lei n. 8.137/1990, que não distingue o sujeito passivo direto do indireto da obrigação tributária e, por isso, nada impede que o sujeito ativo do crime possa ser, ao menos em tese, tanto o contribuinte (sujeito passivo direto da obrigação tributária) quanto o responsável tributário (sujeito passivo indireto da obrigação tributária);

3º) Exige, para sua configuração, que a conduta seja dolosa (elemento subjetivo do tipo), consistente na consciência (ainda que potencial) de não recolher o valor do tributo;

4º) A descrição típica do crime contém a expressão "valor de tributo ou de contribuição social, descontado ou cobrado", o que, indiscutivelmente, restringe a abrangência do sujeito ativo do delito, haja vista que nem todo sujeito passivo de obrigação tributária que deixa de recolher tributo ou contribuição social responde pelo crime do art. 2º, II, da Lei n. 8.137/1990, mas somente aqueles que "descontam" ou "cobram" o tributo ou contribuição.

6.3. possibilidade de compartilhamento de dados bancários obtidos legitimamente pelo Fisco com o Ministério Público e com a Polícia Judiciária, sem prévia autorização judicial, para uso em investigação criminal ou ação penal

O sigilo é um dever jurídico imposto às instituições financeiras para que estas não divulguem informações sobre movimentações bancárias de seus clientes, tais como aplicações, depósitos, saques etc. Tal imposição legal deriva do art. 1º da Lei Complementar nº. 105/2001, que dispõe que *"as instituições financeiras conservarão sigilo em suas operações ativas e passivas e serviços prestados"*.

Esse **dever de sigilo** existe porque as informações financeiras fazem parte da vida privada da pessoa física ou jurídica, protegida pelo artigo 5º, inciso X, da CF/88.

Desta feita, a ruptura do sigilo bancário (direito fundamental) somente é possível em caráter de excepcionalidade, mediante autorização judicial devidamente motivada, quando o sigilo estiver sendo usado para ocultar a prática de atividades ilícitas, e desde que esteja configurada justa causa para o seu rompimento.

A quebra do sigilo bancário é, portanto, excepcional e depende do preenchimento dos seguintes requisitos:

1) Ordem judicial devidamente fundamentada. Ora, como haverá restrição ao direito de privacidade do cidadão, é imprescindível demonstrar a necessidade das informações solicitadas, com o estrito cumprimento das condições legais autorizadoras. A decisão judicial se dará em análise de representação da autoridade policial (em autos de inquérito policial) ou requerimento do Ministério Público (durante as fases investigativa ou processual).

2) Obrigatoriedade da manutenção do sigilo em relação a pessoas estranhas à causa. Os dados bancários somente podem ser usados para os fins da investigação que lhe deu causa, de modo a evitar devassas na privacidade alheia, sendo obrigatória a manutenção do segredo quanto às pessoas estranhas à causa.

3) Individualização do investigado e do objeto da investigação. Observamos que a quebra pode se operar sem a oitiva do investigado, para garantir a efetividade da medida na busca da prova. Portanto, o contraditório será diferido (postergado para um momento posterior).

DIREITO PENAL ECONÔMICO

4) Indispensabilidade, para a investigação, dos dados que estão em poder da instituição financeira.

Em que pese todo o regramento acima, amparado pela Constituição Federal, não é necessária a autorização judicial para a requisição de informações bancárias pela Receita Federal, como meio de concretizar seus mecanismos fiscalizatórios na seara tributária, nos termos do art. 6º da Lei Complementar nº 105/2001, cuja constitucionalidade foi reconhecida pela Suprema Corte no julgamento do recurso extraordinário nº 601.314/SP, sob a sistemática da repercussão geral.

É evidente que a Receita Federal tem dever funcional de manutenção do sigilo, dever este que é expressamente previsto no art. 198 do Código Tributário Nacional (o qual veda à Fazenda Pública e seus servidores a divulgação de qualquer informação obtida, em razão do ofício, sobre a situação econômica ou financeira dos sujeitos passivos ou de terceiros e sobre a natureza e o estado dos seus negócios ou atividades).

Em que pese a obrigação legal de manutenção do sigilo, há uma importante exceção, pois é dever da Receita Federal a remessa de dados bancários indicativos de **eventual ilícito penal** ao Ministério Público, a partir do término do procedimento administrativo tributário, como forma de permitir a investigação e persecução penal (art. 83 da Lei n. 9.430/96, com redação dada pela Lei n. 12.350/2011), não configurando, tal comunicação, quebra do dever de sigilo (art. 1º, § 3º, IV, da LC nº 105/2001).

Em suma, a Receita Federal tem o dever de sigilo *erga omnes* sobre os dados financeiros dos investigados, mas tem, por outro lado, a obrigação de comunicar suspeitas de ilicitude penal ao Ministério Público, órgão titular da ação penal (art. 129, I, da CF/88). E esta comunicação, ou compartilhamento dos dados, pode se operar **sem autorização judicial**.

Tal matéria (compartilhamento de dados sem necessidade de autorização do Poder Judiciário) sempre gerou muita polêmica e foi submetida a julgamento pelo Supremo Tribunal Federal no bojo do Recurso Extraordinário 1.055.941. A corte, por maioria de votos, fixou a seguinte **tese de repercussão geral**:

*"1. **É constitucional o compartilhamento** dos relatórios de inteligência financeira da UIF **e da íntegra do procedimento fiscalizatório da Receita Fede-***

ral do Brasil, *que define o lançamento do tributo,* **com os órgãos de persecução penal** *para fins criminais,* **sem a obrigatoriedade de prévia autorização judicial**, *devendo ser resguardado o sigilo das informações em procedimentos formalmente instaurados e sujeitos a posterior controle jurisdicional. 2. O compartilhamento pela UIF e pela RFB, referente ao item anterior, deve ser feito unicamente por meio de comunicações formais,* **com garantia de sigilo**, *certificação do destinatário e estabelecimento de instrumentos efetivos de apuração e correção de eventuais desvios."* (Pleno, fixação da tese em 04/12/2019[37]) – os grifos são nossos.

6.4. A extinção da punibilidade pelo pagamento do tributo; a suspensão da investigação ou processo em decorrência do parcelamento do débito; e a necessidade de esgotamento das vias administrativas para o ajuizamento de ação penal

Como já vimos acima, a arrecadação de tributos é medida essencial para que o Estado possa, na sequência, aplicar as verbas arrecadadas em necessidades públicas (como saúde, educação, transporte, segurança, habitação, lazer, cultura, etc.), as quais terão por meta a satisfação dos direitos sociais e supraindividuais da população. É justamente por este motivo que adotamos o posicionamento de que o bem jurídico protegido nos crimes contra a ordem tributária é a função social do tributo (corrente funcionalista).

Noutras palavras, para que o Estado viabilize uma justiça social distributiva e igualitária, depende ele de um firme sistema de arrecadação tributária, o qual gerará recursos para a concretização de projetos sociais e políticas públicas[38].

Neste trilhar, é possível concluir que a proteção da ordem tributária é de interesse de toda a sociedade, merecendo, por conseguinte, a tutela no âmbito penal[39]. Trata-se, na realidade, da aplicação do *princípio*

---

[37] http://portal.stf.jus.br/processos/detalhe.asp?incidente=5213056, acesso em 29/03/2020.

[38] Vale citar, aqui, que diversos dispositivos constitucionais tratam da destinação dos tributos para se atingir necessidades públicas, como direitos sociais em sentido amplo (artigo 7º, IV, VII e XXV), educação (art. 211), assistência materno-infantil (art. 227, I), política para os idosos (art. 230), dentre muitos outros.

[39] Pensamos haver aqui um mandado de criminalização implícito, decorrente da identificação de um bem jurídico supraindividual de relevo constitucional.

DIREITO PENAL ECONÔMICO

da proporcionalidade[40]: se um bem encontra guarida na Constituição, de forma expressa ou implícita, ele deve ser arrimado pelo Direito e, se ele é de crucial importância para a sociedade (porque sua lesão causa dano a toda a coletividade), deve ele ser protegido pelo Direito Penal, cuja intervenção, do ponto de vista social, mostra-se útil (adequada) e necessária[41] para resguardar a coletividade e o bem comum.

Em razão da premissa de que o Direito Penal é necessário para salvaguardar o bem jurídico (ordem tributária e a função social do tributo), não vemos com bons a **extinção da punibilidade** relativa aos crimes dos artigos 1º e 2º da Lei nº 8.137/90 em decorrência do pagamento integral do tributo, benesse prevista em diversas normas legais, *v.g.* os artigos 9º da Lei 10.684/2003[42], 69 da Lei 11.941/2009[43], e 83, § 4º, da Lei 9.430/96, esta última com redação dada pela Lei 12.382/2011[44] [45].

---

[40] Pensamos, como boa parte da Doutrina, que o princípio da proporcionalidade possui duas faces. A primeira delas é a proibição do excesso, ou seja, de se tutelar algo desnecessário (condutas sem lesividade ou de pouca lesividade, as quais devem ser objeto de outros ramos do Direito, dado os *princípios da intervenção mínima, subsidiariedade* e *fragmentariedade*). A segunda face é a proibição da proteção penal deficiente, isto é, de se proteger um bem jurídico relevante de forma ineficaz ou por puro simbolismo.

[41] ZANELLA, Everton Luiz. *Proteção penal deficiente nos crimes contra a ordem tributária: necessidade de readequação do sistema punitivo para a efetiva implementação do Estado Democrático de Direito.* Dissertação apresentada na Pontifícia Universidade Católica de São Paulo (PUC/SP) para obtenção do título de Mestre em Direito Penal, sob orientação do Professor Livre Docente Antonio Carlos da Ponte. 2009, p. 70.

[42] "Art. 9º: Extingue-se a punibilidade dos crimes referidos neste artigo (artigos 1º e 2º da Lei n. 8.137/90; 168-A e 337-A, do Código Penal) quando a pessoa jurídica relacionada com o agente efetuar o pagamento integral dos débitos oriundos de tributos e contribuições sociais, inclusive acessórios".

[43] "Art. 69: Extingue-se a punibilidade dos crimes referidos no artigo 68 (artigos 1º e 2º da Lei n. 8.137/90; 168-A e 337-A, do Código Penal) quando a pessoa jurídica relacionada com o agente efetuar o pagamento integral dos débitos oriundos de tributos e contribuições sociais, inclusive acessórios, que tiverem sido objeto de concessão de parcelamento".

[44] "Art. 83, § 4º: Extingue-se a punibilidade dos crimes referidos no caput (artigos 1º e 2º da Lei n. 8.137/90; 168-A e 337-A, do Código Penal) quando a pessoa física ou a pessoa jurídica relacionada com o agente efetuar o pagamento integral dos débitos oriundos de tributos, inclusive acessórios, que tiverem sido objeto de concessão de parcelamento".

[45] As primeiras previsões de extinção da punibilidade pelo pagamento do tributo foram realizadas no artigo 2º da Lei nº 4.729/65 (que previa os crimes de sonegação fiscal) e artigo 14 da Lei n. 8.137/90, ambas revogadas pelo artigo 98 da Lei n. 8.383/91. Posteriormente a benesse renasceu no artigo 34 da Lei n. 9.249/95, com a condição de que o pagamento fosse feito antes do recebimento da denúncia, e, mais adiante, no artigo 15, § 3º, da Lei

As duas últimas normas legais permitem a extinção da punibilidade pelo pagamento integral do débito fiscal e previdenciário se (e somente se) o contribuinte estiver inscrito no regime de recuperação fiscal (REFIS). Esta exigência não é feita pela Lei 10.684/2003, que se aplica *"de forma indistinta, mesmo àqueles débitos que não tivessem sido submetidos ao regime de parcelamento, cuidando-se, portanto, de hipótese mais ampla"* (STF, 1ª T, HC 119.245-DF, Rel. Min. Dias Tófoli, j. 06/09/2013).

Note-se que o entendimento hoje prevalente no Supremo Tribunal Federal é o de que o pagamento integral do tributo ou contribuição social é causa extintiva da punibilidade, esteja o indivíduo inscrito ou não no programa de recuperação fiscal (Lei 10.684/2003 não exigiu esta condição), e independentemente do momento em que for realizado, sendo admissível até mesmo **após** o trânsito em julgado da condenação criminal (STF, 1ª T, HC 116.828-SP, j. 13/08/2013; e HC 119.245-DF, j. 06/09/2013; ambos de relatoria do Min. Dias Tófoli).

Destarte, independentemente de que espécie de fraude ou sonegação tenha praticado o agente, se ele pagar integralmente o tributo ou a contribuição social, a qualquer momento, terá declarada a extinção de sua punibilidade[46].

O benefício da extinção da punibilidade torna a Lei nº. 8.137/90 **praticamente inaplicável**, configurando-se um Direito Penal meramente simbólico, que afronta o princípio da proporcionalidade na sua segunda vertente, qual seja a proibição da proteção deficiente, uma vez que aniquila qualquer pretensão de imposição de pena para reprimir conduta socialmente lesiva, e vulnera a função preventiva (geral e especial) da norma penal, provocando **descrença social** quanto à importância do bem jurídico e incentivando novos atos de sonegação[47].

Viola, também, a nosso ver, o princípio da igualdade, uma vez que a benesse não atinge a criminalidade clássica. Por exemplo: no crime de furto, o agente que devolver a *res furtiva* receberá uma diminuição de pena se assim agir antes do recebimento da denúncia, ao passo que o sonegador que pagar o débito verá extinta sua punibilidade, mesmo que

---

n. 9.964/2000, com o mesmo limite temporal. Essas normas antecederam as hoje vigentes, descritas nas três notas anteriores.

[46] Zanella, Everton Luiz. Op. cit., p. 141.

[47] Zanella, Op. cit., p. 143/144.

DIREITO PENAL ECONÔMICO

o faça após condenado, ou seja, ainda que não demonstre nenhum arrependimento pelo crime.

Neste mesmo sentido vêm os fundamentos expostos na Ação Direta de Inconstitucionalidade ajuizada pela Procuradoria-Geral da República em face dos artigos 67 a 69 da já citada Lei nº 11.941/2009, na qual, sua subscritora, a Procuradora Deborah Macedo Duprat de Britto Pereira, sustenta que as disposições legais que determinam a extinção da punibilidade pelo pagamento total do tributo ultrajam os artigos 3º e 5º da Constituição Federal (objetivos fundamentais da República e direitos fundamentais dos cidadãos) e ferem o princípio da proporcionalidade em sua faceta da vedação da proteção deficitária[48].

Os autores de crimes contra a ordem tributária poderão, ainda, valer-se do benefício do **parcelamento do débito fiscal**, hoje regrado pelo artigo 83, §§ 2º e 3º, da Lei 9430/96, com redação da Lei 12.382/2011, que especifica que é suspensa a pretensão punitiva do Estado (e também a prescrição) nos crimes a que se referem os artigos 1º e 2º da Lei n. 8.137/90, durante o período em que a pessoa física ou jurídica relacionada com o agente dos aludidos crimes estiver incluída no parcelamento, desde que a o pedido de parcelamento tenha sido formalizado antes do recebimento da denúncia criminal[49].

Em suma, o ingresso em programa de parcelamento impede o prosseguimento das investigações e impossibilita o oferecimento de denúncia criminal contra os sonegadores de tributos. Aludida benesse também é inexistente para a criminalidade comum, para cujos autores não se prevê nenhuma possibilidade de parcelamento na reparação do dano (não ao menos que seja capaz de impedir a ação penal).

---

[48] ADIN nº 4273-4/600, protocolizada no STF em 24 de julho de 2009. Ainda pendente de julgamento, conforme consulta efetuada em www.stf.jus.br/portal/processo/verPro cessoAndamento.asp., acesso em 26/03/2020.

[49] O benefício do parcelamento foi instituído pelo art. 15 da Lei n. 9.964/00, com redação semelhante à da atual sistemática. Foi modificado pelo artigo 9º da Lei n. 10.684/2003, que, alargando a benesse, eliminou o *do limite temporal*, previsão mantida pelo artigo 68 da Lei 11.941/2009. Todavia, a Lei 12.382/2011 acabou por restringir a possibilidade de parcelamento somente para pedidos feitos anteriormente ao recebimento da denúncia criminal. Tratando-se de lei mais severa em relação às duas anteriores, não retroage para aqueles que entre 2003 e 2011 ingressaram em programas de parcelamento fiscal durante o processo-crime.

Não bastassem os benefícios legais, o Supremo Tribunal Federal emitiu a **súmula vinculante nº 24**, nos seguintes termos: "*Não se tipifica crime material contra a ordem tributária, previsto no art. 1º, incisos I a IV, da Lei 8.137/90, antes do lançamento do tributo*". A Súmula partiu de precedentes do STF que destacaram, num primeiro momento, que na pendência de decisão administrativa acerca do lançamento definitivo do tributo (discutido em processo administrativo) faltaria justa causa para a ação penal, por ausência de *condição objetiva de punibilidade* (HC nº. 81.611-DF, Rel. Min. Sepúlveda Pertence, J. 10.12.2003, seguidos de muitos outros no mesmo sentido) e evoluiu para o entendimento de que enquanto não houver a decisão definitiva na esfera administrativa não está constituído o crédito tributário, *não estando configurada a tipicidade penal* (HC nº 97.118, Rel. Min. Ricardo Lewandowski, j. 23.03.2010, igualmente sucedido por muitos outros no mesmo sentido).

Entendemos, de forma oposta à recente jurisprudência do Egrégio STF, que a decisão definitiva no campo administrativo-fiscal não deveria ser condição para a tipificação do delito contra a ordem tributária, porquanto o que importa para o Direito Penal não é o crédito tributário (e a possibilidade de executar a dívida fiscal), mas sim se o agente, **empregando fraude**, reduziu ou suprimiu o tributo (núcleos do tipo). Ora, o crime não é o mero inadimplemento da dívida fiscal, mas sim as ações ou omissões fraudulentas para não pagar ou para diminuir o valor do débito.

Neste diapasão, Alecio Adão Lovatto tece crítica pertinente ao posicionamento de nosso Supremo Tribunal, ao enfatizar que a redução ou supressão do tributo se dá com o ato fraudulento que obsta seu pagamento (tanto é assim que a correção monetária incide desde tal momento, e não somente após a decisão administrativa sobre o crédito). Além disso, para o autor, há casos em que a falsidade está fartamente demonstrada nos autos da investigação criminal, sendo inquestionável a incidência do tributo, razão pela qual é inconcebível que os sujeitos processuais da esfera criminal tenham que aguardar o longínquo término do processo administrativo[50].

---

[50] LOVATO, Alecio Adão. Crimes Tributários: aspectos criminais e processuais. 3. ed. Porto Alegre: Livraria do Advogado, 2008, p. 203-204.

DIREITO PENAL ECONÔMICO

A Súmula Vinculante obsta o oferecimento e o recebimento da denúncia contra o sonegador, afrontando, a nosso ver, o disposto no artigo 5º, XXXV, da Constituição Federal: *a lei não excluirá da apreciação do Poder Judiciário nenhuma lesão ou ameaça de direito*. E, ressalta-se aqui, que a lesão ou sua ameaça é **contra toda a sociedade**, prejudicada pelos crimes contra a ordem tributária.

Assim, seletivamente, o Direito Penal trata de forma notoriamente branda indivíduo que praticou crime que atenta contra direitos sociais e supraindividuais (portanto, contra diretrizes constitucionais). Como corolário, trata-se de um Direito Penal ineficiente, desproporcional e desigual, em inteira dissonância com a Constituição Federal.

Urge, assim, a necessidade de modificação das normas supracitadas, para que a sociedade tenha a seu dispor um Direto Penal efetivo, adequado e combativo na prevenção e repressão dos crimes contra a ordem tributária, os quais, frisamos, são condutas que atentam contra valores constitucionais e o próprio Estado Democrático de Direito.

6.5. Possibilidade de aplicação do Princípio da Insignificância aos crimes contra ordem tributária

O Princípio da Insignificância surgiu, inicialmente, no direito civil, ao se sustentar que este não deveria se ocupar de assuntos irrelevantes, incapazes de lesar o bem jurídico. Na década de 70 do século passado, o Princípio foi incorporado ao direito penal a partir dos estudos dos funcionalistas, principalmente do penalista alemão Claus Roxin.

O Princípio da Insignificância funciona como uma causa de exclusão de tipicidade, desempenhando uma interpretação restritiva do tipo penal. Em que pese possa existir subsunção de um fato à norma (tipicidade formal), o direito penal é a *ultima ratio* do sistema, somente podendo ser aplicado se houver significativa lesão ou possibilidade de lesão a um bem jurídico tutelado pela norma (tipicidade material).

O nosso Supremo Tribunal Federal tem aplicado o Princípio da Insignificância quando presentes requisitos objetivos e subjetivos. Os objetivos são: mínima ofensividade da conduta, ausência da periculosidade social da ação, reduzido grau de reprovabilidade do comportamento e inexpressividade da lesão jurídica. Os subjetivos são: a importância do objeto material para vítima (levando-se em consideração sua condição econômica e o valor sentimental do bem), as circunstâncias do crime e o seu resultado, tudo de modo a determinar, subjetivamente, se houve relevante lesão[51].

O STF entende que o princípio tem aplicação a qualquer espécie de delito que com ele seja compatível, e não apenas aos crimes contra o patrimônio. Não é admitido, via de regra, em crimes praticados com emprego de violência ou grave ameaça à pessoa e, consoante maioria dos acórdãos, não é aplicado em crimes que envolvem atos de corrupção ou improbidade administrativa. Nas demais hipóteses, o cabimento do princípio deve ser analisado em cada caso concreto, de acordo com as especificidades, e não no plano abstrato.

Em relação especificamente aos crimes contra ordem tributária, temos visto a aplicação do Princípio da Insignificância com uma certa frequência, como observamos no informativo 898/18 da Corte Suprema: *Aplica-se o princípio da insignificância ao crime de descaminho quando o montante do tributo não recolhido for inferior ao limite de R$ 20.000,00* (valor estipulado pelo art. 20 da Lei 10.522/2002, atualizado pelas portarias 75 e 130/2012 do Ministério da Fazenda).

No mesmo sentido, o informativo 622/18 do Superior Tribunal de Justiça: *Incide o princípio da insignificância aos crimes tributários federais e de descaminho quando o débito tributário verificado não ultrapassar o limite de R$ 20.000,00 (vinte mil reais), a teor do disposto no art. 20 da Lei n. 10.522/2002, com as atualizações efetivadas pelas Portarias n. 75 e 130, ambas do Ministério da Fazenda.*

O valor a ser considerado para fins de aplicação do princípio da insignificância é aquele fixado no momento da consumação do crime, vale dizer, da constituição definitiva do crédito tributário, e não aquele posteriormente alcançado com a inclusão de juros e multa por ocasião da inscrição desse crédito na dívida ativa. A consideração, na esfera criminal, dos juros e da multa em acréscimo ao valor do tributo sonegado, para além de extrapolar o âmbito do tipo penal, implicaria em punição em cascata, ou seja, na aplicação da reprimenda penal sobre a punição administrativa anteriormente aplicada, o que não se confunde com a

---

[51] "*A configuração do delito de bagatela, conforme têm entendido as duas Turmas deste Tribunal, exige a satisfação, de forma concomitante, de certos requisitos, quais sejam, a conduta minimamente ofensiva, a ausência de periculosidade social da ação, o reduzido grau de reprovabilidade do comportamento e a lesão jurídica inexpressiva* (...) (RHC 146.304-MS, 2ªT, Rel. Min. Ricardo Lewandowsky, j. 16/03/2018).

admitida dupla punição pelo mesmo fato em esferas diversas, dada a autonomia entre elas.

Pensamos, contudo, que a reiterada ação ou omissão fraudulenta no pagamento do tributo devido não autoriza a aplicação do princípio da insignificância, ainda que o valor do tributo suprimido não ultrapasse o limite previsto por STJ e STJ para o não ajuizamento de execuções fiscais pela Fazenda Nacional. Afinal, não se pode considerar despida de lesividade (sob o aspecto valorativo) a conduta de quem, **reiteradamente**, frauda o pagamento de tributos sempre em valor abaixo da tolerância estatal, amparando-se na expectativa de inserir-se na hipótese de exclusão da tipicidade, sob pena de o princípio da insignificância funcionar indevidamente como verdadeiro incentivo à prática criminosa habitual.

6.6. Outros temas de interesse:

a) Crime contra ordem tributária e estelionato: o Superior Tribunal de Justiça, no informativo 360, entendeu que o crime contra ordem tributária absorve o crime de estelionato, por ser esse último (art. 171 do Código Penal) um crime-meio para a prática do crime-fim.

b) Crime contra ordem tributária e falsidade ideológica: o STJ, no informativo 363, entendeu que o crime contra ordem tributária absorve o crime de falsidade ideológica, por ser esse último um crime-meio para a fraude tributária. Trata-se raciocínio semelhante ao da Súmula 17 do mesmo tribunal.

c) Denúncia (petição inicial da ação penal pública, oferecida pelo Ministério Público): pode ser um pouca mais geral, desde que descreva o nexo de imputação, a vinculação mínima entre a conduta do agente e o delito praticado. Neste sentido:

> "(...) A inicial acusatória indica os elementos indiciários mínimos aptos a tornar plausível a acusação e, por consequência, suficientes para dar início à persecução penal, além de permitir ao paciente o pleno exercício do seu direito de defesa, nos termos do art. 41 do Código de Processo Penal. 4. Não há como avançar nas alegações postas na impetração, que, a rigor, pretende o julgamento antecipado da ação penal, o que configuraria distorção do modelo constitucional de competência. Assim, caberá ao juízo natural da instrução criminal, com observância do prin-

cípio do contraditório, proceder ao exame das provas colhidas e conferir definição jurídica adequada para os fatos que restarem comprovados (...) (HC 116.781-PE, 2ºT, Rel. Min. Teori Zavascki, j. 01/04/2014).

d) Mera condição de sócio da empresa: não é suficiente para caracterizar a responsabilidade penal do agente, devendo haver prova de que ele concorreu efetivamente para a prática da infração penal, sob pena de responsabilidade penal objetiva.

e) Prisão: é penal, já que possui finalidades de prevenção e retribuição típicas da prisão penal; e não finalidade coercitiva, como ocorre nos alimentos.

f) Prova: se os vestígios da fraude praticada para suprimir ou reduzir o tributo desaparecerem, como na incineração de nota fiscal ou documento contábil, pode ser realizado exame indireto do corpo de delito, nos termos do artigo 167 do CPP.

g) Prova na omissão no recolhimento das contribuições previdenciárias: pode ser feita pela autuação e notificação da fiscalização, sendo desnecessária a realização da perícia, nos termos da súmula 67 do Tribunal Regional Federal da 4ª região.

h) Concurso entre crime contra ordem tributária e outro delito: ausência de lançamento definitivo ou suspensão da pretensão punitiva pelo parcelamento ou extinção da punibilidade pelo pagamento não impede que a persecução penal prossiga em relação aos outros delitos praticados em concurso. Neste sentido, o STF:

> *"Fato extintivo superveniente da obrigação tributária, como o pagamento ou o reconhecimento da invalidade do tributo, afeta a persecução penal pelos crimes contra a ordem tributária, **mas não a imputação pelos demais delitos, como quadrilha e corrupção"** (HC nº 106.152-MS, 1ªT, Rel. Min. Rosa WEBER, j. 29/03/2016)* – o grifo é nosso.

i) Prova cabal de dificuldades financeiras da pessoa jurídica que frauda o pagamento do tributo: pode configurar causa exclusão de culpabilidade (súmula 68 do TRF da 4º região). Observar, contudo, que não bastam meros indícios de insolvência da sociedade.

DIREITO PENAL ECONÔMICO

REFERÊNCIAS

ARAUJO JUNIOR, João Marcello. *O direito penal econômico*. In: Revista Brasileira de Ciências Criminais. São Paulo: Editora Revista dos Tribunais, ano 7, n. 25, p. 142-156, jan./mar. de 1999.

BACIGALUPO, Enrique. *Manual de derecho penal*. Bogotá: Temis/Ilanud, 1984.

BETTI, Francisco de Assis. *Aspectos dos crimes contra o sistema financeiro no Brasil*: Leis 7.492/86 e 9.613/98. Belo Horizonte: Del Rey, 2000.

CAETANO, Marcello. *Manual de ciência política e direito constitucional*. Lisboa: Coimbra Ed., 1972.

CALLEGARI, André Luís. *Direito penal econômico e lavagem de dinheiro*: aspectos criminológicos. Porto Alegre: Livraria do Advogado, 2003.

CARVALHO, Márcia Dometila Lima de, *Fundamentação constitucional do direito penal*, Porto Alegre: Sergio Antonio Fabris, 1992.

CIPRIANI, Mário Luís Lírio. *Direito penal econômico e legitimação da intervenção estatal – Algumas linhas para a legitimação ou não-intervenção penal no domínio econômico à luz da função da pena e da política criminal*. In: D'ÁVILA, Fábio Roberto; SOUZA, Paulo Vinícius Sporleder (Coord.). *Direito penal secundário: estudos sobre crimes econômicos, ambientais, informáticos e outras questões*. São Paulo: Revista dos Tribunais, 2006.

COSTA ANDRADE, Manuel da. A nova lei dos crimes contra a economia. In: *Ciclos de estudos de direito penal económico*. 1 ed. Coimbra: Centro de Estudos Judiciários, 1985.

DE ALMEIDA, Joaquim Canuto Mendes. *Princípios fundamentais do processo penal*. São Paulo: Revista dos Tribunais, 1973.

DIAS, Hélder Valente. *Metamorfoses da polícia*: novos paradigmas de segurança e liberdade. Coimbra: Almedina, 2012.

DUGUIT, Léon. *Traité de droit constitutionnel*. Paris: Ancienne Librarie e Fontemoing, 1930.

FEDERIGHI, Wanderley José. *Direito tributário*. Atlas: São Paulo, 2000.

FERNANDES, Antonio Scarance. *Processo penal constitucional*. São Paulo: Revista dos Tribunais, 2005.

GRISPIGNI, Felipo. *Diritto penale italiano*. Milano: Giuffrè, 1952.

GROPPALI, Alexandre. *Doutrina do estado*. São Paulo: Saraiva, 1962.

HELLER, Hermann. *Teoria do estado*. Buenos Aires: Fondo de Cultura Econômica, 1961.

JELLINEK, Georg. *Teoria general del estado*. Buenos Aires: Albatroz, 1954.

KELSEN, Hans. *Teoria general del estado*. México: Editora Nacional, 1950.

LOVATO, Alecio Adão. *Crimes Tributários: aspectos criminais e processuais*. 3. ed. Porto Alegre: Livraria do Advogado, 2008.

MANZINI, Vincenzo. *Tratado de derecho procesal penal*. Torino: Unione Tipografico-Editrice Torinese, 1948.

MASI, Carlo Velho. *A Crise de Legitimidade do Direito Penal na Sociedade Contemporânea*. Rio de Janeiro: Lumen Juris, 2014; D'AVILA, Fabio Roberto. *Aproximações à teoria da exclusiva proteção de bens jurídicos no direito penal contemporâneo*. In: GAUER, Ruth Maria Chittó. *Criminologia e sistemas jurídico-penais contemporâneos II*. 2. ed. Porto Alegre: EDIPUCRS, 2011.

MAZZUOLI, Valério de Oliveira. *Soberania e a proteção internacional dos direitos humanos: dois fundamentos irreconciliáveis*. Revista de informação legislativa. Brasília: Senado Federal, Subsecretaria de Edições Técnicas, ano 39, n. 156, out/dez 2002.

MELLO, Celso D. de Albuquerque. *A soberania através da história. Anuário: direito e globalização: a soberania*. São Cristóvão-RJ: Renovar, 1999.

MOLINA, Antonio García-Pablos de; GOMES, Luiz Flávio. *Criminologia*. São Paulo: Revista dos Tribunais, 2002.

MUÑOZ CONDE, Francisco. *Cuestiones dogmáticas básicas em los delitos económicos*. Revista Penal. Barcelona, año 1, n. 1, p. 67-76, ene. de 1998.

MUÑOZ CONDE, Francisco. *Direito penal e controle social*. Trad. Cíntia Toledo Miranda Chaves. Rio de Janeiro: Forense, 2005.

PRADO, Luiz Regis. *Direito penal econômico*. São Paulo: Editora Revista dos Tribunais, 2004.

PETROCELLI, Biagio. *La colpevolezza*. 3. ed. Padova: CEDAM, 1955.

PIMENTEL, Manoel Pedro. Direito penal *econômico*. São Paulo: Editora Revista dos Tribunais, 1973.

Ranelletti, Oreste. *Istituzioni di diritto pubblico*. Milano: Giuffrè, 1955.

REALE, Miguel. *Teoria do direito e do Estado*. São Paulo: Martins, 1960.

RESEK, J. Francisco. *Direito internacional público*. São Paulo: Saraiva, 2005.

RIGHI, Esteban. *Derecho penal econômico comparado*. Madrid: Editoriales de Derecho Reunidas, 1991.

RODRIGUES, Anabela Miranda. *Direito Penal Econômico: É legítimo? É Necessário?* Revista Brasileira de ciências Criminais, vol. 127, jan/2017.

SOUZA, Washington Peluso Albino de. *Primeiras linhas de direito econômico*. 6 ed. São Paulo: LTr, 2005.

TAVARES, André Ramos. *Direito constitucional econômico*. 2. ed. rev. e atual. São Paulo: Método, 2006, p. 81.

TELLES JUNIOR, Goffredo. *Iniciação na ciência do direito*. São Paulo: Saraiva, 2001.

TIEDEMANN, Klaus. *El concepto de derecho económico, de derecho penal económico y de delito económico*. In: Cuadernos de política criminal. Madrid, Edersa, n. 28, p. 65-74, 1986.

DIREITO PENAL ECONÔMICO

ZAFFARONI, Eugenio Raú; PIERANGELI, José Henrique. *Manual de direito penal brasileiro*: parte geral. 5. ed. rev. São Paulo: Revista dos Tribunais, 2004.

ZANELLA, Everton Luiz. *Proteção penal deficiente nos crimes contra a ordem tributária: necessidade de readequação do sistema punitivo para a efetiva implementação do Estado Democrático de Direito.* Dissertação apresentada na Pontifícia Universidade Católica de São Paulo (PUC/SP) para obtenção do título de Mestre em Direito Penal, sob orientação do Professor Livre Docente Antonio Carlos da Ponte. 2009.

2. Teoria da Cegueira Deliberada e o Elemento Subjetivo do Tipo no Crime de Lavagem de Dinheiro

FERNANDO VIEIRA LUIZ
MARINA DE OLIVEIRA DE VASCONCELLOS LUIZ

Introdução

O presente artigo tem como objetivo analisar a teoria da cegueira deliberada (*willful blindness doctrine*) quando aplicada ao crime de lavagem de capitais, previsto no art. 1º da Lei n. 9.613/98 alterada pela Lei n. 12.683/2012.

A doutrina de raízes anglo-saxã foi assimilada em solo brasileiro como uma forma de caracterizar o dolo eventual em tais espécies de delitos. Isso porque trata, em suma, da situação em que o agente voluntariamente escolhe ignorar o que acontece ao seu redor, a fim de propositadamente se manter em desconhecimento sobre a própria existência do ilícito, apesar de altamente previsível diante das circunstâncias fáticas, justamente para se esquivar de eventual responsabilidade criminal.

A aplicação da teoria ao crime de lavagem de dinheiro apresenta questões de interesse teórico e prático, na medida em que, por se tratar de crime que exige o dolo, a responsabilidade criminal não pode ser fundada em desconhecimento resultante de erro ou negligência. Discute-se, assim, a caracterização do dolo eventual quando o agente escolhe, de forma deliberada, ignorar a origem inidônea dos valores. Neste

DIREITO PENAL ECONÔMICO

passo, há considerável divergência doutrinária sobre a compatibilidade entre o dolo eventual e o delito de branqueamento de capitais.

A jurisprudência brasileira, contudo, equivale a cegueira deliberada ao do dolo eventual. De fato, aparenta ser injusto deixar de punir o agente que se cega a fim de se furtar à responsabilização criminal e, contudo, pratica ato que, ao fim e ao cabo, lhe trará alguma consequência (geralmente financeira) vantajosa. Contudo, o objetivo deste artigo não é apresentar argumentos morais ou políticos (num sentido dworkiniano). Logo, a questão central é verificar se a aplicação da teoria da cegueira deliberada é compatível com o ordenamento jurídico brasileiro da forma que hoje se encontra.

Assim, o estudo iniciará distinguindo os elementos subjetivos do tipo, quais sejam, o dolo e a culpa e a necessária previsibilidade do resultado em ambos. Após, examinar-se-á as origens inglesa e americana da teoria da cegueira deliberada e sua adoção pelos Tribunais brasileiros.

Por fim, explorar-se-á algumas inconsistências de sua aplicação no ordenamento jurídico brasileiro, sobretudo pela maneira de incorporação pelos Tribunais pátrios da aludida teoria, principalmente em igualá-la de forma pura e simples ao dolo eventual e, ainda, por necessitar de um enquadramento jurídico compatível com os casos de omissão penalmente relevante no direito nacional.

Concluindo-se pela presente incompatibilidade da doutrina com a legislação nacional, os argumentos de política apareceram somente ao final, em contribuições de *lege ferenda* para a assimilação do instituto no Brasil, seja pela modificação do art. 18 do Código Penal ou o pela alteração do próprio tipo legal da lavagem de capitais, abarcando a modalidade culposa.

1. Dolo, culpa e a previsibilidade

O direito de punir estatal está profundamente baseado no elemento volitivo. Não basta a ação ou omissão para a ocorrência de um determinado ilícito penal. Deve-se perquirir, igualmente, o *animus* daquele que é acusado do cometimento do crime, reconhecido como o elemento subjetivo do tipo. Pune-se, em regra, o comportamento doloso. De forma mais simples e pura, aquele agir conscientemente voltado à prática delitiva, por isso o art. 18, I, primeira parte, do Código Penal que o crime é doloso *"quando o agente quis o resultado"*. Diz-se, aqui, que o dolo é direto.

Outra possibilidade é a descrita na última parte do citado dispositivo legal que prevê atuar dolosamente o sujeito que assume o risco de produzir o resultado. Trata-se do dolo eventual. Aqui, "o agente não quer o resultado lesivo, não age com a intenção de ofender o bem jurídico tutelado pela norma penal".[1] Entretanto, "o resultado, em razão da sua previsibilidade, apenas lhe é indiferente, residindo aí o desvalor da conduta que fez com o que o legislador equiparasse tal indiferença à própria vontade de obtê-lo".[2]

Excepcionalmente, o ordenamento jurídico permite a punição sem que exista o dolo. Isto ocorre, como assenta o art. 18, II, do Código Penal, "quando o agente deu causa ao resultado por imprudência, negligência ou imperícia". Nesta hipótese, diz-se que o crime é culposo. Nas três modalidades de culpa, o sujeito atinge o bem jurídico protegido pelo escopo da norma através de uma ação ou omissão que decorre da falta de um dever objetivo de cuidado. Tal como na conduta dolosa, a previsibilidade é elemento essencial do delito culposo. Trata-se, aqui, de um resultado previsível, não previsto pelo agente justamente pela sua falta de cuidado. Como já decidiu o Superior Tribunal de Justiça (STJ), "o tipo penal culposo, além de outros elementos, pressupõe a violação de um dever objetivo de cuidado e que o agente tenha a previsibilidade objetiva do resultado, a possibilidade de conhecimento do resultado, o 'conhecimento potencial' [...]".[3]

Na culpa consciente essa necessidade de previsibilidade é inerente à sua própria caracterização. Isso porque se pressupõe, conceitualmente, que o agente anteveja o resultado, mas acredite sinceramente que poderá evitá-lo ou que, de qualquer forma, ele não ocorrerá.

Ainda que se trate de crime preterdoloso, o dolo antecedente não exclui a necessidade da previsibilidade do resultado culposo consequente. Por isso, o STJ já considerou inepta a exordial acusatória no delito de lesão corporal seguida de morte afirmando que "imprescindível é que a denúncia impute a previsibilidade e culpa no crime consequente, sob

---

[1] BRASIL. Superior Tribunal de Justiça. Habeas Corpus 360.617/RR, Rel. Ministro Jorge Mussi, Quinta Turma, julgado em 21/03/2017, DJe 28/03/2017.

[2] Op. cit., loc. cit.

[3] BRASIL. Superior Tribunal de Justiça. Habeas Corpus 44.782/SP, Rel. Ministro Gilson Dipp, Quinta Turma, julgado em 13/12/2005, DJ 01/02/2006, p. 577.

DIREITO PENAL ECONÔMICO

pena de indevida responsabilização objetiva em direito penal, com atribuição de responsabilidade apenas pelo nexo causal."[4]

Verifica-se, portanto, que independentemente da forma que o crime culposo possa tomar, exigir-se-á, sempre, a previsibilidade do resultado lesivo. Assim, "fora da previsibilidade não há culpa."[5]

Seja no crime doloso ou culposo, a previsibilidade do resultado é um pressuposto da responsabilização penal por qualquer conduta (ação ou omissão).

2. As origens e desenvolvimento da teoria da cegueira deliberada na Inglaterra e nos Estados Unidos

Vários termos correlatos designam a teoria da cegueira deliberada (*willful blindness*), dentre os quais se incluem a *deliberate ignorance, conscious avoidance, purposeful avoidance, willful ignorance, deliberate shutting of the eyes, ostrich instructions* e *conscious purpose to avoid the truth*. Dentre todas, prefere-se a que designa o título do presente trabalho por uma questão meramente pragmática, visto que é a que acabou por se disseminar mais em solo brasileiro.

A origem da doutrina da cegueira deliberada remonta ao caso inglês *Regina v. Sleep*, de 1861, no qual o réu fora acusado de desviar bens públicos, encontrados em sua posse. O *standard* de análise então aceito para a responsabilização criminal era a comprovação da *actual knowledge*, ou seja, o agente deveria conhecer a existência do fato particular que caracterizava a infração penal, no caso, a ciência de que se tratavam de bens públicos. A decisão de absolvição, contudo, sustentou que a condenação poderia ocorrer não só no caso de o agente conhecer o fato essencial do delito, mas também se ele se colocasse numa situação de desconhecimento deliberado de tal circunstância.

Houve a aplicação novamente da doutrina em *Bosley v. Davies*, julgado em 1875. No caso, algumas pessoas estavam jogando cartas, com aposta de dinheiro, em uma sala privada de uma taverna. A polícia flagrou a atividade ilícita à época e o proprietário do bar foi acusado por permitir o

---

[4] BRASIL. Superior Tribunal de Justiça. Recurso em Habeas Corpus 59.551/SP, Rel. Ministro Nefi Cordeiro, Sexta Turma, julgado em 09/08/2016, DJe 23/08/2016.

[5] BRASIL. Superior Tribunal de Justiça. Recurso em Habeas Corpus 7.995/RS, Rel. Ministro Fernando Gonçalves, Sexta Turma, julgado em 23/11/1998, DJ 17/02/1999, p. 167.

jogo ilegal em suas instalações. Apesar de alegar a ausência de conhecimento do fato, a Corte condenou o acusado, afirmando que a *actual knowledge* não exigiria que a parte tivesse visto ou ouvido o que ocorria no seu estabelecimento. Bastaria que fosse inferida das circunstâncias a ignorância deliberada por parte da pessoa que possuía a autoridade de deter ou prevenir o jogo proscrito.[6]

As cortes inglesas passaram a repetir esta *racio decidendi* em outros casos de jogos ilegais e, também, em uma variedade de delitos que exigiam a *actual knowledge*. Ao final do século XX, a teoria da cegueira deliberada já estava firmemente estabelecida no direito inglês.[7]

Nos Estados Unidos, a discussão sobre a doutrina iniciou-se em 1887, com o caso *People v. Brown*. Apesar de reverter a condenação, a Suprema Corte da Califórnia assentou que a *knowledge* poderia ser inferida no caso de o agente suspeitar do ilícito e se abster de investigar a situação para que permanecesse sem o conhecimento de sua ocorrência.[8] Contudo, foi somente em 1899 que a Suprema Corte americana considerou a cegueira deliberada como uma alternativa ao *standard* da *actual knowledge*, no julgamento de *Spurr v. US*.[9]

No citado caso, o presidente do *Commercial National Bank of Nashville* foi acusado de certificar os fundos em cheques sacados por uma empresa que não detinha lastro para o pagamento, o que, no direito brasileiro contemporâneo, pode ser comparado ao cheque visado pela instituição financeira sem, de fato, existir fundos para cobrir a cártula. A tese defensiva era a de que o réu não possuía o conhecimento de que não havia na conta da empresa numerário suficiente; ao contrário, o agente acreditava na existência de fundos por dados fornecidos por outros funcionários do banco e somente agiu por honestamente confiar nas informações obtidas.[10] Apesar de reconhecer a nulidade por erros nas instruções

---

[6] THOMPSON, Isaac Grant. *The Albany Law Journal*: a weekly reporto f the law and the lawyers, v. XIII, jan.-jul. 1876. Albany: Weed, Parsons and Company, 1876, p. 35.

[7] ROBBINS, Ira P. The ostrich instrucition: deliberate ignorance as a criminal mens rea. *The Journal of Criminal Law & Criminology*, v. 81, n. 2, p. 191-234, 1990, p. 197.

[8] Id., p. 197.

[9] Id., p. 197-198.

[10] *Spurr v. United States*, 174 U.S. 728 (1899), p. 735. *"The defense was that defendant had no actual knowledge that Dobbins & Dazey had not sufficient funds in the bank to meet the checks, nor knowledge of facts putting him on inquiry; that, on the contrary, he believed that they had such funds; that this belief was founded on information he received from the cashier or the exchange clerk, the proper*

DIREITO PENAL ECONÔMICO

fornecidas aos jurados e, assim, reverter a condenação e submeter o acusado a novo julgamento, a Suprema Corte assentou que o dolo (*wrongful intent* ou *evil design*) pode ser presumido se o agente propositadamente se mantem em ignorância sobre a circunstância do sacador deter fundos ou não em sua conta, ou se é grosseiramente indiferente ao seu dever em relação à apuração de tal fato.[11]

A partir desse caso, a cegueira deliberada passou a ser utilizada em vários casos da justiça federal americana, como em *In re Gurvitz, US v. Erie R. Co.* e *US v. General Motors Corp.*[12]

A partir da década de 70, o desenvolvimento do instituto ganhou novas luzes em solo americano. Tratou-se de um período de combate ao tráfico de drogas, com a adoção do *Comprehensive Drug Abuse Prevention and Control Act of 1970*, que proibiu a importação e tráfico de substâncias controladas. Como a nova legislação ainda previa a *knowledge* enquanto requisito à responsabilização, os acusados de tráfico viram na alegação da falta de conhecimento uma defesa conveniente. Contudo, isto abriu as portas à aplicação da teoria da cegueira deliberada, o que, uma vez adotada, representou uma dupla vantagem à acusação: (*i*) equivaler a ignorância intencional à *knowledge*; e, por ser de mais fácil comprovação, (*ii*) reduziu o ônus probatório para o Ministério Público.[13]

A primeira modificação significativa na adoção da teoria foi a aplicação pela Suprema Corte da *knowledge* tal como definida no *Model Penal Code*, em que não se exige apenas o conhecimento do fato criminoso, mas satisfaz o requisito o fato do agente estar ciente da alta probabilidade da existência do delito, a menos que acredite realmente que ele não exista. Robbins ressalta que esta mudança iniciou em 1969, com

---

sources of information, in response to inquiries which he made in each instance before he certified; that he honestly relied on that information, and that he had the right to do so. Defendant was entitled to the full benefit of this defense, and, in order to that, it was vital that the meaning of 'willful violation,' as used in section 13 of the act of 1882, should be clearly explained to the jury."

[11] *Spurr v. United States*, 174 U.S. 728 (1899), p. 735. *"The wrongful intent is the essence of the crime. If an officer certifies a check with the intent that the drawer shall obtain so much money out of the bank, when he has none there, such officer not only certifies unlawfully, but the specific intent to violate the statute may be imputed. And so evil design may be presumed if the officer purposely keeps himself in ignorance of whether the drawer has money in the bank or not, or is grossly indifferent to his duty in respect to the ascertainment of that fact."*

[12] Robbins, op. cit., 198-199.

[13] Id., 199-200.

TEORIA DA CEGUEIRA DELIBERADA E O ELEMENTO SUBJETIVO DO TIPO NO CRIME...

Leary v. US e, em 1970, em *Turner v. US*. Contudo, explica que, de fato, não houve a substituição da *knowledge* pela cegueira deliberada. O que houve foi a expansão do conceito do primeiro *standard* para, assim, englobar o segundo.[14]

É bem verdade que o *Model Penal Code* não é fonte primária do ordenamento jurídico americano. Em outras palavras, não é lei. Trata-se de iniciativa de compilação de regras formais locais e do *common law* que encontravam certo consenso nos estados americanos, para orientar os legislativos estaduais, justamente na tentativa de uniformização da matéria no país, formulado em 1962 por professores e juristas da *American Law Institute*.[15] De fato, muitos estados americanos adotaram total ou parcialmente o modelo e, como fonte de autoridade secundária, possui força meramente persuasiva. Contudo, no tema ora em análise, ganhou grande relevância, inclusive no âmbito da Suprema Corte.

O *leading case* que jogou novas luzes ao instituto e o moldou tal como aplicado atualmente foi *US v. Jewell*. No caso, o réu vinha do México e, ao entrar nos Estados Unidos, foi encontrada certa quantidade de maconha em um compartimento escondido do veículo que dirigia. O acusado alegou que não tinha conhecimento da presença das drogas, circunstância que lhe é era ignora até a descoberta feita pela polícia, apesar de ter ciência acerca da existência do compartimento em que encontradas.

Quanto aos fatos, Jewell disse que, quando ainda estava no México, um homem – identificado como Ray – abordou o acusado e um amigo e ofereceu maconha para venda. Após a negativa, o mesmo sujeito ofereceu 100 (cem) dólares para que ambos dirigissem um carro até os Estados Unidos. O acusado aceitou a proposta, enquanto seu amigo a negou. Os agentes públicos que encontraram a droga testemunharam que, no momento da apreensão, o réu relatou que acreditava que provavelmente

---

[14] Id., 200-203.

[15] SILVEIRA, Renato de Mello Jorge. A aplicação da teoría da cegueira deliberada nos julgamentos da operação lava jato. *Revista Brasileira de Ciências Criminais*, São Paulo, a. 24, v. 122, p. 255-280, ago. 2016, p. 265-266. "Tenha-se, assim, em mente o fato de que, em 1962, os Estados Unidos da América intentaram a criação, por meio do *American Law Institute*, do chamado *Model Penal Code* (MPC), com o evidenciado intuito de padronizar alguns conceitos, absolutamente díspares em uma realidade de ampla criação jurisprudencial. O *Model Penal Code* não se mostra, de fato, como lei, mas, na realidade, estabelece diversas noções dentro do que poderia se ter como dimensão subjetiva de avaliação (*mens rea*). Esse, um ponto de obrigatória verificação ao se pretender o acoplamento conceito à realidade brasileira."

DIREITO PENAL ECONÔMICO

havia algo ilegal no veículo, mas que ele checou o porta-luvas, embaixo dos assentos e o porta-malas. Como não achou nada de errado, pensou que tampouco os agentes de fronteira encontrariam algo.

No julgamento, o júri foi instruído que poderia considerar o réu culpado caso concluísse que a falta de conhecimento sobre o fato resultasse de sua ignorância deliberada. Assim foi feito e o tribunal popular considerou que o acusado sabia da existência da maconha ou possuía razões para suspeitar da presença da droga, mas deliberadamente deixou de investigar para não obter o efetivo conhecimento da situação para evitar responsabilização futura.

O Tribunal de Apelação do Nono Circuito, em decisão *en banc*, decidiu manter a condenação, conferindo validade à teoria da cegueira deliberada, sustentando que a ignorância intencional e o conhecimento positivo são igualmente culpáveis. A justificativa textual é a de que, na compreensão comum, alguém "conhece" os fatos mesmo quando tem menos que a certeza absoluta. Agir "conscientemente", portanto, não é necessariamente apenas agir com conhecimento positivo, mas também atuar com a alta probabilidade da existência do fato em questão. Quando essa consciência está presente, não é necessário conhecimento "positivo".[16] Em conclusão, asseverou que a aplicação da teoria da cegueira deliberada não prejudica nenhum interesse de qualquer acusado e que o interesse social exige um sistema de direito penal que seja respeitado e imponha sanções a todos aqueles que são igualmente culpáveis por um fato criminoso.[17]

Houve dissidência, em que se ressaltou a necessidade de anulação do julgamento, por erro quanto às instruções dadas ao júri. Contudo, concordou-se com a utilização da teoria da cegueira deliberada. Apenas divergiu-se quanto às explicações necessárias para aos jurados quanto aos

---

[16] US v. Jewell, 532 F.2d 697 (9th Cir. 1976). *"The substantive justification for the rule is that deliberate ignorance and positive knowledge are equally culpable. The textual justification is that in common understanding one "knows" facts of which he is less than absolutely certain. To act 'knowingly,' therefore, is not necessarily to act only with positive knowledge, but also to act with an awareness of the high probability of the existence of the fact in question. When such awareness is present, 'positive' knowledge is not required."*

[17] US v. Jewell, 532 F.2d 697 (9th Cir. 1976). *"No legitimate interest of an accused is prejudiced by such a standard, and society's interest in a system of criminal law that is enforceable and that imposes sanctions upon all who are equally culpable requires it."*

requisitos do instituto, sobretudo da forma como prevista no *Model Penal Code*.

Jewell ainda representa o direito vigente (*good law*). Contudo, casos subsequentes, apesar de sustentar a mesma *ratio*, refinaram o instituto, principalmente no que toca às instruções ao júri. O Nono Circuito, em *US v. Valle-Valdez*, limitou a aplicação da teoria, ao salientar que evitar deliberadamente o conhecimento é culpável apenas quando associado a uma consciência **subjetiva** da alta probabilidade da infração. Igualmente, em *US v. Esquer-Gamez*, fixou-se a necessidade de inclusão nas instruções da *vital balancing language*, ou seja, de esclarecer os jurados da parte final do dispositivo do *Model Penal Code* que dispõe que a responsabilização ocorrerá quando houver a cegueira deliberada, a menos que o agente acredite realmente que não existe infração penal. Por fim, em *US v. Murrieta-Barano*, o mesmo Circuito limitou os casos em que as instruções acerca da cegueira deliberada devem ser realizadas. Concluiu que não devem ser dadas a todos os casos em que o acusado utilizar a tese da falta de conhecimento, mas tão somente naqueles em que os fatos apontam para a direção da ignorância intencional. A Corte, com isso, quis evitar que as instruções sobre o *Model Penal Code* criassem uma presunção de culpa quando não há evidências da ocorrência da cegueira deliberada.

O Primeiro Circuito fez o mesmo em *US v. Picciandra* ao definir um teste em três etapas para inquirir se as instruções são apropriadas ao caso em mão: (*i*) devem ser realizadas apenas quando o acusado sustenta a falta de conhecimento; (*ii*) os fatos devem sugerir o curso consciente da cegueira deliberada; e, (*iii*) devem ser formuladas de forma que o júri saiba o que é permitido, mas não obrigatório, concluir com a inferência.

Observa-se que os requisitos e limites para a aplicação da teoria da cegueira deliberada não são categóricas. Apesar de ser amplamente aceita – no âmbito da justiça federal, todos os Circuitos aplicam a doutrina – observam-se conflitos e confusões em recentes decisões quanto aos pressupostos e à extensão do instituto.[18] Como destaca Silveira, não

---

[18] Marcus, Jonathan L. Model Penal Code Section 2.02(7) and Willful Blindness. *The Yale Law Journal*, v. 102, p. 2231-2257, 1993, p. 2232. *"Recent decisions by the Second, Ninth, and Tenth Circuits, however, highlight the confusion and conflict that willful blindness doctrines have generated since the Ninth Circuit first gave willful blindness extensive treatment in United States v. Jewell."*

DIREITO PENAL ECONÔMICO

há uma única teoria sobre a cegueira deliberada pronta e acabada, mas sim várias, "vistas de forma variada e atualmente reinterpretadas, aliás, de modo diverso pelos vários Circuitos da Justiça Federal norte-americana."[19]

Ocorre o mesmo nas jurisdições estaduais. Em *State v. Nations*, por exemplo, a Corte de Apelação de Missouri concluiu que a ignorância deliberada constituía *recklessness* e não *knowledge*, ou seja, transportando-se ao cenário nacional, não haveria dolo. No caso, tratava-se da imputação de colocar menor de dezessete anos em situação de perigo, que requeria o conhecimento sobre a idade da vítima. Revertendo a condenação, o Tribunal ressaltou que as provas indicavam que o réu não sabia ou se recusou a saber a idade da vítima, o que seria insuficiente ao reconhecimento da *knowledge*.

3. A cegueira deliberada nos tribunais brasileiros

A introdução da teoria da cegueira deliberada no direito brasileiro ocorreu por conta da atividade judicial. Paulatinamente, juízes e tribunais começaram a aplicar a doutrina para reconhecer o dolo na conduta e, a partir daí, responsabilizar o agente que se coloca conscientemente em ignorância sobre a própria ilicitude do ato que pratica.

Há uma certa dificuldade em se encaixar a situação da cegueira deliberada entre os conceitos de dolo estabelecidos pela legislação brasileira. De fato, a conduta dolosa deve estar adstrita àquelas figuras definidas no art. 18, I, do Código Penal. Em outras palavras, atuará com dolo o agente que (*i*) quis o resultado ou (*ii*) assumiu o risco de produzi-lo.

A situação do agente que conscientemente fecha os olhos quanto à ilicitude do ato não parece, em um primeiro momento, se encaixar a nenhuma das hipóteses especificadas na legislação. A conduta amolda-se com maior facilidade na modalidade culposa, na medida em que expressa um resultado previsível, mas não previsto pelo agente, ainda que de forma deliberada.

A primeira discussão de sua aplicação no Brasil ocorreu no caso nacionalmente conhecido como o do furto do Banco Central em Fortaleza. Uma semana antes de ultimado o delito, alguns agentes procuraram uma revendedora de veículos e iniciaram a negociação tendente à

---

[19] Silveira, p. 264.

aquisição de veículos. Logo após a subtração de aproximadamente de R$ 164.000.000,00 (cento e sessenta e quatro milhões de reais), houve a conclusão da compra e venda de 11 (onze) veículos, cujo pagamento foi efetuado em espécie, tudo em notas de R$ 50,00 (cinquenta reais), sendo o dinheiro levado em dois sacos de cereais, num valor total de R$ 980.000,00 (novecentos e oitenta mil reais), isto em valores da época (06 de agosto de 2005).

Os dois sócios da revendedora de veículos foram denunciados pelo delito de lavagem de capitais. O juiz de primeiro grau condenou ambos os réus aplicando a teoria da cegueira deliberada. Sustentou que a "atitude da espécie caracteriza indiferença quanto ao resultado do próprio agir", equiparando àquele que deliberadamente se cega ao dolo eventual.

O Tribunal Regional Federal da 5ª Região, contudo, afastou a responsabilidade penal dos agentes. Apesar de considerar viável, em tese, a aplicação da teoria no Brasil, desde que adequada ao ordenamento jurídico pátrio, afirmou que "a transposição da doutrina americana da cegueira deliberada (*willful blindness*), nos moldes da sentença recorrida, beira, efetivamente, a responsabilidade penal objetiva". Além disso, considerou que o delito de lavagem de dinheiro exigiria o dolo direto e, portanto, não se adequaria à aludida doutrina. Ainda, sustentou que a subtração ocorreu entre a madrugada de sexta-feira e durante o sábado, sendo descoberto somente na segunda-feira seguinte, sendo que a compra e entrega de dinheiro ocorreu no próprio sábado, razão pela qual não podiam prever os sócios da empresa da origem espúria dos valores. Concluiu, então, não haver "prova segura de que [os acusados] efetivamente soubessem ou desconfiassem da proveniência criminosa do dinheiro, impondo-se, na dúvida, a absolvição".[20]

As decisões em casos de grandes operações de combate à corrupção, como o Mensalão e a Lava-Jato, trouxeram maior notoriedade e popularidade à teoria da cegueira deliberada, eis que foi amplamente utilizada para buscar a responsabilização criminal dos agentes envolvidos.

O Supremo Tribunal Federal utilizou a teoria da cegueira deliberada na Ação Penal 470, julgada em 17 de dezembro de 2012, conhecida

---

[20] BRASIL. Tribunal Regional Federal da 5ª Região. Processo n. 200581000145860, Apelação Criminal n. 5520 CE, Desembargador Federal Rogério Fialho Moreira, Segunda Turma, Julgado em 09/09/2008, DJ 22/10/2008, p. 207.

DIREITO PENAL ECONÔMICO

como o Mensalão. A questão foi enfrentada na análise dos crimes de lavagem de dinheiro, quando se debatia, também, a possibilidade de caracterização da infração penal por dolo eventual.

O Relator, Min. Joaquim Barbosa, ressaltou que o ordenamento jurídico não distingue entre espécies de dolo para considerá-lo presente em qualquer delito, já que decorre de previsão genérica do Código Penal. Assim, "jamais se exigiu no Direito brasileiro que, para a admissibilidade do dolo eventual, houvesse previsão legal específica junto a cada tipo penal". Salientou que a estrutura típica de alguns delitos – como o de denunciação caluniosa e a receptação dolosa – excluem a configuração do crime com dolo eventual. Isto aconteceria no caso "das formas subsidiárias do crime de lavagem do §2º, I e II, do art. 1º da Lei nº 9.613/1998, com utilização das expressões 'que sabe serem provenientes' ou 'tendo conhecimento'". Contudo, isto não aconteceria com o tipo principal do *caput* do art. 1º da Lei nº 9.613/1998. Apesar de reconhecer que há controvérsia doutrinária sobre o tema, conclui que há "a possibilidade da prática de tal conduta criminosa com dolo eventual, [...]"

Destacou, também, a compatibilidade entre a doutrina da cegueira deliberada com o direito brasileiro, frisando que outros países de *civil law*, como a Espanha, já a recepcionaram em seus ordenamentos jurídicos. Assim, com base nos precedentes judiciais americanos, fixou três requisitos para a caracterização do instituto:

> (i) a ciência do agente quanto à elevada probabilidade de que os bens, direitos ou valores envolvidos provenham de crime,
>
> (ii) o atuar de forma indiferente do agente a esse conhecimento, e
>
> (iii) a escolha deliberada do agente em permanecer ignorante a respeito de todos os fatos, quando possível a alternativa.

Aplicando tais critérios especificamente aos delitos de lavagem de dinheiro, preocupado em não criminalizar a conduta "por dolo eventual diante de mera suspeita da procedência ilícita dos bens envolvidos na transação", o Relator fixa as seguintes balizas:

> (i) que o agente pratique condutas de ocultação e dissimulação (também exigidas no dolo direto),
>
> (ii) que o agente, ao realizá-las, tenha ciência da elevada probabilidade de que os bens, direitos ou valores envolvidos provenham de crimes antecedentes, e

(iii) que o agente, mesmo tendo presente a probabilidade da origem criminosa, persista indiferente na conduta delitiva de ocultação ou dissimulação, deliberadamente evitando aprofundar o conhecimento acerca da origem criminosa dos bens, direitos ou valores envolvidos, a despeito de em condições de fazê-lo.

No ano seguinte, em 2013, começaram a surgiram as primeiras decisões no Tribunal Regional da 4ª Região que passaram a utilizar a teoria de forma sistemática, responsabilizando criminalmente aqueles de deliberadamente fechavam os olhos para permanecer na ignorância sobre a ilicitude de seu agir.

A decisão pioneira sobre o assunto ocorreu em um caso de descaminho de cigarros. No caso, o motorista do caminhão afirmou desconhecer o conteúdo da carga contida, dizendo que estava a seguir as diretrizes daqueles que o contrataram para o frete. O argumento não foi albergado pela Corte, a qual decidiu que o "motorista de veículo que transporta grande quantidade de produtos contrabandeados não exclui a sua responsabilidade criminal escolhendo permanecer ignorante quanto ao objeto da carga, quando tinha condições de aprofundar o seu conhecimento".[21] Após citar o desenvolvimento da teoria nos Estados Unidos e sua absorção na Espanha, salientou o relator que "é importante destacar que 'ignorância deliberada' não se confunde com negligência, havendo aqui a mesma fronteira tênue, pelo menos do ponto de vista probatório, entre o dolo eventual e a culpa consciente", concluindo que "tais construções em torno da cegueira deliberada assemelham-se ao dolo eventual da legislação e doutrina brasileira."[22]

A partir daí a teoria passou a ser utilizada a uma diversidade de delitos para além do contrabando e descaminho, como o tráfico de drogas, uso de documento falso, redução a condição análoga a de escravo, importação ilegal de medicamentos, receptação, crimes ambientais e, por óbvio, no âmbito do direito penal econômico, sobretudo no delito de lavagem de dinheiro, destacando-se os julgamentos de casos referentes à Operação Lava-Jato.

---

[21] BRASIL. Tribunal Regional Federal da 4ª Região. Apelação Criminal 5009722-81.2011.4.04.7002, Oitava Turma, Relator Sérgio Fernando Moro, 23/09/2013.
[22] Ibid., loc. cit.

DIREITO PENAL ECONÔMICO

4. Inconsistências na importação pura e simples do instituto

Não há dúvidas que os sistemas jurídicos se influenciam mutuamente e que a incorporação de institutos próprios de um deles por outro não é algo extraordinário. Contudo, não se pode falar de simples transposição de barreiras, aplicando-se da mesma forma a teoria alienígena em solo nacional sem uma filtragem hermenêutica e, como se defende aqui, a necessária modificação legislativa. Deve-se averiguar se e em que extensão a aplicação de uma doutrina estrangeira caberia no sistema jurídico nacional. Isto deve ocorrer, também, com a teoria da cegueira deliberada. Como já observou o Min. Gilmar Mendes quando do julgamento da AP 470, a tese "encontra limitações teóricas e práticas na *common law* e não pode ser importada sem suas adequadas implicações, por exemplo, a exigência de 'criação consciente e voluntária de barreiras que evitem o conhecimento'".

Observa-se, contudo, que a importação da doutrina anglo-saxã não foi realizada com todos estes cuidados. Tratou-se, primeiro, em aplicar a teoria nos moldes puros e simples como é realizado nos Estados Unidos, não levando em conta que se trata de ordenamentos distintos, inclusive quanto aos *standards* para reconhecimento do elemento subjetivo do tipo, além de cultura jurídicas diferentes. Não se pode afirmar que a incorporação da teoria na Espanha tenha aberto as portas à teoria em países de *civil law*. Segundo, e talvez mais complexo, adotou-se a doutrina tal como em *Jewell*, esquecendo-se não só de todas as críticas à aludida decisão, mas, sobretudo, do desenvolvimento da própria *common law* a partir de então. Trata-se o precedente como algo estático, ignorando-se as decisões supervenientes que, de uma forma ou outra, lapidaram a *ratio decidendi* e mesmo limitaram a regra.

A primeira impropriedade é simplesmente equiparar a situação de cegueira deliberada ao dolo eventual. Sabe-se que a estrutura da conduta dolosa divide-se em dois elementos essenciais: o conhecimento e a vontade. Portanto, o dolo natural, "conquanto constitua elemento subjetivo do tipo, deve ser compreendido sob dois aspectos: o cognitivo, que traduz o conhecimento dos elementos objetivos do tipo, e o volitivo, configurado pela vontade de realizar a conduta típica". [23] Em outras

---

[23] BRASIL. Superior Tribunal de Justiça. Habeas Corpus 44.782/SP, Rel. Ministro Gilson Dipp, Quinta Turma, julgado em 13/12/2005, DJ 01/02/2006, p. 577.

palavras, o agente deve conhecer e querer a realização da situação objetiva descrita no tipo.[24]

Se no dolo direto há o preenchimento claro destas duas facetas, a regra de extensão contida no artigo 18, I, do Código Penal, tempera a questão da vontade e equipara ao agente que quer o resultado aquele que assume o risco de sua produção. Portanto, a distinção entre o dolo direto e o eventual consiste no elemento volitivo.

A teoria da ignorância deliberada, contudo, busca flexibilizar justamente o outro elemento do dolo, o conhecimento. De fato, se o elemento volitivo é o "cavalo de batalha"[25] do dolo eventual, a cegueira deliberada atinge o aspecto intelectual da conduta dolosa, equivalendo ao agente que conhece a ocorrência da conjuntura típica que o cerca aquele que intencionalmente se coloca em situação de ignorância sobre tal circunstância.

No dolo eventual há o conhecimento da prática da conduta típica, mas uma indiferença quanto à sua ocorrência, ou seja, a assunção do risco. Não há exatamente a vontade da realização do tipo. Contudo, na cegueira deliberada, a característica central é justamente o oposto: há a combinação do desconhecimento e da intencionalidade.[26]

É científica e tecnicamente inapropriado igualar as duas situações. Embora seja intencional ou deliberada, a ignorância continua sendo um caso de desconhecimento.[27] Não se pode falar que neste caso há alteração do estado anímico do sujeito e definir assim que ele queira ou assuma o risco de produção do resultado. Ao contrário, o que se altera é o efetivo conhecimento sobre o exercício do verbo do tipo, que em nada se compara ao dolo eventual.

Na atual ordem jurídica, a doutrina afirma ser insuficiente à caracterização do dolo "a *potencial consciência* das circunstâncias objetivas

---

[24] BIDASOLO, Mirentxu Corcoy. Responsabilidad subjetiva en la delincuencia socioeconómica. *Ius et Veritas*, n. 58, p. 68-85, mai. 2019, p. 72. *"El 'dolo natural' tiene dos elementos: conocimiento y voluntad y se concibe como 'conocer y querer la realización de la situación objetiva descrita por el tipo de injusto'".*

[25] Id., p. 72. *"El elemento volitivo del dolo, entendido como 'querer' o como 'voluntad' es, precisamente, el caballo de batalla del dolo eventual."*

[26] MANRIQUE, María Laura. Ignorancia deliberada y responsabilidade penal. *Isonomía*, n. 40, p. 163-195, abr. 2014, p. 165. *"La característica central de esta situación es la combinación de desconocimiento e intencionalidad."*

[27] Id., p. 176. *"Aunque su ignorância sea deliberada sigue siendo un caso de desconocimiento".*

DIREITO PENAL ECONÔMICO

do tipo, uma vez que prescindir da atualidade da consciência equivale a destruir a linha divisória entre dolo e culpa, convertendo aquele em mera ficção."[28] Da mesma forma posiciona-se a jurisprudência, ao ressaltar que "a mera possibilidade de conhecimento, o chamado 'conhecimento potencial', não basta para caracterizar o elemento cognitivo do dolo."[29]

Manrique destaca que é problemática esta equiparação, visto que "para o bem ou para o mal, o dolo requer conhecimento."[30] Assim, conclui que "a figura da ignorância deliberada não é conceitualmente similar a do dolo eventual [...]."[31]

Outro ponto que requer cuidados é dar relevância penal a uma omissão fora dos casos dispostos no art. 13, §2º, do Código Penal. A aplicação da teoria como alternativa ao "conhecimento" causa problemas na falta de norma legal que crie o dever legal de saber, ou, como no caso do direito brasileiro, como nas situações de dever de agir narradas no citado dispositivo. Não se pode substituir a hipótese de ignorância deliberada pela noção de que o agente deveria saber a verdade sobre as circunstâncias fáticas ou imputá-lo o dever de investigar toda e qualquer situação sem norma legal que o obrigue a tanto.

Conclusões

Após a análise da teoria da cegueira deliberada e das inconsistências em sua aplicação no direito brasileiro, cumpre ressaltar que a sua adoção pode acarretar um grande risco de condenações por atuações meramente culposas, modalidade não prevista ao delito de lavagem de capitais.

Como já salientado, o dolo no direito penal brasileiro é pautado pelos elementos cognitivo e volitivo. O direito de punir nasce, em regra, quando o agente detém o conhecimento que sua ação ou omissão constitua situação típica e, diante deste domínio, pratica o ato buscando o fim ilícito a ofender o escopo tutelado pela norma penal ou, ao menos,

---

[28] BITENCOURT, Cezar Roberto. *Tratado de direito penal*. 25 ed. v. 1. Parte Geral. São Paulo: Saraiva, 2019, p. 370.

[29] BIDASOLO. Superior Tribunal de Justiça. Agravo Regimental no Recurso Especial 1043279/PR, Rel. Ministra Jane Silva (Desembargadora Convocada do TJ/MG), Sexta Turma, julgado em 14/10/2008, DJe 03/11/2008.

[30] MANRIQUE, p. 188.

[31] Id., p. 192.

seja indiferente à sua ocorrência. No delito de branqueamento o conhecimento e a vontade são exigências legais à responsabilização, o que, contudo, não afasta a possibilidade do dolo eventual. Porém, o que não se pode é simplesmente equipara este à cegueira deliberada.

Porque objetiva ampliar a responsabilização criminal, a própria existência do dolo eventual necessita de norma expressa que autorize seu reconhecimento no ordenamento jurídico, a possibilitar sua aplicação ao caso concreto. O mesmo deve ocorrer com os casos de ignorância deliberada. Se a parte final do art. 18, I, do Código Penal nasceu por uma necessidade de responsabilização de agentes que, ainda que não queiram o resultado assumem o risco de produzi-lo, o mesmo pode ser feito com a situação em apreço. Dever-se-ia alterar a legislação penal para prever a hipótese de cegueira deliberada, tal como realizado no *Model Penal Code* americano, para sanar a omissão do próprio ordenamento. Contudo, antes disso, inviável a punição a tal título longe da estrita legalidade.

Outra solução viável para evitar que passem ilesos tais atos é a de criar a modalidade culposa ao delito de lavagem de dinheiro, o que, igualmente, dependeria de alteração legislativa.

De uma forma ou de outra, deve-se ter cuidado ao realizar a introjeção da teoria no ordenamento jurídico, eis que as experiências alienígenas já demonstram que, a depender da aplicação, a ignorância deliberada pode ser um abrir de portas à responsabilidade penal objetiva, o que não é viável na ordem jurídica brasileira.

REFERÊNCIAS

BIDASOLO, Mirentxu Corcoy. Responsabilidad subjetiva en la delincuencia socioeconómica. *Ius et Veritas*, n. 58, p. 68-85, mai. 2019.

BITENCOURT, Cezar Roberto. *Tratado de direito penal*. 25 ed. v. 1. Parte Geral. São Paulo: Saraiva, 2019.

BRASIL. Superior Tribunal de Justiça. Agravo Regimental no Recurso Especial 1043279/PR, Rel. Ministra Jane Silva (Desembargadora Convocada do TJ/MG), Sexta Turma, julgado em 14/10/2008, DJe 03/11/2008.

_____. Superior Tribunal de Justiça. Habeas Corpus 44.782/SP, Rel. Ministro Gilson Dipp, Quinta Turma, julgado em 13/12/2005, DJ 01/02/2006, p. 577.

_____. Superior Tribunal de Justiça. Habeas Corpus 360.617/RR, Rel. Ministro Jorge Mussi, Quinta Turma, julgado em 21/03/2017, DJe 28/03/2017.

DIREITO PENAL ECONÔMICO

_____. Superior Tribunal de Justiça. Recurso em Habeas Corpus 59.551/SP, Rel. Ministro Nefi Cordeiro, Sexta Turma, julgado em 09/08/2016, DJe 23/08/2016.

_____. Superior Tribunal de Justiça. Recurso em Habeas Corpus 7.995/RS, Rel. Ministro Fernando Gonçalves, Sexta Turma, julgado em 23/11/1998, DJ 17/02/1999, p. 167.

_____. Tribunal Regional Federal da 5ª Região. Processo n. 200581000145860, Apelação Criminal n. 5520 CE, Desembargador Federal Rogério Fialho Moreira, Segunda Turma, Julgado em 09/09/2008, DJ 22/10/2008, p. 207.

_____. Tribunal Regional Federal da 4ª Região. Apelação Criminal 5009722-81.2011.4.04.7002, Oitava Turma, Relator Sérgio Fernando Moro, 23/09/2013.

ESTADOS UNIDOS DA AMÉRICA. *People v. Brown*, 105 Cal. 66, 38 P. 518 (1894).

_____. *Spurr v. United States*, 174 U.S. 728 (1899), p. 735.

_____. *United States v.* Jewell, 532 F.2d 697 (9th Cir. 1976).

_____. *United States v. Valle-Valdez*, 554 F.2d 911 (9th Cir. 1977).

_____. *United States v. Esquer-Gamez*, 550 F.2d 1231 (9th Cir. 1977).

_____. *United States v. Murrieta-Bejarano*, 552 F.2d 1323 (9th Cir. 1977).

_____. *State v. Nations*, 349 P.3d 491 (Kan. Ct. App. 2015).

MANRIQUE, María Laura. Ignorancia deliberada y responsabilidade penal. *Isonomía*, n. 40, p. 163-195, abr. 2014.

MARCUS, Jonathan L. Model Penal Code Section 2.02(7) and Willful Blindness. *The Yale Law Journal*, v. 102, p. 2231-2257, 1993.

ROBBINS, Ira P. The ostrich instrucition: deliberate ignorance as a criminal mens rea. *The Journal of Criminal Law & Criminology*, v. 81, n. 2, p. 191-234, 1990, p. 197.

SILVEIRA, Renato de Mello Jorge. A aplicação da teoria da cegueira deliberada nos julgamentos da Operação Lava Jato. *Revista Brasileira de Ciências Criminais*. São Paulo, ano 24, vol. 122, p. 255-280, ago. 2016.

THOMPSON, Isaac Grant. *The Albany Law Journal*: a weekly reporto f the law and the lawyers, v. XIII, jan.-jul. 1876. Albany: Weed, Parsons and Company, 1876, p. 35.

3. Considerações Dogmáticas sobre o Crime de Cartel

GLAUTER DEL NERO
JOSÉ PAULO MICHELETTO NAVES

1. Um contexto necessário

Antes de se iniciar as considerações atinentes ao delito de cartel propriamente dito, sob o ponto de vista dogmático, importa realizar breve digressão histórico-evolutiva a fim de, ao mesmo tempo, estabelecer balizas mínimas para a análise do atual estado da arte da questão, bem como para que seja possível a compreensão dos fundamentos econômicos sobre os quais se assentam a tipificação do delito de cartel propriamente dita.

A despeito de gozar hoje do inquestionável de *status* de princípio constitucional, nem sempre a liberdade econômica teve este tratamento na legislação nacional. Isso porque, nas constituições de 1824 e 1891, predominava o liberalismo econômico, que contemplava o direito de propriedade da forma mais ampla possível[1], não havendo, necessariamente, preocupação com algum tipo de contrapartida social.

Esse paradigma começou a mudar com o advento da Constituição Federal de 1934, primeiro texto constitucional a estabelecer a liber-

---

[1] CASELTA, Daniel Costa. *Responsabilidade civil por danos decorrentes da prática de cartel.* Dissertação de Mestrado defendida perante a Faculdade de Direito da Universidade de São Paulo (USP), 2015, p. 27.

dade econômica como princípio constitucional[2], em seu Título IV, mais especificamente em seu art. 115, que possuía a seguinte redação: "A ordem econômica deve ser organizada conforme os princípios da Justiça e as necessidades da vida nacional, de modo que possibilite a todos existência digna. Dentro desses limites, é garantida a liberdade econômica". Depreende-se do dispositivo em questão que, muito embora seja assegurada a liberdade econômica, encontrava-se ela limitada pela justiça, pelas necessidades da vida nacional e pela necessidade de assegurar todos existência digna, não se tratando, portanto, de valor universal e absoluto.

Na mesma toada, estimulando a economia popular e incentivando a proteção à liberdade econômica dentro de balizas democráticas e sociais, é possível divisar, na Constituição de 1937, a equiparação de delitos praticados contra a economia popular àqueles crimes praticados em desfavor do próprio Estado, tamanha a relevância e importância conferidas ao tema à época[3]. Em 1938, foi editado o Decreto-lei nº 869, também conhecido como lei dos crimes contra a economia popular. Esse diploma legal já previa figura específica com contornos bastante próximos daquilo que se entende por cartel atualmente. O art. 2º, III, estabelecia que configura crime contra a economia popular "promover ou participar de consórcio, convênio, ajuste, aliança ou fusão de capitais, com o fim de impedir ou dificultar, para o efeito de aumento arbitrário de lucros, a concorrência em matéria de produção, transporte ou comércio".

Todavia, é no governo Vargas, com o Decreto-lei nº 7.666, de 22 de junho de 1945, que se passa a ter um diploma legal sistematizado no que tange à repressão de atos contrários à ordem econômica. Mais uma vez, dentre as condutas "contrárias à economia nacional", estava a prática de entendimentos ou acordos, entre empresários, a fim de elevar os preços dos produtos por eles produzidos[4].

---

[2] CASELTA, Daniel Costa. *Responsabilidade civil por danos decorrentes da prática de cartel*. Dissertação de Mestrado defendida perante a Faculdade de Direito da Universidade de São Paulo (USP), 2015, p. 27.

[3] Art. 141 – A lei fomentará a economia popular, assegurando-lhe garantias especiais. Os crimes contra a economia popular são equiparados aos crimes contra o Estado, devendo a lei cominar-lhes penas graves e prescrever-lhes processos e julgamentos adequados à sua pronta e segura punição.

[4] BAPTISTA, Luiz Olavo. Origens do direito da concorrência. *Revista Da Faculdade De Direito, Universidade de São Paulo*, São Paulo, n. 91, 1996, p. 19-23. CASELTA, Daniel Costa. *Responsabi-*

A Constituição Federal de 1946, por sua vez, em seu art. 148, possuía expressa determinação no sentido de que a lei reprimirá toda forma de abuso de poder econômico, de qualquer natureza, que tenha como pretensão dominar os mercados nacionais, eliminar a concorrência ou aumentar arbitrariamente os lucros[5].

Na mesma toada, foi promulgada, em 1951, a Lei nº 1.521, responsável por alterar os dispositivos penais já existentes relativos aos crimes contra a economia popular. Já em 1962, com o advento da Lei nº 4.137/62, ocorre a criação do Conselho Administrativo de Defesa Econômica (CADE). Enfim, após a edição de um sem-número de outros dispositivos legais, é finalmente com a Constituição Federal de 1988, mais especificamente em seu art. art. 170[6], que as balizas constitucionais à atividade econômica são fixadas por meio da positivação de princípios como a proteção da livre concorrência e a defesa do consumidor como se tem hoje[7].

Em complemento a isso, o art. 173, § 4º[8], da Constituição Federal, estabelece que deve ser reprimido o abuso do poder econômico que vise

---

lidade civil por danos decorrentes da prática de cartel. Dissertação de Mestrado defendida perante a Faculdade de Direito da Universidade de São Paulo (USP), 2015, p. 27.

[5] Art. 148 – A lei reprimirá toda e qualquer forma de abuso do poder econômico, inclusive as uniões ou agrupamentos de empresas individuais ou sociais, seja qual for a sua natureza, que tenham por fim dominar os mercados nacionais, eliminar a concorrência e aumentar arbitrariamente os lucros.

[6] Art. 170. A ordem econômica, fundada na valorização do trabalho humano e na livre iniciativa, tem por fim assegurar a todos existência digna, conforme os ditames da justiça social, observados os seguintes princípios: I – soberania nacional; II – propriedade privada; III – função social da propriedade; IV – livre concorrência; V – defesa do consumidor; VI – defesa do meio ambiente; VII – redução das desigualdades regionais e sociais; VIII – busca do pleno emprego; IX – tratamento favorecido para as empresas brasileiras de capital nacional de pequeno porte. Parágrafo único. É assegurado a todos o livre exercício de qualquer atividade econômica, independentemente de autorização de órgãos públicos, salvo nos casos previstos em lei.

[7] BUCHAIN, Luiz Carlos. Os objetivos do direito da concorrência em face da ordem econômica nacional. *Cadernos do programa de pós-graduação. Direito/ UFRGS*, vol. 9, n. 1, 2014, p. 241. SILVEIRA, Renato de Mello Jorge. Considerações penais sobre o acordo de leniência na realidade antitruste. *In*: PASCHOAL, Janaina Conceição; SILVEIRA, Renato de Mello Jorge (coord.). *Livro em homenagem a Miguel Reale Júnior*. Rio de Janeiro: LMJ Mundo Jurídico, 2014, p. 565.

[8] § 4º A lei reprimirá o abuso do poder econômico que vise à dominação dos mercados, à eliminação da concorrência e ao aumento arbitrário dos lucros.

DIREITO PENAL ECONÔMICO

à dominação dos mercados, à eliminação da concorrência e o aumento arbitrário dos preços, ao passo que o § 5º prevê que "a lei, sem prejuízo da responsabilidade individual dos dirigentes da pessoa jurídica, estabelecerá a responsabilidade desta, sujeitando-a às punições compatíveis com sua natureza, nos atos praticados contra a ordem econômica e financeira e contra a economia popular".

Tendo em vista esse cenário, é possível indagar se estaria presente no texto constitucional a obrigação de se criminalizar condutas atentatórias à ordem econômica? A resposta que se encontra é negativa, na medida em que se entende que tal imposição iria de encontro à essência do próprio Estado Democrático de Direito, haja vista que é impossível extrair mandados de criminalização da Carta Magna.

Nesse sentido, segundo Luciano Anderson de Souza, o expansionismo penal não encontra lastro constitucional, uma vez que a configuração do atual Estado brasileiro tem como alicerce a liberdade dos cidadãos, sendo o regramento penal, meio mais grave do seu cerceamento, a exceção, razão pela qual deve ser empregado para coibir apenas os mais graves ataques aos mais caros valores comunitários e somente quando os demais meios de proteção não se mostrarem suficientes[9].

2. O crime de cartel: art. 4º, da Lei nº 8.137/1990

Feito esse esclarecimento preliminar, cumpre-nos debruçar sobre o conceito de cartel propriamente dito.

Antes disso parece relevante, contudo, abordar a questão sob o prisma do Direito Econômico e Concorrencial, para que se possa, então, encontrar o fundamento da tutela jurídico-penal de tais condutas e o seu efetivo conteúdo material.

Os cartéis, também conhecidos como acordos horizontais, são, nos ensinamentos de Paula Andrea Forgioni, acordos celebrados entre concorrentes, atuais ou potenciais, os quais visam a arrefecer ou a neutralizar a competição entre eles. Isto é, pretende-se com a formação do cartel, o alcance de monopólio em determinado setor da atividade eco-

---

[9] SOUZA, Luciano Anderson de. A origem do direito penal econômico. *In*: SOUZA, Luciano Anderson de; ARAÚJO, Marina Pinhão Coelho (coords.) *Direito penal econômico. Leis penais especiais*. São Paulo: Thomson Reuters Brasil, 2019, vol. 1, p. 33-34.

nômica, para, assim, se obter condições econômicas mais favoráveis para os seus integrantes[10].

Nessa esteira, o pressuposto fático sobre o qual se funda a formação de cartéis é justamente a ideia que a concorrência prejudica os concorrentes, haja vista que o empresário alcança lucros menores, deve se ater à maior qualidade dos seus produtos e necessita realizar investimentos para garantir a sua manutenção como agente econômico competitivo no mercado.

Com isso, a formação de um cartel tem o grande poder de garantir aos seus integrantes a neutralização da influência de conceitos como oferta e demanda sobre a formação de preços, implicando, por sua vez, maior grau de segurança e previsibilidade para aqueles que exercem a atividade econômica e, consequentemente, promovendo a planificação dos investimentos e da produtividade[11].

Daí porque a Lei nº 12.529/2011, conhecida como Lei Antitruste, dispõe, em seu art. 36, que constituem infração da ordem econômica atos que tenham por objeto ou possam produzir, mesmo que não alcançados, um dos quatro efeitos: I) prejuízo à livre concorrência ou iniciativa; II) dominação do mercado relevante de bens ou serviços; III) aumento arbitrário dos lucros; ou IV) o exercer, de forma abusiva, posição dominante.

O § 3º[12] do referido artigo traz um rol de condutas que exemplificam o previsto no *caput*, tais como o acordo de preço de bens ou serviços

---

[10] FORGIONI. Paula Andrea. *Os fundamentos do antitruste.* 7ª ed. São Paulo: Revista dos Tribunais, 2014, p. 340-341.

[11] FORGIONI. Paula Andrea. *Os fundamentos do antitruste.* 7ª ed. São Paulo: Revista dos Tribunais, 2014, p. 339 e 343.

[12] Art. 36. Constituem infração da ordem econômica, independentemente de culpa, os atos sob qualquer forma manifestados, que tenham por objeto ou possam produzir os seguintes efeitos, ainda que não sejam alcançados: I – limitar, falsear ou de qualquer forma prejudicar a livre concorrência ou a livre iniciativa; II – dominar mercado relevante de bens ou serviços; III – aumentar arbitrariamente os lucros; e IV – exercer de forma abusiva posição dominante. § 1º A conquista de mercado resultante de processo natural fundado na maior eficiência de agente econômico em relação a seus competidores não caracteriza o ilícito previsto no inciso II do caput deste artigo. § 2º Presume-se posição dominante sempre que uma empresa ou grupo de empresas for capaz de alterar unilateral ou coordenadamente as condições de mercado ou quando controlar 20% (vinte por cento) ou mais do mercado relevante, podendo este percentual ser alterado pelo Cade para setores específicos da economia. § 3º As seguintes condutas, além de outras, na medida em que configurem hipótese

DIREITO PENAL ECONÔMICO

ofertados individualmente (§ 3º, I, a) ou a adoção de conduta comercial uniforme ou concertada com concorrentes (§ 3º, II).

É de se destacar, contudo, que o CADE possui entendimento predominante no sentido de que o cartel se configura com o mero conluio ou ajuste entre as partes, independentemente de qualquer potencial efeito

prevista no caput deste artigo e seus incisos, caracterizam infração da ordem econômica: I – acordar, combinar, manipular ou ajustar com concorrente, sob qualquer forma: a) os preços de bens ou serviços ofertados individualmente; b) a produção ou a comercialização de uma quantidade restrita ou limitada de bens ou a prestação de um número, volume ou frequência restrita ou limitada de serviços; c) a divisão de partes ou segmentos de um mercado atual ou potencial de bens ou serviços, mediante, dentre outros, a distribuição de clientes, fornecedores, regiões ou períodos; d) preços, condições, vantagens ou abstenção em licitação pública; II – promover, obter ou influenciar a adoção de conduta comercial uniforme ou concertada entre concorrentes; III – limitar ou impedir o acesso de novas empresas ao mercado; IV – criar dificuldades à constituição, ao funcionamento ou ao desenvolvimento de empresa concorrente ou de fornecedor, adquirente ou financiador de bens ou serviços; V – impedir o acesso de concorrente às fontes de insumo, matérias-primas, equipamentos ou tecnologia, bem como aos canais de distribuição; VI – exigir ou conceder exclusividade para divulgação de publicidade nos meios de comunicação de massa; VII – utilizar meios enganosos para provocar a oscilação de preços de terceiros; VIII – regular mercados de bens ou serviços, estabelecendo acordos para limitar ou controlar a pesquisa e o desenvolvimento tecnológico, a produção de bens ou prestação de serviços, ou para dificultar investimentos destinados à produção de bens ou serviços ou à sua distribuição; IX – impor, no comércio de bens ou serviços, a distribuidores, varejistas e representantes preços de revenda, descontos, condições de pagamento, quantidades mínimas ou máximas, margem de lucro ou quaisquer outras condições de comercialização relativos a negócios destes com terceiros; X – discriminar adquirentes ou fornecedores de bens ou serviços por meio da fixação diferenciada de preços, ou de condições operacionais de venda ou prestação de serviços; XI – recusar a venda de bens ou a prestação de serviços, dentro das condições de pagamento normais aos usos e costumes comerciais; XII – dificultar ou romper a continuidade ou desenvolvimento de relações comerciais de prazo indeterminado em razão de recusa da outra parte em submeter--se a cláusulas e condições comerciais injustificáveis ou anticoncorrenciais; XIII – destruir, inutilizar ou açambarcar matérias-primas, produtos intermediários ou acabados, assim como destruir, inutilizar ou dificultar a operação de equipamentos destinados a produzi-los, distribuí-los ou transportá-los; XIV – açambarcar ou impedir a exploração de direitos de propriedade industrial ou intelectual ou de tecnologia; XV – vender mercadoria ou prestar serviços injustificadamente abaixo do preço de custo; XVI – reter bens de produção ou de consumo, exceto para garantir a cobertura dos custos de produção; XVII – cessar parcial ou totalmente as atividades da empresa sem justa causa comprovada; XVIII – subordinar a venda de um bem à aquisição de outro ou à utilização de um serviço, ou subordinar a prestação de um serviço à utilização de outro ou à aquisição de um bem; e XIX – exercer ou explorar abusivamente direitos de propriedade industrial, intelectual, tecnologia ou marca.

lesivo para a ordem econômica ou até mesmo idoneidade para tanto[13]. Em outras palavras, para o órgão administrativo, eventual dano ou impacto econômico porventura causado seria mera consequência ou exaurimento da ação ilícita praticada pelos concorrentes, centrando-se todo o desvalor, do ponto de vista administrativo, na conduta em si.

Cumpre destacar que a sua formação importa danos ao mercado, à livre concorrência, aos interesses do consumidor e, naturalmente, à ordem econômica. Perde-se o necessário pluralismo econômico com a sua presença, distanciando-se da ideal estrutura econômica difusa e descentralizada. Sem a presença de agentes atuando de forma verdadeiramente competitiva, perde-se o estímulo à promoção de preços mais baixos[14], bem como o estímulo à maior qualidade dos produtos comercializados e dos serviços prestados aos consumidores, isso tudo sem mencionar o impacto que tais práticas deletérias causam sobre os pequenos negócios[15].

Por outro lado, há quem sustente que a organização de cartéis pode ser benéfica, desde que praticada em um contexto específico, como, por exemplo, em períodos de crise, na medida em que nessa situação eliminar-se-ia a concorrência predatória que tem o potencial de encerrar as atividades de uma empresa, o que, em última análise, prejudicaria não apenas os empresários responsáveis pelo negócio, mas, também, mas toda a coletividade[16].

Feito esse prognóstico, imperioso se torna o debate acerca da necessidade de criminalização da prática de cartel. Nota-se, a esse respeito, que existe uma forte tendência internacional de se reprimir tal prática,

---

[13] Santos, Flávia Chiquito dos. Quando o simples é sofisticado: clareza na tipificação de cartéis e na interpretação da regra *per se*. *Revista de defesa da concorrência*. Vol. 5, nº 2, novembro 2017, p. 121.

[14] A Organização para a Cooperação e Desenvolvimento Econômico (OCDE), em relatório desenvolvido em 2000, estimou que, via de regra, a formação de cartéis provoca um sobrepreço médio de 10% a 20% em relação ao preço de venda, bem como uma redução nos incentivos para a inovação.

[15] Buchain, Luiz Carlos. Os objetivos do direito da concorrência em face da ordem econômica nacional. *Cadernos do programa de pós-graduação. Direito/ UFRGS*, vol. 9, n. 1, 2014, p. 239 e 241-242.

[16] Paula Andrea Forgioni, apesar de não ser adepta desta corrente, expõe os principais pontos de vista e autores: Forgioni. Paula Andrea. *Os fundamentos do antitruste*. 7ª ed. São Paulo: Revista dos Tribunais, 2014, p. 342-343.

DIREITO PENAL ECONÔMICO

havendo inclusive recomendações expressas da Organização para a Cooperação e Desenvolvimento Econômico (OCDE) nessa direção.

Ana Paula Martinez sustenta que um sistema baseado exclusivamente em sanções cíveis direcionadas à pessoa jurídica não seria suficiente para coibir essa conduta anticompetitiva. Primordialmente, adota-se como pressuposto que a penalidade por excelência aplicada às empresas nessas situações é a multa, não raras vezes fixada em valores expressivos[17].

Ocorre que, ainda segundo a autora, os seus efeitos são também distribuídos para partes diversas daquelas responsáveis pelo ilícito, amortizando, em alguma medida, o impacto sobre os verdadeiros agentes e penalizando, indiretamente, aqueles que não participaram do processo anticompetitivo em si. Nesse sentido, a imposição de multas elevadas faz com que a empresa concentre esforços em pagá-la, o que reverbera diretamente nos consumidores, afinal estes, muito provavelmente, não serão beneficiados com novos produtos ou com diminuições de preços durante esse período, já que todo e qualquer valor sobressalente será destinado à quitação da multa, ocorrendo o mesmo com a demissão de funcionários, por exemplo, a pretexto de se reduzir gastos, tudo isso sob pena de fechamento do negócio.

Para além disso, os acionistas da empresa também são atingidos. O que poderia parecer favorável em um primeiro momento, nos casos em que o controle da empresa e a sua propriedade se confundem, não se verifica, necessariamente, no caso daquelas de capital aberto, nas quais terceiros muito distantes do cometimento do cartel são acionistas, a exemplo dos fundos de pensões.

O que se costuma ver, em verdade, é um grande lapso entre a prática anticompetitiva e a aplicação da sanção, o que significa, no mais das vezes, que eventuais prejuízos dela decorrentes, impostos a título de sanção penal ou administrativa, serão repartidos entre todos os acionistas, que não necessariamente ocupavam tal posição na época dos fatos ilícitos e, portanto, não fariam jus à punição[18].

---

[17] Para aprofundamento a respeito dos critérios de dosimetria para aplicação da multa aos cartéis: CAVALCANTI, Rodrigo de Camargo. O critério de dosimetria aplicada aos cartéis: o exemplo do cartel no mercado de *Gas Insulated Switchgear*. *Revista de defesa da concorrência*. Vol. 6, nº 1, maio 2018, pp. 88-119.

[18] MARTINEZ, Ana Paula. Palestra sobre cartel ministrada no Seminário Internacional do Instituto Brasileiro de Ciências Criminais (IBCCRIM), realizada em 28/08/2014. MARTINEZ,

Conforme pondera a autora, deve-se buscar, sobretudo, a responsabilização individual daqueles que atuaram de forma anticompetitiva, como forma mais eficaz de evitá-la. Caso contrário, o indivíduo se sentiria à vontade de obter, por meio da prática de cartel, vantagens particulares, diretas ou indiretas— por meio da empresa —, como promoções profissionais ou o aumento de seu bônus. Porém, mesmo que as principais penalidades como a multa, a inabilitação e as sanções reputacionais possam ter significativo impacto nesse indivíduo, não teriam o mesmo efeito intimidatório que o peso de uma persecução penal e, especialmente, o risco da aplicação da pena privativa de liberdade[19].

Apresentada a concepção de cartel sob a ótica do Direito concorrencial, passa-se à análise de como a legislação penal estabeleceu as fronteiras para esse delito, a qual, adianta-se, tem um alcance limitado, se comparado às condutas previstas no art. 36, da Lei Antitruste, nada mais natural ante à subsidiariedade que norteia a aplicação do Direito Penal.

Como já mencionado, o crime de cartel está previsto no art. 4º, da Lei nº 8.137/1990[20], tendo como bem jurídico protegido pela norma penal a chamada ordem econômica, consoante positivado no art. 170, da Constituição Federal.

A *ratio essendi* de tal criminalização funda-se justamente na defesa da livre concorrência, que, por sua vez, é limitada pela função social da atividade empresarial e também pelos interesses do consumidor. Tais limites tem o condão de impedir, na prática, o emprego de condutas abusivas e desleais que, fatalmente, acabariam por converter a livre

---

Ana Paula. *Repressão a cartéis*. Interface entre direito administrativo e direito penal. São Paulo: Singular, 2013, p. 61 e ss.

[19] Martinez, Ana Paula. Palestra sobre cartel ministrada no Seminário Internacional do Instituto Brasileiro de Ciências Criminais (IBCCRIM), realizada em 28/08/2014. Martinez, Ana Paula. *Repressão a cartéis*. Interface entre direito administrativo e direito penal. São Paulo: Singular, 2013, p. 61 e ss.

[20] Art. 4º Constitui crime contra a ordem econômica:

I – abusar do poder econômico, dominando o mercado ou eliminando, total ou parcialmente, a concorrência mediante qualquer forma de ajuste ou acordo de empresas;

II – formar acordo, convênio, ajuste ou aliança entre ofertantes, visando:

a) à fixação artificial de preços ou quantidades vendidas ou produzidas;

b) ao controle regionalizado do mercado por empresa ou grupo de empresas;

c) ao controle, em detrimento da concorrência, de rede de distribuição ou de fornecedores.

Pena – reclusão, de 2 (dois) a 5 (cinco) anos e multa.

DIREITO PENAL ECONÔMICO

concorrência em uma não concorrência, lesando-se, por via oblíqua, a sociedade como um todo[21].

Aqui faz-se necessária uma cisão entre as condutas previstas nos incisos I e II, do art. 4º, da Lei nº 8.137/90.

A primeira modalidade delitiva, prevista no inciso I do artigo citado, criminaliza a conduta de abusar do poder econômico, dominando o mercado ou eliminando, total ou parcialmente, a concorrência, mediante qualquer forma de ajuste ou acordo entre empresas. Inequívoca, dessa forma, a conclusão que se trata de um delito de dano, material, sendo exigido para a sua consumação a efetiva ocorrência do resultado lesivo previsto no tipo penal, ou seja, a real dominação do mercado ou a eliminação, ainda que parcial, da concorrência. Sem a ocorrência do resultado lesivo, não há crime, sendo a conduta atípica.

Suponha-se, então, que, em razão da prática de cartel, haja a eliminação de um concorrente, o que, por circunstâncias próprias, não reflete negativamente na dinâmica do mercado. Essa conduta não será suficiente para configurar o crime previsto na modalidade do inciso I, do art. 4º. Nessa esteira, também a realização de ajustes ou acordos entre as empresas, *per se*, sem qualquer impacto no mercado, representam apenas, quando muito, a modalidade tentada do delito em comento.

Importa destacar, ainda, que o inciso I vale-se de uma redação ampla e abrangente, de modo que as condutas ali previstas não se restringem, exclusivamente, à prática de eventual cartel. O abuso do poder econômico, por exemplo, que pode ocorrer mediante qualquer ajuste ou acordo entre empresas, permite que sejam abarcados pela descrição típica, também, atos de concentração anticompetitivos[22] e acordos verticais[23] de fechamento de mercado[24].

---

[21] REALE JÚNIOR, Miguel. Cartel e quadrilha ou bando: bis in idem. *Ciências Penais*: Revista da Associação Brasileira de Professores de Ciências Penais, São Paulo, vol. 3, n. 5, p. 132-133.

[22] *"Assim, no campo do antitruste, o termo concentração vem empregado para identificar várias situações que demonstram essa aglutinação de poder ou de capacidade de alterar as condições do mercado. A mais comum liga-se a situações em que os partícipes (ou ao menos alguns deles) perdem sua autonomia, como nas operações de fusão, incorporação etc. Há, também, concentração quando se dá a constituição de nova sociedade ou grupo econômico cujo poder de controle é compartilhado ou quando uma empresa adquire ativos ou parcela do patrimônio de outra."* FORGIONI, Paula Andréa. *Os fundamentos do antitruste*. 7ª ed. São Paulo: Revista dos Tribunais, 2014, p. 401-402.

[23] *"Já os acordos verticais disciplinam relações entre agentes econômicos que desenvolvem suas atividades em mercados relevantes diversos, muitas vezes complementares. Quando se fala de acordos verticais, em*

Enquanto isso, a modalidade estabelecida pelo inciso II, do art. 4º, possui outra estrutura, agora sim referindo-se apenas a agentes no mesmo nível da cadeia produtiva. Diz-se que pratica crime de cartel quem forma acordo, convênio, ajuste ou aliança entre ofertantes, buscando, sempre, uma das três consequências seguintes: i) a fixação artificial de preços ou quantidades vendidas ou produzidas; ii) o controle regionalizado do mercado por empresa ou grupo de empresas; ou iii) o controle, em detrimento da concorrência, de rede de distribuição ou de fornecedores.

Nesse caso, está-se diante de um crime que se consuma, agora sim, com simples a formação de acordo, convênio, ajuste ou aliança, desde que seja idônea a ofender a ordem econômica, mas independentemente da ocorrência de qualquer tipo de dano a ela.

Não é diferente o caminho adotado pela jurisprudência nacional. No julgamento do Agravo Regimental no Recurso Especial nº 1.810.038, a Sexta Turma do Superior Tribunal de Justiça decidiu que o delito previsto no art. 4º, II, da Lei nº 8.137/1990, é um crime formal, que dispensa, para sua consumação, a ocorrência dos resultados previstos na norma penal incriminadora[25].

Portanto, trata-se de um crime instantâneo[26] de efeitos permanentes, ou seja, a ação e a lesão ao bem jurídico se ocorrem instantaneamente, mas os efeitos dessa conduta podem se protrair no tempo. Isso porque a realização do ajuste representa a exteriorização de um ato de vontade que converge para uma finalidade instantânea e imediata, não se con-

---

teoria da organização industrial e em antitruste, lida-se com imaginária linha vertical que nos conduz, através da extração da matéria-prima, das várias fases da produção e da comercialização, até o comprador final do produto. Por exemplo, o acordo entre empresa fabricante e outra distribuidora configura acordo vertical, ou entre a franqueadora e seus franqueados." FORGIONI, Paula Andréa. Os fundamentos do antitruste. 7ª ed. São Paulo: Revista dos Tribunais, 2014, p. 336.

[24] MARTINEZ, Ana Paula. Palestra sobre cartel ministrada no Seminário Internacional do Instituto Brasileiro de Ciências Criminais (IBCCRIM), realizada em 28/08/2014.

[25] STJ – AgRg no REsp 1.810.038/SP, Rel. Min. Nefi Cordeiro – T6 – Sexta Turma, data de julgamento: 10/12/2019 – DJe 12/12/2019.

[26] Não é outro o entendimento do Superior Tribunal de Justiça: "o Tribunal de origem considerou que os crimes do art. 4º, inciso II, alíneas «a», «b» e «c», da Lei n. 8.137/1990, bem como dos arts. 90 e 96, incisos I e V, da Lei n. 8.666/1993, seriam todos crimes permanentes. Contudo, segundo a doutrina, cuidam-se, na verdade, de crimes instantâneos (...)" (RHC 93.148/SP, Rel. Ministro REYNALDO SOARES DA FONSECA, QUINTA TURMA, julgado em 03/05/2018, DJe 09/05/2018).

DIREITO PENAL ECONÔMICO

fundindo com um crime permanente, como no crime de associação criminosa, por exemplo. Neste delito, o núcleo verbal "associarem-se" expressa, claramente, um sentido de reunião de pessoas com fim específico de cometer delitos, no plural, do que se extrai que a participação do autor, nesse tipo de conduta, tem caráter necessariamente permanente. Ademais, a livre concorrência, como objeto de tutela da norma penal, está desde logo vilipendiada com a formação do acordo, não havendo a sua constante ofensa ao longo do tempo[27].

Parece-nos equivocado, portanto, o entendimento por vezes esposado no sentido de que a consumação do crime de cartel, em um contexto licitatório, se perpetuaria a cada reunião ou a cada novo acordo, bem como pela adjudicação do contrato e durante toda a sua vigência[28]. Os seus efeitos talvez perdurem, mas o momento consumativo é certo, determinado e instantâneo, razão pela qual o termo inicial do prazo prescricional da pretensão punitiva regula-se pelo disposto no art. 111[29], inciso I, do Código Penal, iniciando-se a contagem do prazo no momento em que o acordo, convênio, ajuste ou aliança são formados.

Vale destacar, ainda, que as três consequências elencadas anteriormente, a serem buscadas pelo agente quando da formação do acordo, afiguram-se como elemento subjetivo especial do delito, sendo indispensável para o seu perfazimento.

Da mesma maneira, durante o julgamento do Recurso Especial nº 1.623.985, a Sexta Turma do Superior Tribunal de Justiça considerou que não estava configurado o crime de cartel, uma vez que as condutas anticompetitivas descritas na denúncia se referiam a um único procedimento licitatório, não sendo possível afirmar que os acordos possuíam como objetivo o domínio de mercado, elemento típico do crime de cartel. Por essa razão, o Ministro Nefi Cordeiro, relator do feito, reputou *"correto o entendimento do magistrado de primeiro grau, que, afastando o crime*

---

[27] TANGERINO, Davi. Afinal, quando se consuma o crime de cartel? *JOTA*, 2017. Disponível em: https://www.jota.info/paywall?redirect_to=//www.jota.info/opiniao-e-analise/artigos/afinal-quando-se-consuma-o-crime-de-cartel-20122017. Acesso em: 10/02/2020.

[28] NEVES, Heidi Rosa Florêncio. Crimes contra a concorrência: aspectos práticos do crime de cartel. *Revista de direito penal econômico e compliance.* nº 1, 2020, no prelo.

[29] Art. 111 – A prescrição, antes de transitar em julgado a sentença final, começa a correr: I – do dia em que o crime se consumou; (...).

do art. 4º, II, da Lei 8.137/90, consignou que os ajustes ocorridos configuraram próprio crime licitatório, devendo apenas este último prevalecer"[30].

3. O conflito aparente de normas

O tipo penal que descreve o crime de cartel, analisado anteriormente, acaba por esbarrar, muitas vezes, na redação de outros delitos, fazendo com que se suscite a ocorrência de um conflito aparente de normas.

Esse instituto se verifica quando, em um caso concreto, *parece* haver a incidência concorrente de mais de um tipo penal. Em razão disso, a fim de garantir a coerência do ordenamento jurídico e evitar a incidência de *bis in idem*, existem três princípios que devem ser utilizados como ferramentas interpretativas, objetivando solucionar esse suposto conflito[31].

O primeiro deles é chamado de princípio da especialidade, o qual deriva da regra que leis gerais são derrogadas por leis especiais. A premissa é autoexplicativa: se há um conflito aparente de normas e alguma delas é mais específica do que a outra, aplica-se aquela em detrimento desta, em razão de sua maior precisão.

Eugênio Raúl Zaffaroni e José Henrique Pierangeli sustentam que a especialidade exprime um fechamento conceitual que um certo tipo faz do outro e que pressupõe uma relação de "subordinação conceitual" entre ambos[32].

O princípio da consunção, por sua vez, envolve uma relação de exaurimento de um tipo pelo outro, ou seja, um tipo engloba o conteúdo proibitivo do outro em sua redação.

Finalmente, o princípio da subsidiariedade deve ser aplicado em casos nos quais um tipo penal não possa ser utilizado, seja por disposição

---

[30] REsp 1.623.985/SP, Rel. Ministro NEFI CORDEIRO, SEXTA TURMA, julgado em 17/05/2018, DJe 06/06/2018. No mesmo sentido: STJ – AgRg no REsp 1.810.038/SP, Rel. Min. Nefi Cordeiro – T6 – Sexta Turma, data de julgamento: 10/12/2019 – DJe 12/12/2019 STJ REsp 1623985/SP, Rel. Ministro NEFI CORDEIRO, SEXTA TURMA, julgado em 17/05/2018, DJe 06/06/2018.

[31] GOMES, Mariângela Gama de Magalhães. *Teoria geral da parte especial do direito penal.* São Paulo: Atlas, 2014, p. 240 e ss. ZAFFARONI, Eugenio Raúl; PIERANGELI, José Henrique. *Manual de direito penal brasileiro.* Parte geral. 3ª ed. São Paulo: Revista dos Tribunais, 2001, p. 733-734.

[32] ZAFFARONI, Eugenio Raúl; PIERANGELI, José Henrique. *Manual de direito penal brasileiro.* Parte geral. 3ª ed. São Paulo: Revista dos Tribunais, 2001, p. 734.

DIREITO PENAL ECONÔMICO

explícita, seja por interpretação lógica[33]. Na hipótese de nenhuma dessas ferramentas solucionar a questão, estar-se-á diante de um concurso material[34], concurso formal[35] ou crime continuado[36].

Isso posto, passa-se à análise do conflito aparente de normas envolvendo o crime de cartel e outros dois crimes, quais sejam, o crime de fraude à licitação, previsto no art. 90, da Lei nº 8.666/1993[37] e o crime de associação criminosa, disposto no art. 288 do Código Penal[38].

---

[33] PRADO, Luiz Regis. *Curso de direito penal brasileiro*. Parte geral e parte especial. 14ª ed. São Paulo: Revista dos Tribunais, 2015, p. 190.

[34] Art. 69 – Quando o agente, mediante mais de uma ação ou omissão, pratica dois ou mais crimes, idênticos ou não, aplicam-se cumulativamente as penas privativas de liberdade em que haja incorrido. No caso de aplicação cumulativa de penas de reclusão e de detenção, executa-se primeiro aquela. § 1º – Na hipótese deste artigo, quando ao agente tiver sido aplicada pena privativa de liberdade, não suspensa, por um dos crimes, para os demais será incabível a substituição de que trata o art. 44 deste Código. § 2º – Quando forem aplicadas penas restritivas de direitos, o condenado cumprirá simultaneamente as que forem compatíveis entre si e sucessivamente as demais

[35] Art. 70 – Quando o agente, mediante uma só ação ou omissão, pratica dois ou mais crimes, idênticos ou não, aplica-se-lhe a mais grave das penas cabíveis ou, se iguais, somente uma delas, mas aumentada, em qualquer caso, de um sexto até metade. As penas aplicam-se, entretanto, cumulativamente, se a ação ou omissão é dolosa e os crimes concorrentes resultam de desígnios autônomos, consoante o disposto no artigo anterior. Parágrafo único – Não poderá a pena exceder a que seria cabível pela regra do art. 69 deste Código.

[36] Art. 71 – Quando o agente, mediante mais de uma ação ou omissão, pratica dois ou mais crimes da mesma espécie e, pelas condições de tempo, lugar, maneira de execução e outras semelhantes, devem os subseqüentes ser havidos como continuação do primeiro, aplica-se-lhe a pena de um só dos crimes, se idênticas, ou a mais grave, se diversas, aumentada, em qualquer caso, de um sexto a dois terços. Parágrafo único – Nos crimes dolosos, contra vítimas diferentes, cometidos com violência ou grave ameaça à pessoa, poderá o juiz, considerando a culpabilidade, os antecedentes, a conduta social e a personalidade do agente, bem como os motivos e as circunstâncias, aumentar a pena de um só dos crimes, se idênticas, ou a mais grave, se diversas, até o triplo, observadas as regras do parágrafo único do art. 70 e do art. 75 deste Código.

[37] Art. 90. Frustrar ou fraudar, mediante ajuste, combinação ou qualquer outro expediente, o caráter competitivo do procedimento licitatório, com o intuito de obter, para si ou para outrem, vantagem decorrente da adjudicação do objeto da licitação:
Pena – detenção, de 2 (dois) a 4 (quatro) anos, e multa.

[38] Art. 288. Associarem-se 3 (três) ou mais pessoas, para o fim específico de cometer crimes:
Pena – reclusão, de 1 (um) a 3 (três) anos.
Parágrafo único. A pena aumenta-se até a metade se a associação é armada ou se houver a participação de criança ou adolescente.

3.1. Art. 90, da Lei nº 8.666/1993

O art. 90 da Lei nº 8.666/1993 criminaliza, impondo a pena de 2 a 4 anos de detenção e multa, a conduta de frustrar ou fraudar, mediante ajuste, combinação ou qualquer outro expediente, o caráter competitivo do procedimento licitatório, com o intuito de obter, para si ou para outrem, vantagem decorrente da adjudicação do objeto da licitação.

Dessa forma, pode-se dizer que o delito em questão tutela, da mesma forma que os demais crimes contra a administração pública, o regular funcionamento das atividades públicas. Subsidiariamente, é possível falar na proteção dos interesses patrimoniais dos agentes econômicos particulares que participam do certame dentro de um contexto de livre mercado[39].

Conquanto, tem-se a frustração ou a fraude do caráter competitivo do procedimento licitatório como as condutas núcleo do tipo penal. Cumpre pontuar, todavia, que o verbo frustrar deve ser interpretado no sentido de inviabilizar, impedir, privar, enquanto o verbo fraudar deve ser lido como a utilização de manobra ardilosa para vencer a vigilância da vítima.

Nesse contexto, o ajuste e a combinação são os meios pelos quais tal ação se verifica[40]. Davi Tangerino aduz que o crime é instantâneo, mas que pode ter efeitos permanentes, uma vez que a dicção do tipo não guarda qualquer relação com a duração do contrato ou a data do recebimento do preço, sendo o núcleo verbal o "frustrar" ou "fraudar". Caso, decorrente da conduta anticompetitiva, seja assinado um contrato com a Administração Pública, ter-se-á um efeito prolongado do ajuste ou combinação[41].

Consequentemente, o delito se consuma com a efetiva frustração ou fraude do caráter competitivo do procedimento licitatório, configurando um crime material e de dano[42]. Justamente por essa razão é impensável

---

[39] Souza, Luciano Anderson de. *Crimes contra a administração pública*. São Paulo: Thomson Reuters Brasil, 2018, p. 105.

[40] BITENCOURT, Cezar Roberto. *Direito penal das licitações*. São Paulo: Saraiva, 2012, p. 189-191.

[41] TANGERINO, Davi. Afinal, quando se consuma o crime de cartel? *JOTA*, 2017. Disponível em: https://www.jota.info/paywall?redirect_to=//www.jota.info/opiniao-e-analise/artigos/afinal-quando-se-consuma-o-crime-de-cartel-20122017. Acesso em: 10/02/2020.

[42] A jurisprudência do Superior Tribunal de Justiça, entretanto, é oscilante. Apesar de sempre pontuarem ser o delito em questão formal (por não ser necessário para consumação a

DIREITO PENAL ECONÔMICO

inferir que se estaria diante de um crime permanente, que se prolongaria enquanto a licitação fraudada estivesse vigendo, uma vez que a eleição dos núcleos verbais que compõe o tipo penal expressa, incontroversamente, a intenção do legislador acerca do seu momento consumativo.

Com isso, a vantagem, pela forma que está posta no tipo penal, materializa-se como elemento subjetivo especial do tipo e não condição essencial para a consumação do delito em si. O seu eventual atingimento, todavia, representa mero exaurimento. Concomitantemente, a realização de ajustes ou combinações que não acarretem real prejuízo ao objeto de guarida da norma penal desenha, quando muito, uma versão tentada do tipo sob estudo.

Superada a análise do art. 90, da Lei nº 8.666/1993, cumpre verificar se é possível que coexistam, ao mesmo tempo e sobre a mesma conduta, imputações relativas a esse crime e ao delito de cartel.

Verifica-se, em primeiro lugar, que, em ambos os crimes, se pretende, seja no contexto específico licitatório, seja nas relações econômicas de modo geral, o aviltamento da livre concorrência, por meio do domínio do mercado relevante.

Mesmo que o prejuízo concreto não seja essencial à consumação do crime de cartel, este elemento encontra-se presente na estrutura delitiva, havendo, em princípio, uma justaposição das figuras típicas do cartel e da fraude à licitação[43].

---

obtenção de vantagem), por vezes, afirmam que a "prática delitiva se aperfeiçoa com a simples quebra do caráter competitivo entre os licitantes interessados em contratar, ocasionada com a frustração ou com a fraude no procedimento licitatório" (HC 341.341/MG, Rel. Ministro JOEL ILAN PACIORNIK, QUINTA TURMA, julgado em 16/10/2018, DJe 30/10/2018; HC 352.984/SP, Rel. Ministra MARIA THEREZA DE ASSIS MOURA, Rel. p/ Acórdão Ministro ROGERIO SCHIETTI CRUZ, SEXTA TURMA, julgado em 30/06/2016, DJe 08/09/2016; RHC 52.731/GO, Rel. Ministro RIBEIRO DANTAS, QUINTA TURMA, julgado em 27/10/2015, DJe 09/11/2015). O Supremo Tribunal Federal, por outro lado, aduz que o momento consumativo é "o mero ajuste, combinação ou adoção de qualquer outro expediente com o fim de fraudar ou frustrar o caráter competitivo da licitação, cujo intuito de obter vantagem, para si ou para outrem, decorrente da adjudicação do seu objeto, de modo que a consumação do delito independe da homologação do procedimento licitatório (HC n. 116.680/DF, 2ª Turma, Rel. Ministro TEORI ZAVASCKI, publicado no DJe de 13/2/2014).

[43] BRAGAGNOLLO, Daniel Paulo Fontana; GÓES, Guilherme de Toledo. Formação de cartel e fraude à licitação: uma proposta de solução da antinomia a fim de se evitar o bis in idem. *In*: FELDENS, Luciano; ESTELLITA, Heloisa, WUNDERLICH, Alexandre (orgs.). *DIREITO penal*

Estabelecida essa premissa, é possível identificar, também, que há um desígnio comum por parte do autor de ambos os crimes, no sentido de obter vantagem por meio da dominação de determinado mercado relevante.

Desse modo, não é possível, em princípio, enxergar a existência de mais de uma conduta delitiva, o que afasta de pronto a incidência de eventual concurso material, sob pena de se incorrer em inadmissível *bis in idem*.

Também não incide à espécie a figura do concurso formal, na medida em que cada um dos delitos se consuma em momento próprio, particular e distinto de uma mesma situação fática linear: o cartel se consuma com a celebração do acordo, enquanto isso acontece, no art. 90, com a fraude ou frustração do caráter competitivo de procedimento licitatório, que pode ocorrer de forma livre e por qualquer tipo de conduta, não havendo uma especificação a esse respeito por parte do tipo penal, como visto linhas acima.

Não se tem a prática de uma conduta que resvala em mais de um resultado, nem a verificação de designíos autônomos, por exemplo. Há apenas uma conduta descrita, sobre a qual incidem, concomitantemente, dois tipos penais distintos, um se consumando em momento anterior ao outro, mas, sempre, mantendo o mesmo curso, sem qualquer desvio que justifique a aplicação do concurso formal.

É possível concluir, portanto, que a situação em análise se enquadra na hipótese do conflito aparente de normas. Como o delito do art. 90 tem um âmbito de aplicação mais restrito, ou melhor, mais específico, limitado à seara licitatória e, ainda mais, cinge a consumação à real fraude ou frustração, fica evidente que a solução dogmática a ser aqui empregada é o princípio da especialidade, o que, por sua vez, afasta, *in casu*, a incidência do crime de cartel.

O fato de o cartel exprimir margem penal mais gravosa em nada altera a solução apresentada, não sendo aplicável a solução inversa, de que, na verdade, o crime de cartel abarcaria o de fraude à licitação, já que essa hipótese, além de violar o princípio da especialidade, subverte a própria teoria geral do Direito, dado que implicaria reconhecer que

---

econômico e empresarial: estudos dos grupos de pesquisa em direito penal econômico e empresarial da PUCRS e da FGV DIREITO SP. Rio de Janeiro: Lumen Juris, 2016, p. 277-278.

DIREITO PENAL ECONÔMICO

uma norma mais específica deveria sucumbir perante uma norma mais genérica, o que, além de não sustentar dogmaticamente, contraria a lógica jurídica mais básica.

3.2. Associação criminosa

Os crimes previstos no art. 4º, da Lei nº 8.137/1990, possuem elementos que o aproximam do delito de associação criminosa, previsto no art. 288, do Código Penal, razão pela qual é pertinente a análise do eventual concurso entre essas figuras. Para tanto, cumpre realizar uma breve análise do crime de associação criminosa.

O tipo penal previsto no art. 288 era chamado, originalmente, de quadrilha ou bando. A conduta incriminada era a de associarem-se quatro ou mais pessoas para cometer crimes. Segundo Nélson Hungria, o referido crime se consumava no momento associativo, independentemente do início da execução de qualquer delito que a quadrilha buscasse cometer. Isso porque a mera associação já seria capaz de "alarmar o público ou conturbar a paz ou tranquilidade de ânimo da convivência civil"[44].

Outro aspecto fundamental da tipicidade objetiva deste delito é o caráter de permanência e estabilidade do grupo, o que, relembra Heleno Cláudio Fragoso, transforma o mero acordo para cometer crimes em associação. Para o autor, ainda, deveria haver a intenção de praticar uma pluralidade de crimes, razão pela qual o delito em questão possuiria a natureza de crime permanente[45].

No entanto, a Lei nº 12.850/2014, voltada ao combate das organizações criminosas, modificou o art. 288 do Código Penal, com o intuito de harmonizá-lo com suas demais disposições. Houve, com isso, a alteração do *nomen iuris*, para "associação criminosa".

Houve, ainda, a redução do número mínimo de integrantes da associação para três pessoas e, finalmente, acrescentou-se um elemento subjetivo específico, qual seja, a finalidade especial de que a reunião ocorra com o propósito de se cometer crimes.

---

[44] HUNGRIA, Nélson. *Comentários ao Código Penal*. Rio de Janeiro: Forense, 1958. Vol. IX, p. 177.
[45] FRAGOSO, Heleno Cláudio. *Lições de direito penal*. Parte especial. Rio de Janeiro: Forense, 1988. Vol. II, p. 296-297.

Segundo Heloisa Estellita, a adição do referido termo reduziu as hipóteses de consumação do delito previsto no art. 288 do Código Penal, uma vez que, atualmente, apenas as associações destinadas especificamente à prática de crimes se conformam ao tipo penal, enquanto as organizações que possuem outros objetivos mas, eventualmente, se voltam à pratica criminosa, não estão abarcadas pela nova figura. A autora entende, também, que há concurso formal entre o crime do art. 288 do Código Penal e os crimes praticados pela associação[46]. Esta posição contrasta com a de Heleno Cláudio Fragoso, que enxerga nesta situação o concurso material entre os referidos delitos[47].

Miguel Reale Júnior se debruçou sobre a questão do concurso entre o então crime de quadrilha ou bando e o delito de cartel. Para o autor, os crimes previstos no art. 4º, da Lei nº 8.173/1990, consistem em "um concerto permanente visando à prática de condutas que tenham por efeito a dominação do mercado ou a eliminação total ou parcial da concorrência".

Da perspectiva do autor, portanto, a associação constitui um dos elementos do crime de cartel, o qual não se confunde com os crimes autônomos que a organização tem por objetivo perpetrar. Assim, haveria um concurso aparente de normas entre os delitos do art. 288, do Código Penal, e do art. 4º, da Lei nº 8.173/1990, uma vez que ambos os tipos penais incidiriam sobre a mesma conduta[48].

O autor rejeita a hipótese da consunção entre os crimes por inexistir entre eles "relações de mais e menos" na proteção de bens jurídicos. Assim, o conflito aparente de normas na hipótese ora abordada seria resolvido a partir do princípio da especialidade, no qual há identidade entre os elementos de duas normas, somada a determinada particularidade de uma delas, que a faz prevalecer.

Assim, o crime de cartel, para Miguel Reale Júnior, compartilha com o delito do art. 288, do Código Penal, o concerto permanente entre os agentes, com a especificidade, na hipótese do cartel, do objetivo de se obter a dominação ou eliminação da concorrência. Tratar-se-ia, por-

---

[46] ESTELLITA, Heloisa. Associação criminosa. *In*: REALE JÚNIOR, Miguel (Coord.) *Código Penal comentado*. São Paulo: Saraiva, 2017, p. 847-849.

[47] FRAGOSO, Heleno Cláudio. *Lições de direito penal*. Parte especial. Rio de Janeiro: Forense, 1988. Vol. II, p. 297.

[48] REALE JÚNIOR, Miguel. Cartel e quadrilha ou bando: bis in idem. *Ciências Penais*: Revista da Associação Brasileira de Professores de Ciências Penais, São Paulo, vol. 3, n. 5, p.139-140.

DIREITO PENAL ECONÔMICO

tanto, de norma específica, que deve prevalecer sobre a quadrilha, atual associação criminosa. Finalmente, o autor ressalta que a necessidade de aplicação de apenas um dos tipos penais não é afetada pelo contraste entre os bens jurídicos por eles tutelados, mas advém do fato de que ambos incriminam a mesma situação de fato[49].

Por outro lado, há posição firmada também em sentido contrário, sustentando, em síntese, que o princípio da consunção que resolveria o conflito aparente de normas em questão. Isso se explica pelo fato de se entender que o conteúdo típico da associação criminosa estaria acolhido pelo do cartel. No entender dessa parte da doutrina, não se trataria, portanto, de uma relação de especialidade[50].

Conclusões

Feitas as breves considerações acima, é possível, desde logo, alcançar algumas conclusões.

Com efeito, da análise realizada deflui que a proteção da liberdade econômica e da livre concorrência, inclusive sob a perspectiva penal. Contudo, a despeito da necessidade de proteção do bem jurídico em questão, é preciso racionalizar a utilização do aparato punitivo estatal para aqueles casos que realmente coloquem em risco ou lesionem a ordem econômica, sob pena de se banalizar a utilização da Direito Penal em uma inaceitável subversão de sua própria natureza subsidiária.

Diante disso, forçoso reconhecer, por exemplo, que tanto a conduta de cartel em sentido estrito, prevista no art. 4º, incisos I e II, da Lei nº 8.137/1990, quanto as suas condutas aproximadas, de fraude à licitação, insculpida no art. 90, da Lei nº 8.666/1993, ou até mesmo a mais genérica associação criminosa exigem, sob o prisma da tipicidade subjetiva, um elemento especial do injusto, que se traduz em uma finalidade específica na conduta eventualmente perpetrada, de modo a afastar da tutela penal aqueles acordos que não tenham a intenção de lesar a ordem econômica, fraudar ou frustrar o caráter competitivo do processo licitatório, ou, então, praticar crimes de forma reiterada.

---

[49] REALE JÚNIOR, Miguel. Cartel e quadrilha ou bando: bis in idem. *Ciências Penais*: Revista da Associação Brasileira de Professores de Ciências Penais, São Paulo, vol. 3, n. 5, p. 142-143.
[50] MARTINEZ, Ana Paula. Palestra sobre cartel ministrada no Seminário Internacional do Instituto Brasileiro de Ciências Criminais (IBCCRIM), realizada em 28/08/2014.

CONSIDERAÇÕES DOGMÁTICAS SOBRE O CRIME DE CARTEL

Ademais, percebe-se, também, que não obstante a conduta prevista no inciso I, do art. 4º, seja material, na medida em que exige a efetiva dominação de parte do mercado ou a eliminação da concorrência para a consumação do delito, o inciso II, por sua vez, alarga o espectro de incidência do tipo penal e, apresentando natureza meramente formal, criminaliza a mera celebração de acordo, convênio ou ajuste entre empresas que objetive a manipulação do mercado de maneira mais ampla – alíneas a, b e c, do inciso II.

O tipo penal de fraude à licitação, por sua vez, é objeto de controvérsia, haja vista que grande parte da doutrina entende sê-lo material e a jurisprudência o concebe como crime formal, presumindo a frustração ou a fraude ao caráter competitivo da licitação do mero ajuste entre as partes e antecipando, com isso, o âmbito de incidência da norma penal.

Em razão da similitude entre as condutas descritas nos tipos penais referidos, abordou-se, também, a problemática do conflito aparente de normas entre estes e o delito de cartel, tema que se afigura sobremaneira complexo e objeto de intenso debate na doutrina e na jurisprudência.

REFERÊNCIAS

BAPTISTA, Luiz Olavo. Origens do direito da concorrência. *Revista Da Faculdade De Direito, Universidade de São Paulo*, São Paulo, n. 91, 1996.

BITENCOURT, Cezar Roberto. *Direito penal das licitações*. São Paulo: Saraiva, 2012.

BRAGAGNOLLO, Daniel Paulo Fontana; GÓES, Guilherme de Toledo. Formação de cartel e fraude à licitação: uma proposta de solução da antinomia a fim de se evitar o bis in idem. *In*: FELDENS, Luciano; ESTELLITA, Heloisa, WUNDERLICH, Alexandre (orgs.). *DIREITO penal econômico e empresarial*: estudos dos grupos de pesquisa em direito penal econômico e empresarial da PUCRS e da FGV DIREITO SP. Rio de Janeiro: Lumen Juris, 2016.

BUCHAIN, Luiz Carlos. Os objetivos do direito da concorrência em face da ordem econômica nacional. *Cadernos do programa de pós-graduação. Direito/ UFRGS*, vol. 9, n. 1, 2014.

CASELTA, Daniel Costa. *Responsabilidade civil por danos decorrentes da prática de cartel*. Dissertação de Mestrado defendida perante a Faculdade de Direito da Universidade de São Paulo (USP), 2015.

CAVALCANTI, Rodrigo de Camargo. O critério de dosimetria aplicada aos cartéis: o exemplo do cartel no mercado de *Gas Insulated Switchgear*. *Revista de defesa da concorrência*. Vol. 6, nº 1, maio 2018, pp. 88-119.

ESTELLITA, Heloisa. Associação criminosa. *In*: REALE JÚNIOR, Miguel (Coord.) *Código Penal comentado*. São Paulo: Saraiva, 2017.

DIREITO PENAL ECONÔMICO

FORGIONI. Paula Andrea. *Os fundamentos do antitruste.* 7ª ed. São Paulo: Revista dos Tribunais, 2014.

FRAGOSO, Heleno Cláudio. *Lições de direito penal* – parte especial. Rio de Janeiro: Forense, 1988. Vol. II.

GOMES, Mariângela Gama de Magalhães. *Teoria geral da parte especial do direito penal.* São Paulo: Atlas, 2014.

HUNGRIA, Nélson. *Comentários ao Código Penal.* Rio de Janeiro: Forense, 1958. Vol. IX.

MARTINEZ, Ana Paula. *Repressão a cartéis.* Interface entre direito administrativo e direito penal. São Paulo: Singular, 2013.

NEVES, Heidi Rosa Florêncio. Crimes contra a concorrência: aspectos práticos do crime de cartel. *Revista de direito penal econômico e compliance.* nº 1, 2020, no prelo.

PRADO, Luiz Regis Prado. *Curso de direito penal brasileiro.* Parte geral e parte especial. 14ª ed. São Paulo: Revista dos Tribunais, 2015.

REALE JÚNIOR, Miguel. Cartel e quadrilha ou bando: bis in idem. *Ciências Penais*: Revista da Associação Brasileira de Professores de Ciências Penais, São Paulo, vol. 3, n. 5.

SANTOS, Flávia Chiquito dos. Quando o simples é sofisticado: clareza na tipificação de cartéis e na interpretação da regra *per se. Revista de defesa da concorrência.* Vol. 5, nº 2, novembro 2017.

SILVEIRA, Renato de Mello Jorge. Considerações penais sobre o acordo de leniência na realidade antitruste. *In*: PASCHOAL, Janaina Conceição; SILVEIRA, Renato de Mello Jorge (coord.). *Livro em homenagem a Miguel Reale Júnior.* Rio de Janeiro: LMJ Mundo Jurídico, 2014.

SOUZA, Luciano Anderson de. A origem do direito penal econômico. *In*: SOUZA, Luciano Anderson de; ARAÚJO, Marina Pinhão Coelho (coords.) *Direito penal econômico.* Leis penais especiais. São Paulo: Thomson Reuters Brasil, 2019, vol. 1.

SOUZA, Luciano Anderson de. *Crimes contra a administração pública.* São Paulo: Thomson Reuters Brasil, 2018.

TANGERINO, Davi. Afinal, quando se consuma o crime de cartel? *JOTA*, 2017. Disponível em: https://www.jota.info/paywall?redirect_to=//www.jota.info/opiniao-e-analise/artigos/afinal-quando-se-consuma-o-crime-de-cartel-20122017. Acesso em: 10/02/2020.

ZAFFARONI, Eugenio Raúl; PIERANGELI, José Henrique. *Manual de direito penal brasileiro.* Parte geral. 3ª ed. São Paulo: Revista dos Tribunais, 2001.

4. O Crime do art. 48 da Lei n. 9.605/1998 e o Termo Inicial da Prescrição da Pretensão Punitiva

Marcela Vieira da Silva

Introdução

Nos últimos anos a Legislação pátria tem passado por crescentes investidas contra o instituto da prescrição, notadamente da prescrição da pretensão punitiva, sobre o midiático argumento de combate à impunidade no Brasil. Exemplo recente desse entrave é a introdução dos inciso III no artigo 116 do Código Penal, pela Lei nº 13.964/2019 (também denominada de "Pacote Anticrime"), que instituiu nova causa impeditiva da prescrição, qual seja, a pendência de embargos de declaração e outros recursos perante os Tribunais Superiores.

É dizer que, o Estado, ao invés de se dedicar a uma prestação jurisdicional mais efetiva e equânime, do ponto de vista dos princípios constitucionais da duração razoável do processo (artigo 5º, inciso LXXVIII) e ampla defesa (artigo 5º, inciso LV), intenta repassar o ônus da ineficiência estatal ao acusado, olvidando que a mera existência de investigação ou persecução criminal por si só já é estigmatizante ao réu[1].

Atrelado a isso, se tem observado preocupante ativismo do Poder Judiciário na interpretação e aplicação das leis penais relacionada à

---

[1] Lopes Júnior, Aury. *Fundamentos do processo penal*: introdução crítica. 5ª Ed. São Paulo: Saraiva Educação, 2019, p. 158/160.

DIREITO PENAL ECONÔMICO

prescrição, para justificar a continuidade de processos criminais e, assim, satisfazer a sanha punitivista e atécnica da população, ao arrepio do princípio da legalidade no qual nosso Estado Democrático de Direito está fundado (artigo 5º, inciso II, da Constituição Federal).

Também para citar situações recentes, relacionadas ao âmbito da prescrição da pretensão punitiva, indica-se o julgamento do Tribunal Regional Federal da 1ª Região, que considerou o delito de redução à condição análoga de escravo imprescritível[2], a despeito ausência de previsão constitucional nesse sentido, e o julgamento do Supremo Tribunal Federal, ainda pendente de encerramento, mas com posicionamento favorável de sete dos onze Ministros que compõem a Corte, para considerar o acórdão confirmativo da sentença condenatória como novo marco interruptivo da prescrição, apesar do disposto no artigo 117, inciso IV, do Código Penal[3]. Ambas as situações em que houve interpretação extensiva da norma penal e *in malam partem*.

Daí exsurge a necessidade de estudo do instituto da prescrição, com estabelecimento de balizas claras e precisas ao seu cálculo no processo, sobretudo nos tipos penais que visam a proteger bem jurídicos relacionados ao Direito Penal econômico, que atualmente envolvem acentuado clamor social por punições mais severas, como ocorre no caso dos crimes ambientais.

Por esse motivo, o presente artigo científico se destina à análise da prescrição da pretensão punitiva estatal nos crimes ambientais, com recorte específico no crime previsto no artigo 48 da Lei n. 9.605/1998, de "impedir ou dificultar a regeneração natural de florestas e demais formas de vegetação", considerando que a prática jurídica evidenciou insegurança quanto ao termo inicial do cálculo da prescrição neste delito.

1. Delimitação do poder punitivo e fundamentos da prescrição

"A punibilidade consiste no poder-dever estatal em impor a sanção penal ao responsável – agente culpável – pela prática da infração penal[4]".

---

[2] TRF1, HC 1023279-03.2018.4.01.0000, Relator Juiz Federal Saulo José Casali Bahia (Convocado), 4ª Turma PJe 12/12/2018.

[3] STF, HC 176.473/RR, Relator Min. Alexandre De Moraes, sessão de julgamento em 05/05/2020.

[4] SOUZA, Luciano Anderson de. *Direito penal*: parte geral. Sã Paulo: Thomson Reuters Brasil, 2019, v. 1, p. 601.

Sendo assim, toda vez que alguém incorre em uma conduta típica, ilícita e culpável surge o poder/dever do Estado (e não um direito, já que o ente estatal não é sujeito de direitos, mas, sim, administrador dos direitos e deveres dos cidadãos[5]) de exercer o *jus puniendi* e o *jus executionis*, isto é, de impor e executar eventual pena fixada pelo decreto condenatório, após o trânsito em julgado.

A doutrina, no entanto, diverge quanto à sua categoria jurídica dentro do Direito Penal. De um lado, acredita-se que ela pertence à teoria do delito, integrando o conceito de crime em conjunto com a tipicidade, antijuridicidade e culpabilidade, pois "qualquer intercorrência que infirme uma das pretensões da norma sobre o caso concreto afasta a existência do crime[6]". De outro, reputa-se ser esta uma consequência jurídica à prática delitiva, "funcionando como um pressuposto de aplicabilidade da sanção penal[7].

Independentemente da vertente que se adote, é certo que a existência de punibilidade concreta é indispensável para a inauguração de processo criminal, constituindo verdadeira condição para o exercício da ação processual penal[8] [9].

Embora seja de interesse de toda a coletividade que seja dada efetividade à punibilidade, tendo em vista os critérios da prevenção geral e especial da pena, em algumas excepcionais hipóteses, expressamente dispostas no Código Penal ou em Leis esparsas, o Estado abre mão ou perde a possibilidade de punir o agente[10]. Essas situações se encontram disposta principalmente em rol exemplificativo do artigo 107 do Código Penal, sendo a prescrição uma dela, de acordo com o inciso IV.

Lembre-se que a prescrição ocorre quando o Estado não observa do prazo legal fixado para o exercício do *jus puniendi* ou do *jus executionis*. Para os fins do presente artigo, se atentará principalmente à análise da

---

[5] Busato, Paulo César. *Direito penal*: parte geral. São Paulo: Atlas, 2018, v. 1, *Ebook*.

[6] Idem.

[7] Jesus, Damásio Evangelista de. *Prescrição penal*. 20ª Ed. São Paulo: Saraiva, 2011, p. 19.

[8] Lopes Júnior, Aury. *Fundamentos do processo penal*: introdução crítica. 5ª Ed. São Paulo: Saraiva Educação, p. 156.

[9] Em que pese seja amplamente difundido na doutrina que as normas relativas à punibilidade são de natureza mista, cumpre registrar a existência de vertente, ainda que minoritária, no sentido de entender que se trata de lei de norma de natureza exclusivamente de direito material. Bem explica: Jesus, Damásio Evangelista de. Op. cit., p. 33/34.

[10] Greco, Rogério. *Curso de Direito Penal*. 18ª Ed. Rio de Janeiro: Impetus, 2016, p. 832.

DIREITO PENAL ECONÔMICO

prescrição da pretensão punitiva em abstrato e retroativa, notadamente entre o termo inicial do seu cálculo e a inauguração da persecução penal com o recebimento da denúncia – seja considerando o máximo da pena culminada no tipo penal, seja considerando o *quantum* de pena concretamente fixado no decreto condenatório, se os fatos forem anteriores à alteração trazida pela Lei nº 12.234/2010.

Os fundamentos para sua criação são múltiplos. A doutrina de Damásio de Jesus traz enfoque especial a uma tríade de motivos: a) o esquecimento do fato criminoso pelo decurso de extenso lapso temporal, fazendo com que a prevenção geral e especial da pena perca sua finalidade (teoria do esquecimento); b) a correção do agente independentemente da aplicação de pena, de forma que a imposição de sanção penal passa a ser desnecessária (teoria da emenda); c) o castigo frente à negligência da justiça pública, que não deu prosseguimento à investigação e ao processamento em tempo hábil (teoria da presunção da negligência)[11].

Além desses, também é possível apontar que o passar do tempo dificulta a colheita de provas a serem utilizadas como base para a denúncia, bem como sua reprodução na fase probatória (teoria da dispersão das provas)[12] – o que resulta, em último grau, em insuficiência probatória para a condenação e contraproducente processamento. Ademais, não é razoável que o agente seja processado por toda sua vida por um erro do passado, sendo por anos atormentado pelo risco de uma condenação, de forma a tornar a própria existência do processo uma expiação pelo crime praticado (teoria da expiação)[13].

À vista de todos esses motivos é que se reafirma que a prescrição não é mecanismo de impunidade estatal, como prega o senso comum, mas, ao revés, visa impulsionar o Estado a uma colheita de provas de forma rápida e produtiva, bem como ao processamento criminal com razoável duração, para que eventual imposição de sanção atinjam os fins da pena.

[11] JESUS, Damásio Evangelista de. Op. cit., p. 34/35.
[12] GRECO, Rogério. Op. cit., p. 853.
[13] BUSATO, Paulo César. Op. cit, *Ebook*.

2. A tutela do meio ambiente por intermédio do Direito Penal econômico

Antes de adentrar ao objeto central do estudo, impende enfatizar que a intenção de estabelecer um marco inicial claro do cálculo prescricional do crime do artigo 48 da Lei n. 9.605/1998 não deve ser compreendida como desconsideração à necessidade e relevância da tutela da ecologia e do meio ambiente. Muito pelo contrário.

Tamanha a importância de sua defesa e proteção que o artigo 225, *caput*, da Constituição Federal deixou claro que é um direito público subjetivo de todo e qualquer cidadão brasileiro o meio ambiente[14] ecologicamente equilibrado. E por meio ambiente entende-se "o conjunto de condições, leis, influências e interações de ordem física, química e biológica, que permite, abriga e rege a vida em todas as suas formas", conforme artigo 3º, inciso I, da Lei nº 6.938/81.

Nele estão compreendidos o meio ambiente *natural*, tal como a atmosfera, as águas, o solo, a fauna e a flora, o meio ambiente *artificial*, a exemplo de edifícios e equipamentos urbanos, o meio ambiente *cultural*, que inclui bens de natureza material e imaterial, e o meio ambiente do *trabalho*, que engloba o direito a um local de trabalho de acordo com as normas de segurança[15].

Igual preocupação se extrai da seara internacional, mormente considerando a natureza difusa do direito fundamental ao meio ambiente ecologicamente saudável, de terceira geração/dimensão, no qual as consequências dos danos afetam não só um indivíduo, mas toda a coletividade, e não só um país, mas todo o planeta. Daí o porquê o debate pela universalização da luta pelo meio ambiente se mostra cada vez mais frequente, a despeito dos limites territoriais e soberanos existentes[16].

---

[14] Nomenclatura criticada na doutrina, por configura pleonasmo, mas que é reproduzida no presente artigo por ser o termo utilizado no dispositivo constitucional.

[15] SIRVINSKAS, Luís Paulo. *Manual de direito ambiental*. 16ª Ed. São Paulo: Saraiva Educação, 2018, p. 128.

[16] Recentemente o Brasil vivenciou de perto esse entrave entre soberania e universalização da proteção ao meio ambiente, em razão das queimadas ocorridas no interior da floresta amazônica no ano de 2019: G1. *Questionado sobre 'status internacional' da Amazônia, Macron diz que pode ser uma questão se algum país tomar medidas 'contra o planeta'*. Disponível em: < https://g1.globo.com/mundo/noticia/2019/08/26/questionado-sobre-status-internacional-da-amazonia-macron-diz-que-pode-ser-uma-questao-se-algum-pais-tomar-medidas-contra-o-planeta.ghtml>. Acessado em 06/02/2020.

DIREITO PENAL ECONÔMICO

Aliás, a Declaração de Estocolmo, de 1972, que expressou vinte e seis princípios sobre a matéria, comuns a todos os países, e constitui o grande marco de tutela do meio ambiente no âmbito internacional, e a Declaração do Rio de Janeiro, de 1992, que declarou outros vinte e sete princípios sobre meio ambiente e desenvolvimento[17], bem demonstram a atuação conjunta dos Estados para proteção e manutenção da natureza, a curto e longo prazo.

Tudo isso para dizer que é inconteste que a sociedade contemporânea deve buscar, sim, um desenvolvimento econômico-social sustentável, assentado justamente na proteção ambiental e na consciência coletiva de que o progresso científico, industrial e tecnológico está vinculado à preservação da natureza, na medida em que os danos ao meio ambiente constituem graves riscos à humanidade e à coletividade[18].

Por essa razão, a Constituição Federal não se limitou à mera enunciação formal do direito ao meio ambiente ecologicamente saudável, mas, também dispôs, em seu artigo 225, § 3º, que "as condutas e atividades consideradas lesivas ao meio ambiente sujeitarão os infratores, pessoas físicas ou jurídicas, a sanções penais e administrativas, independentemente da obrigação de reparar os danos causados". É o que se convencionou em chamar de mandamento expresso de criminalização.

Não obstante as divergências doutrinárias quanto à utilização do Direito Penal como ferramenta simbólica à proteção do meio ambiente e a eficiência da pena nesses casos[19], a Carta Magna expressamente fixou a obrigatoriedade de se atribuir respostas jurídicas aos danos ambientais causados por pessoas físicas ou jurídicas[20], para além da caracterização de infrações administrativas.

---

[17] FERREIRA FILHO, Manoel Gonçalves. *Direitos humanos fundamentais.* 15ª Ed. São Paulo: Saraiva, 2016, p. 78-79.

[18] COPOLA, Gina. *A lei dos crimes ambientais comentada artigo por artigo*: jurisprudência sobre a matéria. Belo Horizonte, 2008, p. 13/14.

[19] Discussão que aqui não será abordada, por extrapolar o objeto central do presente artigo científico, mas, para ciência do leitor, indica-se: HASSEMER, Winfried. A preservação do ambiente através do Direito Penal. In: FRANCO, Alberto Silva; NUCCI, Guilherme de Souza (Org.). *Direito penal.* São Paulo: Revista dos Tribunais, 2010, v. 8, p. 213/224.

[20] O artigo 3º da Lei nº 9.605/98 reafirma a possibilidade de responsabilização criminal das pessoas jurídicas, em complementação ao que já enunciava o artigo 225, § 3º, da Constituição Federal.

O CRIME DO ART. 48 DA LEI N. 9.605/1998 E O TERMO INICIAL DA PRESCRIÇÃO...

Assim, se conferiu ao legislador infraconstitucional o dever de aprovar Lei tipificando como infrações penais as condutas praticadas contra o meio ambiente, que nada mais são do que fatos típicos, antijurídicos e culpáveis que causam danos ambientais[21]. A Lei n. 9.605/1998 foi, portanto, editada em decorrência desse mandamento de criminalização[22].

Vale destacar que, para boa parte da doutrina, a tipificação penal das condutas danosas ao meio ambiente se encontra plenamente justificada pelo fato de o meio ambiente, em toda sua abrangência, constituir, por si só e para manutenção das gerações futuras, bem jurídico relevante o suficiente para receber o amparo do Direito Penal[23] – ultrapassando justificadamente, assim, as balizas do Direito Penal mínimo e da *ultima ratio*.

Neste ponto, nos valemos das palavras de Antônio Mateos Rodríguez -Arias, citado por Luiz Regis Prado, no sentido de que o meio ambiente:

> "se trata de um bem jurídico de especial transcendência, cuja proteção resulta essencial para a própria existência do ser humano (e, em geral, da vida), e se encontra seriamente ameaçado, pelo que sua conservação e manutenção justificam claramente o recurso às mais contundentes medidas de proteção que pode proporcionar um ordenamento jurídico[24]".

Ademais, a matéria pertence ao espectro do Direito Penal econômico, pois, além da defesa do meio ambiente constituir princípio da ordem econômica do Estado Democrático de Direito brasileiro (artigo

---

[21] COPOLA, Gina. Op. cit., p. 23.

[22] SARLET, Ingo Wolfgang; MACHADO, Paulo Afonso Leme; FENSTERSEIFER, Tiago. *Constituição e legislação ambiental comentadas*. São Paulo: Saraiva, 2015, p. 409.

[23] Acerca do bem jurídico nos crimes ambientais, existem três correntes: a) *teoria antropocêntrica*, que não reconhece a existência de bens jurídicos ecológicos, por estes não serem um fim em si mesmo, mas, na verdade, se destinarem à proteção de outros bens jurídicos relacionados ao ser humano, tal como vida, saúde, etc.; b) *teoria ecocêntrica*, que considera o meio ambiente como um fim em si mesmo, que deve ser mantido e protegido independente de qualquer relação com o ser humano; e c) *teoria antropocêntrica-ecocêntrica*: que reputa o meio ambiente como um fim em si mesmo, mas que reconhece a importância de sua manutenção para as gerações humanas futuras. Nesse sentido explica: SOUZA, Paulo Vinicius Sporleder de. O meio ambiente como sujeito passivo nos crimes ambientais. *In*: FRANCO, Alberto Silva; NUCCI, Guilherme de Souza (Org.). *Direito penal*. São Paulo: Revista dos Tribunais, v. 8, p. 171-174. Para os fins do presente artigo, será adotada a teoria antropocêntrica-ecocêntrica.

[24] Rodriguez-Arias, Antonio Mateos. Derecho Penal y protección del medio ambiente. Madrid: Colex, 1992, p. 46. *Apud*: PRADO, Luiz Regis. *Direito penal do ambiente*: crimes ambientais (Lei 9.605/1998). 7ª Ed. Rio de Janeiro: Forense, 2019, *Ebook*.

DIREITO PENAL ECONÔMICO

170, inciso VI, da Constituição Federal), a criminalidade relacionada às infrações ambientais demonstra estar afastada do Direito Penal convencional, se analisados os critérios dogmático, processual e criminológico[25].

Isso porque, do ponto de vista dogmático, verifica-se que os crimes ambientais se destinam a preservar interesses difusos e coletivos, conforme já detalhado acima, e não mais bens jurídicos preponderantemente individuais, como ocorre no Direito Penal convencional. Sob a ótica processual, porque a compreensão das infrações penais praticadas contra o meio ambiente demanda conhecimento aprofundado de outras ciências e ramos do Direito, especialmente do Direito Ambiental, resultando na utilização de normas penais em branco[26]. Por fim, sob o prisma criminológico, porque os causadores de *expressivos* danos ambientais usualmente são pessoas físicas e jurídicas de elevado *status* social, que apresentam as demais características relacionadas aos *white collar crimes*.

Feitas essas breves considerações sobre a importância da tutela do meio ambiente, sua proteção por intermédio do Direito Penal econômico e os motivos da promulgação da Lei n. 9.605/1998, que dispõe sobre as sanções penais e administrativas derivadas das condutas lesivas ao meio ambiente, se passa ao estudo específico do crime previsto no artigo 48, para a compreensão do tipo penal e suas consequências.

2.1. O tipo penal do artigo 48 da Lei n. 9.605/1998

O delito do artigo 48 da Lei n. 9.605/1998, objeto do presente estudo, criminaliza o ato de "impedir ou dificultar a regeneração natural de florestas e demais formas de vegetação".

Essa disposição já existia anteriormente, no artigo 26, alínea *"g"*, do Código Florestal de 1965 (Lei nº 4.773/65), que considerava tais condutas como mera contravenção penal, puníveis com pena de três meses a um ano de prisão simples ou multa. Dessa forma, embora a ação típica seja a mesma do passado, na nova Lei se verificou o agravamento da infração, que deixou de ser uma contravenção penal e se tornou um crime,

---

[25] CASTELLAR, João Carlos. *Direito penal econômico versus direito penal convencional*: a engenhosa arte de criminalizar os ricos para punir os pobres. 1ª Ed. Rio de Janeiro: Revan, 2013, p. 203/239.

[26] FREITAS, Vladimir Passos de; FREITAS, Gilberto Passos de. *Crimes contra a natureza*. 9ª Ed. rev., atual. e ampl. São Paulo: Revista dos Tribunais, 2012, p. 36/37.

ainda que de menor potencial ofensivo, nos termos do artigo 1º do De-creto-Lei nº 3.914/41 e artigo 61 da Lei nº 9.099/95, e a exasperação do mínimo legal de pena para seis meses de detenção.

O bem jurídico tutelado pela figura penal é "o ambiente, em parti-cular o patrimônio florestal cujo equilíbrio se encontra ameaçado pela impossibilidade de regeneração natural das florestas e demais formas de vegetação[27]". Assim, a intenção do legislador foi justamente resguardar o meio ambiente de qualquer forma de intervenção humana no momento de sua recuperação[28], observando, por consequência indireta, o dever atribuído pelo artigo 225, § 1º, inciso I, da Constituição Federal, de não só proteger, como regenerar o meio ambiente ecologicamente saudável.

Os verbos nucleares típicos consistem em *impedir* ou *dificultar* a rege-neração de florestas e demais formas de vegetação.

De um lado, o ato de impedir significa que o agente obstou ou tor-nou impraticável a regeneração natural, enquanto, de outro, o ato de di-ficultar representa que a ação humana atrapalhou ou tornou mais com-plicada e trabalhosa a regeneração[29]. Em ambos os casos, por se tratar de crime material, que deixa vestígios, a realização de exame pericial no local para constatar o resultado da conduta e o estágio da regeneração natural da vegetação é indispensável, à luz do artigo 158 do Código de Processo Penal[30].

Além disso, em atenção ao princípio da legalidade estrita (artigo 5º, inciso II, da Constituição Federal), somente haverá a configuração do crime se a conduta de impedir ou de dificultar agir sobre a regene-ração *natural* da vegetação, ou seja, a regeneração que é fruto do traba-lho espontâneo e gradual da própria natureza. É o caso, por exemplo, do agente que, diante de uma floresta dizimada por incêndio de origem desconhecida, passa a utilizar o local para agricultura ou agropecuária, ao invés de permitir a recuperação natural do meio ambiente[31].

---

[27] PRADO, Luiz Regis.Op. cit., *Ebook*.

[28] HABIB, Gabriel. *Leis Penais especiais volume único*. 10ª Ed. rev., atual. e ampl. Salvador: Jus-podivm, 2018, p. 187.

[29] MARCÃO, Renato. *Crimes ambientais*: anotações e interpretação jurisprudencial da parte criminal da Lei n. 9.605, de 12-2-1998. 4ª Ed. São Paulo: Saraiva Educação, 2018, p. 281.

[30] Ibidem, p. 280/281.

[31] SIRVINSKAS, Luís Paulo. *Tutela Penal do meio ambiente*. 4ª Ed. rev., atual. e ampl. São Paulo: Saraiva, 2011, p. 243.

DIREITO PENAL ECONÔMICO

Sendo assim, são atípicas as condutas que impedem ou dificultam a regeneração *artificial* da vegetação, a exemplo do florestamento (que consiste na cobertura da área antes despida por vegetação de pequeno e médio porte, após estudo e planejamento quanto às espécies que melhor se adaptarão no local[32]) e da reposição florestal ou do reflorestamento (na qual a recomposição ocorre por meio do plantio de espécies nativas e exóticas que lá já existiam anteriormente[33]).

O sujeito ativo do crime é comum, passível de prática por qualquer pessoa, inclusive o proprietário do terreno, tendo em vista que o tipo penal não se destina ao resguardo do direito de uso da propriedade, mas, sim, do meio ambiente, que é de interesse coletivo[34]. O sujeito passivo é a coletividade e, de forma indireta, o detentor da propriedade prejudicada pela ação do agente (se proprietário não for o próprio causador do dano ambiental).

Os objetos materiais da conduta são as *florestas* e as *demais formas de vegetação*.

Em relação às florestas, não há uma norma jurídica destinada à sua definição de forma precisa, sendo necessário a utilização de elementos originários da ecologia e biologia[35]; o que por si só denota insegurança quanto aos limites da objetividade jurídica. Entretanto, para os fins do presente artigo, nos valemos do conceito de que floresta é "um tipo de vegetação, formando um ecossistema próprio, onde interagem continuamente os seres vivos e a matéria orgânica e inorgânica presentes[36]", e são "formações vegetais densas e mais ou menos extensas, compostas predominantemente por árvores de pequeno porte[37]".

Além disso, no que tange às demais formas de vegetação, a objetividade jurídica deve ser compreendida como aquelas vegetações dispostas no artigo 3º, incisos XII a XVI, do Código Florestal, consistentes em vereda, manguezal, salgado ou marismas tropicais hipersalinos, apicum e

[32] PRADO, Luiz Regis. Op. cit., *Ebook*.

[33] Idem.

[34] CONSTANTINO, Carlos Ernani. *Delitos ecológicos*: a lei penal comentada: artigo por artigo: aspectos penais e processuais penais. São Paulo: Atlas, 2001, p. 163.

[35] ANTUNES, Paulo de Bessa. *Direito Ambiental*. 20ª Ed. São Paulo: Atlas, 2019, *Ebook*.

[36] PRADO, Luiz Regis. Direito penal do ambiente, São Paulo: Revista dos Tribunais, 2005, p. 302. *Apud*: MARCÃO, Renato. Op. cit., p. 282.

[37] LAVORENTI, Wilson; BALDAN, Edson Luís; BONINI, Paulo Rogério. *Leis penais especiais anotadas*. 13ª Ed. rev., ampl. e atual. Campinas: Millennium Editora, 2016, p. 287.

restinga – evidenciando a utilização de norma penal em branco, como é usual nas infrações relacionadas ao Direito Penal econômico.

Nota-se, portanto, que o tipo penal previsto no artigo 48 da Lei n. 9.605/1998 não exige que a conduta humana, de impedir ou dificultar a regeneração natural, recaia sobre espaços territoriais especialmente protegidos, em sentido amplo ou estrito[38]. Ao menos assim é o que decidiu o Superior Tribunal de Justiça, no julgamento do AgRg no REsp nº 1.498.059/RS[39] (divulgado pelo informativo de jurisprudência nº 570), especificamente em relação as Áreas de Preservação Permanente; reconhecendo bastar que a conduta afete florestas e outras formas de vegetação, de acordo com os conceitos já expostos acima.

A consumação – e esta é a matéria fulcral deste artigo científico, considerando que ela que essencial à fixação do termo inicial da prescrição da pretensão punitiva – ocorre "quando há a intervenção maléfica que obstaculize ou embarace a regeneração vegetal[40]" natural. Assim, o crime é material, permanente e admite tentativa, a depender do ato praticado pelo agente.

Neste ponto, vale lembrar que os crimes instantâneos são aqueles que se encerram com o advento do resultado da conduta criminosa; o que não quer dizer que a infração penal foi rápida ou imediata, mas que a sua consumação teve um momento certo e definido no tempo, sem

---

[38] Os espaços territoriais especialmente protegidos, de acordo com o artigo 225, inciso III, da Constituição Federal, são "áreas sob regime especial de administração, com o objetivo de proteger os atributos ambientais justificadores do seu reconhecimento e individualização pelo Poder Público". Compreende-se por espaços territoriais especialmente protegidos em sentido estrito, aqueles expressamente elencados na Lei nº 9.985/2000 (Unidades de Conservação típicas) ou aqueles que, de alguma forma, se amoldam às figuras do artigo 2º, inciso I, da mesma Lei (Unidades de Conservação atípicas). Por outro lado, os espaços territoriais especialmente protegidos em sentido amplo são as demais áreas protegidas pela legislação correlata, que têm fundamentos e objetivos diferentes das Unidades de Conservação, a exemplo das Áreas de Preservação Permanente, estabelecidas pela Lei nº 12.615/2012. Nesse sentido: MILARÉ, Édis. *Direito do ambiente*. 9ª Ed. rev., atual. e ampl. São Paulo: Editora Revista dos Tribunais, p. 182 e 1237.

[39] STJ, AgRg no REsp 1.498.059/RS, Rel. Ministro Leopoldo de Arruda Raposo (Desembargador convocado do TJ/PE), Quinta Turma, julgado em 17/09/2015, DJe 01/10/2015.

[40] LAVORENTI, Wilson; BALDAN, Edson Luís; BONINI, Paulo Rogério. *Leis penais especiais anotadas*. 13ª Ed. rev., ampl. e atual. Campinas: Millennium Editora, 2016, p. 287.

DIREITO PENAL ECONÔMICO

continuidade temporal[41], tal como ocorre nos delitos de furto e injúria. Por sua vez, os crimes permanentes são aqueles cuja consumação se protrai no tempo, ou seja, é uma situação duradoura, incumbindo ao agente a escolha do momento em que cessará a atividade criminosa, a exemplo dos crimes de sequestro e cárcere privado[42].

É preciso, ainda, atenção quanto à efetiva conduta do agente e seus resultados, pois, em alguns cenários, o crime do artigo 48 da Lei n. 9.605/1998 deixa de ser autônomo e passa a ser considerado antefato ou pós-fato impunível, nos termos do que estabelece o princípio da consunção. Assim ocorre quando o agente constrói edificação em local proibido, caracterizado o delito tipificado no artigo 64 da Lei nº 9.60/98, e, como consequência, a regeneração natural da região é obstada, conforme asseverou o Superior Tribunal de Justiça no julgamento do REsp nº 1.639.723/PR[43] (divulgado pelo informativo de jurisprudência nº 597).

Por fim, ressaltando os aspectos processuais, trata-se de crime de ação penal incondicionada, cujo intervalo de pena estabelecido pelo tipo penal, de seis meses a um ano de detenção, autoriza o oferecimento de benefícios penais despenalizadores, tal como a suspensão condicional do processa, do artigo 89 da Lei nº 9.099/76.

As situações de relevância para o presente artigo – e que serão analisadas detidamente no tópico seguinte – são aquelas em que o crime é permanente, pois, nestes cenários, exsurge insegurança quanto ao marco inicial do cálculo da prescrição da pretensão punitiva estatal.

3. O cálculo prescricional do crime do artigo 48 da Lei n. 9.605/1998

Como é notório, o cálculo da prescrição da pretensão punitiva em abstrato é realizado a partir da pena máxima fixada no preceito sancionador (artigo 109, *caput*, do Código Penal), que, no caso do crime previsto no artigo 48 da Lei n. 9.605/1998, é de um ano de detenção. Dessa forma, de acordo com o artigo 109, inciso V, do Código Penal, o Estado somente

---

[41] BITENCOURT, Cezar Roberto. *Tratado de direito penal*: parte geral. 25ª Ed. São Paulo: Saraiva Educação, 2019, v. 1, p. 293.

[42] PACELLI, Eugênio. CALLEGARI, André. *Manual de Direito Penal*. 5ª Ed. São Paulo: Atlas, 2019 *Ebook*.

[43] STJ, REsp 1.639.723/PR, Rel. Ministro Nefi Cordeiro, Sexta Turma, julgado em 07/02/2017, DJe 16/02/2017.

está a autorizado a processar e julgar o agente que cometeu essa infração penal se não transcorrido o lapso temporal de quatro anos entre os marcos interruptivos do artigo 117 do mesmo *Codex*.

Considerando se tratar de crime permanente, a regra do artigo 111, inciso III, do Código Penal, é que o marco inicial da prescrição seja a data em que cessou a permanência, referente à data em que a regeneração da floresta ou de outras formas de vegetação deixou de ser impedida ou dificultada.

Isso porque, embora o Código Penal tenha adotado a teoria da atividade para definição do momento do crime, de acordo com o seu artigo 4º, esta mesma teoria não foi utilizada no artigo 111, já que, para os fins de prescrição, o que importa é a data da obtenção do resultado do crime (teoria do resultado)[44].

É a partir dessas disposições que surge a insegurança quanto ao termo inicial de cálculo da prescrição da pretensão punitiva no crime do artigo 48 da Lei n. 9.605/1998.

Diante de eventual crime permanente, como sequestro, cárcere privado e tráfico de drogas (crime relacionados ao escopo do Direito Penal convencional), a regra é que primeiro a prática criminosa seja obstada (com a liberação do sequestrado/encarcerado ou com a apreensão das drogas que estavam na posse do agente, por exemplo), para que somente então o Ministério Público ofereça a denúncia e seja inaugurada a ação penal. Isto é, quando o processo criminal se inicial, a permanência do delito já cessou e, portanto, o termo de início da prescrição está claro e definido no tempo.

No entanto, o mesmo não ocorre no caso do crime do artigo 48 da Lei n. 9.605/1998. A prática jurídica demonstra que a denúncia é oferecida quando o Ministério Público reputa existir mínimos indícios de autoria e prova da materialidade, sem que nenhuma medida administrativa tenha sido adotada para interromper a conduta humana causadora do dano ambiental – o que se justifica pelo fato de que a legislação pátria não exige o escalonamento da esfera administrativa e criminal nos crimes ambientais, tal como ocorre nas infrações penais-tributárias, pelo enunciado da Súmula Vinculante nº 24.

---

[44] SMANIO, Gianpaolo Poggio; FABRETTI, Humberto Barrionuevo. *Direito penal*: parte geral. São Paulo: Atlas, 2019, p. 536.

DIREITO PENAL ECONÔMICO

Como consequência, é possível que o agente seja denunciado, processado e até condenado definitivamente sem que tenha ocorrido o termo inicial da prescrição da pretensão punitiva. Concretamente, é dizer que o crime se torna imprescritível, por via transversa, que não a da legalidade.

Embora haja divergência doutrinária sobre a possibilidade de criação de novos crimes imprescritíveis, para além do tipo penal de racismo (artigo 5º, inciso XLII, da CF), ação de grupos armados, civis ou militares, contra a ordem constitucional e o Estado Democrático (artigo 5º, inciso XLIV, da CF) e aqueles dispostos no Estatuto de Roma (artigo 29 do Decreto nº 4.388/2002), bem como sobre a competência legislativa para tanto, o Supremo Tribunal Federal já decidiu, em sede de Repercussão Geral, que Lei Ordinária poderá ampliar o rol dos crimes cuja punibilidade não é afetada pelo transcurso do tempo[45].

Dessa forma, já está pacificado que se legislador infraconstitucional quiser tornar o delito do artigo 48 da Lei n. 9.605/1998 imprescritível, deve se valer do processo legislativo atinente à Lei Ordinária. Afinal, não é admissível, à luz do princípio da legalidade, que esta grave consequência à punibilidade do agente seja instituída por via reflexa e indireta, que advém da não adoção de medidas pelo próprio Estado para fazer cessar a permanência o quanto antes.

Além do mais, a imprescritibilidade deve estar fundada motivos legítimos, consistente no alto interesse que tem o Estado na repressão de determinadas práticas delitivas[46], a exemplo do que se tem hoje, no qual os poucos crimes considerados imprescritíveis, por determinação constitucional ou infralegal, têm intrínseca relação com o histórico brasileiro, de escravidão da mão de obra negra e ditadura, e da comunidade internacional, de cometimento de crimes de guerra e contra a humanidade.

Portanto, a justificativa para que determinado crime passe a ser imprescritível precisa extrapolar o campo da proteção de bem jurídico penal, haja vista que este é um elemento essencial ao próprio surgimento de toda e qualquer infração na seara criminal. Ainda assim, esses fundados motivos não se confundem com a ineficiência do Estado em apurar,

---

[45] STF, RE 460.971/DF, Rel. Min. Sepúlveda Pertence, Primeira Turma, julgado em 13/02/2007, DJ 30/03/2007.

[46] Mossi, Heráclito Antônio; Mossin, Júlio César O. G. *Prescrição em matéria penal*. Leme: J. H. Mizuno, 2015, p. 47.

O CRIME DO ART. 48 DA LEI N. 9.605/1998 E O TERMO INICIAL DA PRESCRIÇÃO...

processar e julgar tais crimes, pois a inaptidão estatal deve ser combatida, e não legitimada; posto que justamente por essa razão é que se criou o instituto da prescrição.

Diante desse cenário, a fim de garantir o mínimo de segurança jurídica, precedente do Superior Tribunal de Justiça assentou que, quando não cessada a permanência, o termo inicial da prescrição é fixado artificialmente como sendo o recebimento da denúncia, pois a partir daí ocorre a delimitação das condutas que serão apuradas ao longo do processo[47] (sem olvidar a possibilidade de *emendatio libelli* do artigo 383 do Código de Processo Penal no momento da prolação de sentença).

O entendimento aplicado, apesar de representar avanço no campo da sistematicidade e coerência do ordenamento jurídico, não nos parece o mais acertado, pois, é o oferecimento da denúncia pelo Estado, representado pela instituição do Ministério Público, que inicia a repressão criminal[48] e delimita a moldura fática daquilo que será levado a *judicio* do Poder Judiciário. Noutro giro, o recebimento da peça acusatória é o que demarca o início da ação penal, ao analisar a viabilidade ou não da moldura apresentada pelo representante da Acusação[49].

Em sendo assim, embora não seja possível tecnicamente falar na existência de processo criminal antes do recebimento da denúncia, não se pode desconsiderar o fato de que, já no oferecimento da denúncia, as condutas e imputações aos réus já devem estar bem delimitas, sob pena de reconhecimento de sua inépcia ou justa causa para ação penal (artigo 395, inciso I e III, do Código de Processo Penal). Logo, a atuação repressiva do Estado já se inaugurou.

Daí o porquê se conclui que, a despeito do entendimento esboçado pelos Tribunais pátrios, é necessário rever o termo inaugural da prescrição no delito do artigo 48 da Lei n. 9.605/1998, para fixar artificial-

---

[47] STJ, EDcl no REsp 1.459.944/SC, Rel. Ministro Nefi Cordeiro, Sexta Turma, julgado em 28/06/2016, DJe 01/08/2016.

[48] MIRABETE, Júlio Fabbrini. *Manual de direito penal*. Parte geral. 5ª Ed. São Paulo: Atlas, 2005, p. 129.

[49] Considerando que a *emendatio libelli* é reservada ao momento da sentença, pelo disposto no artigo 383 do Código de Processo Penal, o Juiz não está autorizado a alterar a capitulação jurídica no momento da denúncia, salvo nos casos de alteração que resulte no reconhecimento de sua incompetência, possibilidade de oferta de benefícios despenalizadores, em benefício do acusado (STJ, RHC 27.628/GO, Rel. Ministro Jorge Mussi, Quinta Turma, julgado em 13/11/2012, DJe 03/12/2012 – Informativo de jurisprudência nº 469).

DIREITO PENAL ECONÔMICO

mente a cessação da permanência delitiva com o oferecimento da inicial acusatória pelo Ministério Público; o que visa a impulsionar o Estado a um processamento mais célere nessa fase inaugural.

Conclusões

A partir de todos os argumentos expostos no presente artigo é possível concluir que o instituto da prescrição é essencial ao Estado Democrático de Direito, por diversos motivos, dentre eles o de impulsionar a atividade estatal para conceder a prestação jurisdicional devida em tempo razoável, sob pena de receber como "castigo" o reconhecimento da extinção da punibilidade do agente. Por essa razão, é importante que todas as infrações penais tenham marcos claros para o cálculo da prescrição, com a exceção das situações de imprescritibilidade, que somente podem ser criadas por Lei Ordinária, mediante legítima justificativa.

Especificamente no caso do crime ambiental do artigo 48 da Lei n. 9.605/1998, não há previsão constitucional ou legal que estabeleça ser imprescritível a conduta de impedir ou dificultar a regeneração natural de florestas e outras formas de vegetação, de forma que sua instituição não pode ocorrer por via transversa, como consequência da permanência delitiva.

Além do mais, embora a jurisprudência dos Tribunais Superiores tenha remediado a questão ao fixar o termo inicial da prescrição da pretensão punitiva como sendo o recebimento da denúncia, entende-se que esta não é a medida mais acertada, uma vez que a repressão estatal se inicial já quando do oferecimento da peça acusatória.

Por fim, especificamente no delito do artigo 48 da Lei n. 9.605/1998, o termo inicial da prescrição da pretensão punitiva deve ser considerado como o oferecimento da denúncia, fazendo cessar de forma artificial a permanência, tendo em vista que a partir de momento processual o Ministério Público já delimitou os limites fáticos que serão processados na futura ação penal, caso seja hipótese de recebimento da denúncia.

Referências

Antunes, Paulo de Bessa. *Direito Ambiental*. 20ª Ed. São Paulo: Atlas, 2019.

Bitencourt, Cezar Roberto. *Tratado de direito penal*: parte geral. 25ª Ed. São Paulo: Saraiva Educação, 2019, v. 1.

Busato, Paulo César. *Direito penal*: parte geral. São Paulo: Atlas, 2018, v. 1.

CASTELLAR, João Carlos. *Direito penal econômico versus direito penal convencional*: a engenhosa arte de criminalizar os ricos para punir os pobres. 1ª Ed. Rio de Janeiro: Revan, 2013.

CONSTANTINO, Carlos Ernani. *Delitos ecológicos*: a lei penal comentada: artigo por artigo: aspectos penais e processuais penais. São Paulo: Atlas, 2001

COPOLA, Gina. *A lei dos crimes ambientais comentada artigo por artigo*: jurisprudência sobre a matéria. Belo Horizonte, 2008.

FRANCO, Alberto Silva; NUCCI, Guilherme de Souza (Org.). Direito penal. São Paulo: Revista dos Tribunais, 2010, v. 8.

FERREIRA FILHO, Manoel Gonçalves. *Direitos humanos fundamentais*. 15ª Ed. São Paulo: Saraiva, 2016.

FREITAS, Vladimir Passos de; FREITAS, Gilberto Passos de. *Crimes contra a natureza*. 9ª Ed. rev., atual. e ampl. São Paulo: Revista dos Tribunais, 2012.

GRECO, Rogério. Curso de Direito Penal. 18ª Ed. Rio de Janeiro: Impetus, 2016.

HABIB, Gabriel. *Leis Penais especiais volume único*. 10ª Ed. rev., atual. e ampl. Salvador: Juspodivm, 2018.

JESUS, Damásio Evangelista de. *Prescrição penal*. 20ª Ed. São Paulo: Saraiva, 2011.

LAVORENTI, Wilson; BALDAN, Edson Luís; BONINI, Paulo Rogério. *Leis penais especiais anotadas*. 13ª Ed. rev., ampl. e atual. Campinas: Millennium Editora, 2016.

LOPES JÚNIOR, Aury. *Fundamentos do processo penal*: introdução crítica. 5ª Ed. São Paulo: Saraiva Educação, 2019.

LUIZ REGIS. *Direito penal do ambiente*: crimes ambientais (Lei 9.605/1998). 7ª Ed. Rio de Janeiro: Forense, 2019.

MARCÃO, Renato. *Crimes ambientais*: anotações e interpretação jurisprudencial da parte criminal da Lei n. 9.605, de 12-2-1998. 4ª Ed. São Paulo: Saraiva Educação, 2018.

MILARÉ, Édis. *Direito do ambiente*. 9ª Ed. rev., atual. e ampl. São Paulo: Editora Revista dos Tribunais.

MIRABETE, Júlio Fabbrini. *Manual de direito penal*. Parte geral. 5ª Ed. São Paulo: Atlas, 2005.

MOSSI, Heráclito Antônio; MOSSIN, Júlio César O. G. Prescrição em matéria penal. Leme: J. H. Mizuno, 2015.

PACELLI, Eugênio. CALLEGARI, André. *Manual de Direito Penal*. 5ª Ed. São Paulo: Atlas, 2019.

PRADO, Luiz Regis. *Direito penal do ambiente*: crimes ambientais (Lei 9.605/1998). 7ª Ed. Rio de Janeiro: Forense, 2019.

SARLET, Ingo Wolfgang; MACHADO, Paulo Afonso Leme; Fensterseifer, Tiago. *Constituição e legislação ambiental comentadas*. São Paulo: Saraiva, 2015.

SIRVINSKAS, Luís Paulo. *Manual de direito ambiental*. 16ª Ed. São Paulo: Saraiva Educação, 2018.

DIREITO PENAL ECONÔMICO

_____, Luís Paulo. *Tutela Penal do meio ambiente*. 4ª Ed. rev., atual. e ampl. São Paulo: Saraiva, 2011.

Smanio, Gianpaolo Poggio; Fabretti, Humberto Barrionuevo. *Direito penal*: parte geral. São Paulo: Atlas, 2019.

Souza, Luciano Anderson de. *Direito penal*: parte geral. Sã Paulo: Thomson Reuters Brasil, 2019, v. 1.

5. Prevenção à Lavagem de Dinheiro em *Cryptocurrencies Exchanges Anti-Money Laundering at Cryptocurrencies Exchanges*

MARCO AURÉLIO FLORÊNCIO FILHO
YASMIN ABRÃO PANCINI CASTANHEIRA

Introdução

O presente artigo versa sobre a problemática das transações comerciais envolvendo a utilização de criptomoedas, em especial, o *bitcoin*, e sua relação com a lavagem de dinheiro. Portanto, o seu objetivo consiste em compreender a dinâmica do uso das criptomoedas, além das consequências jurídicas decorrentes do mau uso dessa tecnologia nas operações financeiras.

A justificativa do presente estudo encontra-se na atualidade do tema em contexto social, econômico e jurídico, uma vez que as relações que envolvem o processamento de pagamentos por produtos ou serviços, câmbio internacional e algumas transações financeiras hoje destacam o uso desse mecanismo típico do ambiente digital, que possibilita a troca de valores de uma forma diferente da tradicionalmente utilizada pelos bancos.

Para tanto, buscou-se num primeiro momento realizar os esclarecimentos necessários sobre as criptomoedas, em especial ao *bitcoin*. Posteriormente, analisou-se a temática da Lavagem de Dinheiro, especial-

DIREITO PENAL ECONÔMICO

mente, como o Brasil e os Estados Unidos da América vêm lidando com o tema. Posteriormente buscou-se discutir a necessidade, ou não, da regulamentação das criptomoedas e a intervenção penal, tanto preventiva, quanto repressiva. E, por fim, tratou-se do desafio de uma regulamentação adequada e efetiva para o Estado, que não obstrua a inovação tecnológica.

O estudo tem característica descritivo-analítica e tem finalidade propositiva em definir políticas para o desenvolvimento do tema, como, por exemplo, propor políticas para o Banco Central do Brasil.

A relevância do artigo adentra as esferas de negócios, uma vez que a falta da regulamentação acerca do tema, vem causando insegurança jurídica nas instituições financeiras e na sociedade em geral. Ademais, as consequências jurídicas para quem realiza o mau uso da critptomoeda ainda se apresenta como novidade para os profissionais da área financeira.

1. Criptomoedas

Vive-se uma revolução financeira em decorrência do advento das criptomoedas, que nada mais são do que "moedas virtuais" extraídas através de mineração, também chamada de *blockchain*, que representa um livro-caixa online e público com rede descentralizada e distribuída.[1]

Destarte, devemos esclarecer que criptomoeda não é moeda em seu sentido estrito jurídico, mas sim, uma moeda segundo o entendimento econômico. Entretanto, definir moeda e criptomoeda é uma missão audaciosa e complexa, vez que existem inúmeros entendimentos jurídicos sobre o instituto.[2] Suas funções na Economia podem ser vistas como meio de troca, unidade de conta ou reserva de valor.[3] As constatações de Keynes, acerca do dinheiro de pedra da Ilha de Yap já faziam referência a soberania, uma vez que, em uma sociedade perdida na Micronésia, encontrou-se um elaborado sistema monetário, onde se tinha *fei* – rodas de grandes pedras – como moedas, sendo que a confiança na posse

---

[1] Cf. Nakamoto, Shatoshi. *Bitcoin: um sistema de dinheiro eletrônico peer-to-peer.* Disponível em: https://bitcoin.org/bitcoin.pdf. Acesso em: 19 mar. 2019.

[2] Silveira, Renato de Mello Jorge. *Bitcoin e suas fronteiras penais: em busca do marco penal das criptomoedas.* Belo Horizonte: Editora D'Plácido, 2018. p. 19.

[3] Palacios Cárdenas, Zully Julieth; Vela Avellaneda, Miguel Andrés; Tarazona Bermúdez, Giovanny Mauricio. *Bitcoin como alternativa transversal de intercambio monetario en la economía digital.* Redes de Ingenriería, Colômbia, v. 6, n. 1, 2015. p. 108.

106

era total, e o tamanho das pedras diretamente vinculado ao seu valor.[4] As particularidades da Ilha de Yap são bastante peculiares, uma vez que colocam em xeque a neopercepção do dinheiro em si. A moeda não é atrelada a um entendimento capitalista, mostrando-se anterior a este. Entretanto, dentro da concepção capitalista de moeda é que ela mostra sua relação com o sistema jurídico.[5]

A moeda possui algumas funções intrínsecas, desde uma perspectiva funcional, com um papel de integração social, até a função de unidade de conta, viabilizando o escambo. No mundo antigo, o conteúdo de metal das moedas gerou homogeneidade e cunhagem, o que facilitou a possibilidade de trocas mais fáceis entre diferentes jurisdições. Entretanto, isso também facilitou o fenômeno da falsificação, acarretando na diminuição do valor das moedas. Sendo assim, viu-se, a partir de 1609, a própria constituição dos bancos centrais na produção das moedas, acarretando na relação entre moeda e Estado.[6]

Ao longo da história, podemos encontrar várias situações de moedas privadas atuando simultaneamente com as moedas oficiais. Por exemplo, temos o rublo evanescente, que nada mais foi do que a utilização de créditos comerciais para o abatimento de dívidas particulares sem o emprego de moeda nacional, ou seja, moedas privadas, que ocorreu na Ucrânia e na Rússia.[7]

As moedas soberanas, fixadas pelo Estado, baseiam-se na noção de valor, tendo por base o curso legal. Isso decorre da confiança, por intermédio do Estado, em determinado meio de pagamento, no caso brasileiro, o Real, consoante à Lei nº 9.069/95.[8] Em primeiro lugar, a concepção da moeda como instrumento do Estado é defendida pela Teoria Estatal da Moeda, segundo Knapp. Essa construção expõe o que se percebe como "um fenômeno convencional que evolui com o tempo, con-

---

[4] KEYNES, John Maynard. *The Island of Stone money*. New York: Crambridge University Press, v. 9, 2013. p. 406 e ss.

[5] JIMÉNEZ DE ASÚA, Luis. *Tratado de derecho penal*. t. I. Buenos Aires: Losada, 1950. p. 441.

[6] BAROSSI-FILHO, Milton; SZTAJN, Rachel. *Natureza jurídica da moeda e desafios da moeda virtual*. São Paulo: Justitia, 2015. p. 253 e ss.

[7] MARTIN, Felix. *Dinheiro: uma biografia não autorizada*. São Paulo: Portofolio-Penguin, 2016. p. 89 e ss.

[8] CORTEZ, Tiago Machado. *Moeda, Estado e direito: o papel do Estado na orden monetária e seu controle*. Tese de doutorado apresentada na Faculdade de Direito da Universidade de São Paulo, 2004. p. 108.

DIREITO PENAL ECONÔMICO

forme os instrumentos que são utilizados para fazer a função monetária".[9] No Brasil, juridicamente, a moeda é vinculada ao Estado, e, sendo assim, tem proteção e controle penais, como podemos verificar no Código Penal, especialmente, no Capítulo I, do Título X, que trata "Da Moeda Falsa".

Ao analisarmos o voto da Ministra Laurita Vaz, do Superior Tribunal de Justiça, no Conflito de Competência nº 67.343 – GO, pode-se verificar que há mais de 10 anos há uma preocupação em se analisar a forma digital de circulação do dinheiro, *vide*:

> O dinheiro, bem de expressão máxima da ideia de *valor econômico*, hodiernamente, como se sabe, circula em boa parte no chamado "mundo virtual" da informática. Esses valores recebidos e transferidos por meio da manipulação de dados digitais não são tangíveis, mas nem por isso deixaram de ser *dinheiro*. O bem, ainda que de forma virtual, circula como qualquer outra *coisa*, com valor econômico evidente. De fato, a informação digital e o bem material correspondente estão intrínseca e inseparavelmente ligados, se confundem. Esses registros contidos em banco de dados não possuem existência autônoma, desvinculada do bem que representam, por isso são passíveis de movimentação, com a troca de titularidade.[10]

A criptomoeda não é uma moeda tradicional, sequer se pode defini-la como moeda ou dinheiro, a partir de uma análise estritamente jurídica, principalmente pelo fato de que a moeda é centralizada e regulada pelo Estado, através de um Banco Central com capacidade de criá-la e emiti-la, além de deter primados próprios e controle administrativo. Entretanto, não se pode negar que a criptomoeda tem seu valor como meio de troca e pagamento, logo tem valor econômico.

A administração pública, no caso o Banco Central do Brasil, em sua função reguladora da moeda, pode definir criptomoeda como moeda, ativo ou aplicação financeira, expressão de valor ou um nada jurídico.

---

[9] BARBOSA, Tatiana Cassed Bahr de Miranda. *A revolução das moedas digitais: bitcoins e altcoins*. São Paulo: Revoar, 2016. p. 147 e ss.

[10] STJ, CC 67.343/GO, 5ª Turma, Rel. Min. LAURITA VAZ, DJ 11/12/2007.

Mostrando, assim, um óbice à pretensa liberdade das criptomoedas a possível definição, ou não, do Banco Central.[11]

A Instrução Normativa nº 1.888, de 03 de maio de 2019, publicada pela Receita Federal, define criptoativo em seu artigo 5º como:

> a representação digital de valor denominada em sua própria unidade de conta, cujo preço pode ser expresso em moeda soberana local ou estrangeira, transacionado eletronicamente com a utilização de criptografia e de tecnologias de registros distribuídos, que pode ser utilizado como forma de investimento, instrumento de transferência de valores ou acesso a serviços, e que não constitui moeda de curso legal.[12]

A criptomoeda representa uma alternativa aos bancos, pois o controle está nas mãos das pessoas-parte da transação, o que significa que não necessita de um terceiro envolvido, ou seja, as transações ocorrem sem intermediadores. Por não ter a necessidade do envolvimento de terceiros, tem-se uma maior facilidade de transferência, que ocorre em tempo real, além da garantia da privacidade e liberdade pessoal.

A primeira criptomoeda que se tem notícia foi a *Bit Gold* que surgiu nos anos 90 com os *cypherpunks*, um grupo de criptoanarquistas, que, usando a criptografia, desenvolveram as criptomoedas. Satoshi Nakamoto foi o criador do *Bitcoin*, que ganhou força após a crise financeira de 2008, onde as pessoas estavam cansadas de um intermediador em suas transações financeiras, ou seja, dos bancos. O *Bitcoin* proporciona o câmbio de moeda em tempo real, utilizando a tecnologia *peer-to-peer (P2P)*[13]. O objetivo era criar um mundo onde as transações pudessem ocorrer em nível global e de graça.[14]

---

[11] Silveira, Renato de Mello Jorge. *Bitcoin e suas fronteiras penais: em busca do marco penal das criptomoedas*. Belo Horizonte: Editora D'Plácido, 2018. p. 46.

[12] Instrução Normativa RFB nº 1888. Disponível em: http://normas.receita.fazenda.gov.br/sijut2consulta/link.action?visao=anotado&idAto=100592. Acesso em: 18 mai. 2019.

[13] Peer-to-peer (P2P) significa em português "ponto-a-ponto", o nome se refere ao formato à disposição dos computadores interligados à rede, onde cada computador conectado realiza as funções de cliente e servidor ao mesmo tempo, dessa forma, tudo é descentralizado, sem um único servidor centralizado que detenha o arquivo e precisa se encarregar de enviar todos os pedidos ao mesmo tempo, sendo utilizada principalmente em sítios eletrônicos de download de conteúdos, por exemplo o BitTorrent.

[14] Nakamoto, Shatoshi. *Bitcoin: um sistema de dinheiro eletrônico peer-to-peer*. Disponível em: https://bitcoin.org/bitcoin.pdf. Acesso em: 19 mar. 2019.

DIREITO PENAL ECONÔMICO

Em 2010, o preço mais alto de 1 *bitcoin* (BTC ou Ƀ) não superava U$ 0,39, e, devido à sua expansão, em 2018, 1 *bitcoin* (BTC) chegou a valer U$ 15.000. Os principais motivos para referido aumento no valor do *bitcoin* devem-se ao fato de se garantir a privacidade nas transações, por causa da garantia do anonimato, e devido à sua falta de regulamentação. Esses motivos foram vistos como uma oportunidade para as pessoas mal-intencionadas "lavarem dinheiro' proveniente de ilícitos, a exemplo do tráfico, chegando até mesmo ao financiamento ao terrorismo.

As transações com criptomoedas, que atraem um número crescente de especuladores (*traders*), ainda levantam divergências entre economistas e especialistas em segurança digital. Todavia, parece prematuro ou enviesado sustentar afirmações de que o sistema seria uma "bolha", justamente porque não se pode confundir as operações de investimentos tradicionais com operações de investimentos em *bitcoin*.[15]

Um caso emblemático veio chamar a atenção das autoridades ao redor do mundo, principalmente dos Estados Unidos da América, o caso *Silk Road*. Em 2011, Ross William Ulbricht, também conhecido como *Dread Pirate Roberts* (DPR), desenvolveu um sítio eletrônico na *deep web* intitulado de *Silk Road*, desenhado com a finalidade de permitir que usuários ao redor do mundo comprassem e vendessem drogas ilegais e outros produtos ilícitos anonimamente e fora dos limites legais.[16]

O sítio eletrônico funcionou até outubro de 2013, quando as autoridades o desativaram. Durante o tempo de operação, *Silk Road* emergiu como o mais sofisticado e extensivo mercado digital ilícito, sendo usado por milhares de traficantes de drogas para distribuição e lavagem de centenas de milhões de dólares derivados dessas transações ilegais, chegando até a ser chamado de *e-Bay* das drogas ilegais. O pagamento no sítio eletrônico dava-se através do *bitcoin*, o que facilitava o comércio ilegal conduzido no mesmo, além do anonimato e localização dos usuários. Somadas, as quantias confiscadas do *SilkRoad* e de Ross quase chegam a U$ 158 milhões.[17]

---

[15] Disponível em https://www.buybitcoinworldwide.com/pt-br/preco/. Acesso em: 19 abr.2019.

[16] GEISSEINGER, Eric. *Virtual billions: the genius, the Drug Lord, and the Ivy League twins behind the rise of bitcoin.* New York: Prometheus, 2016. p. 139 e ss.

[17] KIRBY, Patrick. *Virtually possible: how to strengthen bitcoin regulation within the current regulation framework.* North Carolina Law Review, Carolina do Norte, v. 93, 2014. p. 199 e ss.

Causando grande insegurança tanto nos *traders*, quanto no Estado, Benjamin Lawsky, superintendente do *Financial Services* do Estado de Nova York, realizou audiências públicas em Nova York (chamadas de *Bitcoin Hearings*) com a finalidade de colocar amarras regulatórias e, ao final de 2014, publicou o *BitLicense*. Trata-se de uma licença que as *Bitcoins Exchanges*, casas de câmbio de *bitcoin*, devem possuir para atuar no estado de Nova York. Tal licença certifica que existe proteção aos consumidores, cibersegurança e que as empresas estão capitalizadas para não entrarem em colapso sobre elas mesmas. Entretanto, por ser muito rigorosa, muitas *bitcoins exchanges* anunciaram que fechariam as portas, por serem incapazes de possuir todos os requerimentos da licença. Referido fenômeno ficou conhecido como *"Great Bitcoin Exodus"*.[18]

A licença conta com um processo de *Know-Your-Client*[19] muito rigoroso, além das observâncias dos parâmetros de *disclosure*, que trata da necessidade de transparência nas informações corporativas, mormente aquelas de grande relevância, assim consideradas as que impactam os resultados da empresa ou as que envolvem riscos ou oportunidades negociais; *accountability*, ou seja, a necessidade de prestação de contas de forma responsável, com base nas melhores técnicas contábeis e de auditoria; e, por último, o *compliance*, ligado à conformidade e ao cumprimento das normas regulatórias, legais e administrativas aplicáveis.[20]

Em 2012, o European Central Bank (ECB) definiu criptomoeda como "um tipo de dinheiro digital, não regulamentado, que é emitido e geralmente controlado por seus desenvolvedores, usado e aceito entre os membros de uma comunidade virtual específica"[21]. Em 2014, o European Banking Authority (EBA) a definiu como "representação digital de valor que não é emitida por um banco central ou uma autoridade

---

[18] Disponível em: https://www.wsj.com/articles/ny-financial-regulator-lawsky-releases-final-bitlicense-rules-for-bitcoin-firms-1433345396. Acesso em: 19 abr. 2019.

[19] KYC – procedimento comumente utilizado em instituições financeiras no qual identifica, registra e atualiza os dados cadastrais de seus clientes e suas transações, com a finalidade de prevenir a lavagem de dinheiro e o financiamento ao terrorismo.

[20] SARCEDO, Leandro. *Compliance e responsabilidade penal da pessoa jurídica: construção de um novo modelo de imputação baseado na culpabilidade corporativa*. 1. ed. São Paulo: LiberArs, 2016. p. 54.

[21] EUROPEAN Central Bank (ECB). Virtual Currency Schemes. Out. 2012. Disponível em: https://www.ecb.europa.eu/pub/pdf/other/virtualcurrencyschemes201210en.pdf. Acesso em: 19 abr. 2019.

DIREITO PENAL ECONÔMICO

pública, nem necessariamente anexada a uma moeda corrente, mas aceita como meio de pagamento por pessoas singulares ou coletivas, podendo ser transferida, armazenada ou transacionada eletronicamente"[22]. Finalmente, na Recomendação de 2014, do Grupo de Ação Financeira contra a Lavagem de Dinheiro e o Financiamento do Terrorismo (Gafi/FATF), foi publicada uma definição-chave, que será utilizada nesse trabalho, que é: "a representação digital de valor que pode ser negociada digitalmente e funciona como: (i) um meio de troca; e/ou (ii) uma unidade de conta; e/ou (iii) uma reserva de valor, mas não tem curso legal (ou seja, quando oferecida a um credor, é uma oferta válida e legal de pagamento) em qualquer jurisdição. Ela não é emitida, nem garantida, por nenhuma jurisdição e preenche as funções acima somente por acordo dentro da comunidade de usuários da moeda virtual".[23]

2. Lavagem de Dinheiro

A lavagem de dinheiro consiste no ato de encobrir a origem ilícita de bens, valores e capitais, com o intuito de reinseri-los na economia formal, sob aparente licitude. Essa prática geralmente envolve múltiplas transações, que são usadas para ocultar a origem dos ativos financeiros e permitir que eles sejam utilizados sem comprometer os criminosos. Neste sentido, a dissimulação é a base para toda operação que envolve dinheiro proveniente de uma infração penal.[24]

O Brasil, na política de prevenir e reprimir a atividade de lavagem de ativos, publicou a Lei nº 9.613/98. A lavagem de dinheiro consiste em disfarçar a origem ilegal de ativos provenientes de crime, com a finalidade última de dar-lhes aparência legítima. Logo, o propósito de tal processo é a criação de uma áurea de legalidade em torno do objeto inicial do crime.[25]

---

[22] EUROPEAN Banking Authority (EBA). Opinion on virtual currencies. Jul. 2014. Disponível em: https://eba.europa.eu/documents/10180/657547/EBA-Op-2014-08+Opinion+on+Virtual+Currencies.pdf. Acesso em: 20 abr. 2019.

[23] FATF Report. Virtual Currencies Key Definitions and Potential AML/CFT Risks. Jun. 2014. Disponível em: https://www.fatf-gafi.org/media/fatf/documents/reports/Virtual-currency-key-definitions-and-potential-aml-cft-risks.pdf. Acesso em: 20 abr. 2019.

[24] PRADO, Luiz Regis. *Direito Penal Econômico*. 3 ed. São Paulo: RT, 2010, p. 355.

[25] DURRIEU FIGEUROA, Roberto. *La ganancia económica del delito: lavado de dinero, decomiso y financiamiento del crimen organizado y del terrorismo*. Buenos Aires: Marcial Pons, 2017. p. 50 e ss.

A Lei nº 9.613/98 instituiu também o Conselho de Controle de Atividades Financeiras (COAF), que foi um órgão criado inicialmente no âmbito do Ministério da Fazenda, e que hoje, em decorrência da publicação da Lei nº 13.974/20, está vinculado administrativamente ao Banco Central do Brasil[26]. O COAF tem como atribuições receber, examinar e identificar as ocorrências suspeitas de atividade ilícitas; comunicar às autoridades competentes para a instrução dos procedimentos cabíveis nas situações em que o Conselho concluir pela existência, ou fundados indícios, de crimes de "lavagem", ocultação de bens, direitos e valores, ou de qualquer outro ilícito; coordenar e propor mecanismos de cooperação e de troca de informações que viabilizem ações rápidas e eficientes no combate à ocultação ou dissimulação de bens, direitos e valores; além de disciplinar e aplicar penas administrativas.

Pois bem, lavagem de dinheiro pode ser entendida como "o ato ou sequência de atos praticados para mascarar a natureza, origem, localização, disposição, movimentação ou propriedade de bens, valores e direitos de origem delitiva ou contravencional, com o escopo último de reinseri-los na economia formal com aparência de licitude."[27]

Interessante destacar que, segundo o próprio sítio eletrônico do Conselho de Controle de Atividades Financeiras (COAF), a lavagem de dinheiro possui, genericamente, três fases, as quais podem ocorrer simultânea ou isoladamente, são elas: colocação, ocultação e integração.[28]

Apesar da COAF apresentar três fases tradicionais no processo de Lavagem de Dinheiro, há autores que defendem a existência de somente duas fases para que reste caracterizado o ilícito no caso concreto, onde a colocação e a ocultação se fundem, ou encontram-se em uma linha muito tênue, não passando de uma mera dissimulação. Como ocultar significa esconder, tirar de circulação, a consumação do verbo ocorre

---

[26] Tem-se, segundo o artigo 2º, da Lei nº 13.974/20, que: "Art. 2º O Coaf dispõe de autonomia técnica e operacional, atua em todo o território nacional e vincula-se administrativamente ao Banco Central do Brasil."

[27] BADARÓ, Gustavo Henrique; BOTTINI, Pierpaolo Cruz. *Lavagem de Dinheiro: Aspectos penais e processuais penais. Comentários à Lei 9.613/1998, com alterações da Lei 12.683/2012.* 3. ed. São Paulo: Revista dos Tribunais, 2017, p. 29.

[28] BARROS, Marco Antonio de. *Lavagem de capitais e obrigações civis correlatas: com comentários, artigo por artigo, à Lei 9.613/98.* 4. ed. São Paulo: Revista dos Tribunais, 2013. p. 46 e ss. *Vide* também: https://www.fazenda.gov.br/assuntos/prevencao-lavagem-dinheiro#fases-da-lavagem-de-dinheiro. Acesso em: 9 mar. 2019.

DIREITO PENAL ECONÔMICO

com o encobrimento acompanhado do dolo, ou seja, da intenção de, no futuro, integrá-lo ao sistema econômico.[29]

É importante frisar que estas fases não precisam estar completamente preenchidas para que ocorra o crime. Doutrinariamente, o crime é de tipo misto ou conteúdo variado, ou seja, a prática de qualquer das condutas (colocação, ocultação ou integração) configura o crime, desde que acompanhada de elementos objetivos que revelem a sua aptidão para reintegrar os valores à economia com aparente ilicitude.[30]

No ambiente virtual confundem-se essas fases da lavagem, pois não se constata claramente a colocação, a ocultação e a integração, ficando tudo muito fluido. Em poucas palavras:

> Colocação: as criptomoedas oferecem a capacidade de abrir um número significativo de carteiras anônimas ou pseudônimas, a um custo baixo, algo que é um método de baixo risco de rapidamente obter receitas de atividades ilícitas.

> Ocultação: elas permitem que a fonte de fundos seja ofuscada por meio de múltiplas transferências de carteira para carteira e/ou sua conversão em diferentes tipos de criptomoedas. Isso permite uma estratificação fácil sem custo ou risco significativo, entendendo-se que desenvolvimentos tecnológicos recentes, como *"swaps* atômicos", podem facilitar ainda mais o uso indevido. Incidentalmente, uma demanda substancial de *Initial Coin Offering – ICO* (Oferta Inicial de Moeda), ou seja, alguém oferece aos investidores algumas unidades de uma nova criptomoeda, acaba por permitir que criminosos (assumindo que controlem esses ICOs) retirem o popular mecanismo de *crowdfunding* para converter uma criptomoeda em outras criptomoedas e/ou moedas fiduciárias, acrescentando uma "frente" aparentemente legítima para a fonte de recursos.

> Integração: o uso de criptomoedas para adquirir bens ou serviços, seja diretamente ou através da conversão em moeda fiduciária, é facilitado pela lista cada vez maior de bens e serviços para os quais o pagamento

---

[29] BOTTINI, Pierpaolo Cruz. BADARÓ, Gustavo Henrique. *Lavagem de Dinheiro. Aspectos Penais e Processuais Penais. Comentários à Lei 9.613/1998, com as alterações da Lei 12.683/2012.* São Paulo, editora Revista dos Tribunais, 2012. p. 63 e ss.

[30] DE CARLI, Carla Veríssimo. *Lavagem de Dinheiro – Prevenção e Controle Penal.* 2.ed. Porto Alegre: Verbo Jurídico Editora, 2013. p. 193.

em criptomoedas é aceito. Os mercados de capital de risco de *players* institucionais, tanto para fins de investimento como de negociação (especulação), proporcionam liquidez substancial a esse mercado e, desse modo, facilita a integração em larga escala, abusando de agentes/ investidores desavisados.[31]

No entanto, até que surjam soluções tecnológicas inovadoras, os riscos de lavagem de dinheiro e financiamento ao terrorismo são normalmente abordados pela imposição de requisitos rigorosos de *KYC* aos *gatekeepers*, como as casas de câmbio de criptomoedas e outras instituições financeiras.

Além da Lei nº 9.613/98, que tipifica o crime de lavagem de dinheiro, dispõe sobre as pessoas sujeitas aos mecanismos e controles de prevenção, bem como cria o Conselho de Controle de Atividades Financeiras (COAF); temos, também, a Circular 3.461/09 (e alterações) do Banco Central (BACEN)[32], que determina às instituições financeiras e demais instituições a funcionar pelo Banco Central a implementação de políticas, procedimentos e controles internos em Prevenção a Lavagem de Dinheiro (PLD); a Carta-Circular 3.542/12 do Banco Central (BACEN)[33], que divulga relação de operações e situações que podem configurar indícios de ocorrência dos crimes previstos na lei nº 9.613/98 passíveis de comunicação ao COAF; a Instrução CVM 301/99 (e alterações)[34], que dispõe sobre a identificação, o cadastro, o registro, as operações, a comunicação, os limites e a responsabilidade administrativa de que tratam as disposições da Lei nº 9.613/98.

No tocante às regulamentações internacionais, estas ganharam força a partir da crise financeira de 2007-2008, onde os Estados Unidos da América e a Organização para a Cooperação e Desenvolvimento Eco-

---

[31] Blockchain & Cryptocurrency Regulation – 2019. Disponível em: https://www.lenzstaehelin.com/uploads/tx_netvlsldb/GLI-BLCH1_Lenz_Staehelin.pdf. Acesso em: 20 abr. 2019.

[32] A Circular 3.461/09 do Banco Central (BACEN) será revogada no dia 1º de julho de 2020, passando a vigorar a Circular nº 3.978 do Banco Central do Brasil (BACEN).

[33] A Carta Circular 3.542/12 será revogada no dia 1º de julho de 2020, passando a vigorar a Carta Circular nº 4.037 do Banco Central do Brasil (BACEN).

[34] A Instrução CVM 301/99 será revogada no dia 1º de julho de 2020, passando a vigorar a Instrução nº 617 da Comissão de Valores Mobiliários (CVM).

nômico (OCDE) pressionaram os países membros para a aprovação de legislações com a finalidade de compartilhamento das informações bancárias. No Brasil, as preocupações penais também são assumidas pela Organização das Nações Unidas, na Convenção das Nações Unidas contra o Crime Organizado Transnacional (incorporada pelo Decreto nº 5.015/04), e na Convenção das Nações Unidas contra a Corrupção (incorporada pelo Decreto nº 5.687/06). Através da Ação do Projeto BEPs, a OCDE pugnava por cuidados, desde 2014, e, nos Estados Unidos da América, vários Tribunais Federais têm se preocupado em traçar aproximações regulatórias.

Além do caso *Silk Road* detalhado acima, em março de 2018, a Operação Lava-Jato, no Brasil, afirmou ter encontrado esquema de lavagem de dinheiro através de *bitcoins*.[35] Deve-se considerar, ainda, que não existem somente as *bitcoins*, mas também uma ampla variedade de criptomoedas[36], e o fato dessa criação ter se tornado rapidamente muito discutido, eficaz como forma de pagamento, ativo financeiro e forma de investimento, é sintomático exemplo da sedimentação das mesmas como elo essencial da modernidade. Por exemplo, Jamie Dimon, CEO do Banco JP Morgan, que criticou as *bitcoins* no passado, recentemente anunciou o lançamento de sua própria criptomoeda, a *JPM Coin*.[37]

Cada vez mais crescente é a dualidade no mundo de hoje: de um lado, temos a pretensão de um rigoroso controle das atividades financeiras; de outro, prega-se pelo livre mercado. Constata-se, portanto, uma forte tendência a alguma sorte de regulamentação. De modo geral, e havendo prova do crime antecedente gerador do dinheiro, a princípio pode haver uma imputação da lavagem de dinheiro, como se deu

---

[35] Disponível em: https://oglobo.globo.com/economia/lava-jato-descobre-lavagem-de-dinheiro-com-bitcoin-em-esquema-de-corrupcao-no-sistema-prisional-do-rj-22485117. Acesso em: 10 mar 2019.

[36] De todas as espécies de criptomoedas, a Bitcoin é a mais conhecida, e, apesar de não haver um conceito jurídico para elas até o momento, não significa que elas não existam para o Direito. (SARAI, Leandro. Criptomoedas e os bancos In BARBOSA, Tatian Casseb Bahr de Miranda [coord.]. *A revolução das criptomoedas: bitcoins e altcoins: aspectos jurídicos, sociológicos, econômicos e da ciência da computação*, Cotia: Revoar, 2016. p. 134.)

[37] Disponível em: https://www.infomoney.com.br/mercados/bitcoin/noticia/7929140/jp-morgan-vai-lancar-sua-propria-criptomoeda-para-revolucionar-o-mercado-de-pagamentos. Acesso em: 10 mar 2019.

PREVENÇÃO À LAVAGEM DE DINHEIRO...

no caso *Silk Road*.[38] Pois bem, então, como controlar o incontrolável? As dificuldades são inúmeras, o que acarreta no problema de como propor uma regulamentação efetiva e que não prejudique a inovação e o desenvolvimento.

3. A necessidade de regulamentação

Nas palavras de Leandro Sarcedo, observamos que a intervenção do direito na economia se fez necessária a partir da Grande Depressão de 1929, onde Franklin D. Roosevelt e John M. Keynes implantaram um plano de recuperação econômico denominado *New Deal*. Tal plano implantou a intervenção estatal na economia, com a finalidade de equilibrar o mercado. Além da concepção americana, na época, na Europa Ocidental também se fomentou o modelo de bem-estar social, ambos com a mesma premissa do Estado como regulador e fiscalizador da atividade econômica.[39]

Tal modelo de intervencionismo funcionou até os anos 1970, quando, após uma nova crise econômica, ascendeu-se o ideário neoliberal, fomentando a progressiva desregulamentação da atividade econômica, com a livre circulação dos recursos e mercadorias. Durante esse período, também tivemos o fenômeno do desenvolvimento tecnológico; e a globalização, aumentando, assim, as pressões para que mercadorias e recursos financeiros circulassem livremente. Com a globalização das informações, potencializou-se os comportamentos antiéticos na condução das atividades econômicas, acarretando fraudes, por exemplo, nos pequenos bancos americanos.

As fraudes aumentaram gradativamente, até que, em 1990, começou a surgir escândalos financeiros, que envolviam, principalmente, a falta de transparência das informações corporativas, o que acarretou prejuízos a investidores e à sociedade. Até que, em 2008, uma nova crise econômica, especialmente dos derivativos, que nada mais era do que operações financeiras de risco vendidas como se fossem seguras. Isso fez com

---

[38] SILVEIRA, Renato de Mello Jorge. *Bitcoin e suas fronteiras penais: em busca do marco penal das criptomoedas*. Belo Horizonte: Editora D'Plácido, 2018. p. 112 e ss.

[39] SARCEDO, Leandro. *Compliance e responsabilidade penal da pessoa jurídica: construção de um novo modelo de imputação baseado na culpabilidade corporativa*. São Paulo: LiberArs, 2016. p. 250 e ss.

DIREITO PENAL ECONÔMICO

que o mundo globalizado ingressasse em uma grave crise econômica, e, para contê-la, o Estado foi chamado para intervir no mercado.

Concluiu-se, portanto, que era necessário uma autorregulação regulada sobre a atividade econômica, ou seja, o Estado deveria impor às empresas deveres de vigilância e detecção de ilícitos, exigindo das empresas adoção de medidas de prevenção de delitos e de colaboração com o Estado na investigação de casos. Isso acabou por fundamentar as boas práticas de governança corporativa em quatro pilares: *fairness* (equidade no tratamento de todas as partes envolvidas na atividade da empresa, tais como, acionistas majoritários, acionistas minoritários, gestores e empregados); *disclosure* (necessidade de transparência e confiabilidade das informações corporativas); *accountability* (obrigação de que a contabilidade e a prestação de contas sejam responsáveis e confiáveis), e; *compliance* (estrutura verificadora e validadora do bom funcionamento das demais, que exerce também uma função corretiva, quando desvios são detectados, uma vez que o termo vem do verbo da língua inglesa *to comply*, que significa estar em conformidade).[40]

A intervenção social por meio do direito penal, nesse contexto, não tem função de apenas reprimir, mas também de promover a atenção às necessidades estatais na superação das disfunções econômicas e sociais nas relações do indivíduo com o Estado.

Embora os volumes e estimativas globais sejam relativamente baixos, a Europol estimou em 2017 que 3-4% das receitas provenientes de crimes na Europa foram lavadas através de criptomoedas, e, a proporção provavelmente continuará a aumentar rapidamente[41] devido à taxa de adoção das mesmas, inclusive por investidores institucionais e instituições financeiras. Sendo assim, é incontestável a necessidade de versar sobre a possibilidade de intervenção penal nas transações envolvendo criptomoedas. Para isso, iremos nos subsidiar das premissas do Direito Penal Econômico tanto nas regulamentações preventivas, quanto repressivas.

---

[40] SARCEDO, Leandro. *Compliance e responsabilidade penal da pessoa jurídica: construção de um novo modelo de imputação baseado na culpabilidade corporativa.* São Paulo: LiberArs, 2016. p. 253 e ss.

[41] EUROPOL. Drugs and the Darknet – Perspectives for Enforcement, Research and Policy. Nov. 2017. Disponível em: https://www.europol.europa.eu/publications-documents/drugs-and-darknet-perspectives-for-enforcement-research-and-policy. Acesso em: 20 abr. 2019.

As perspectivas preventivas penais têm o entendimento da autorregulação regulada, ou seja, da responsabilidade dos particulares em face da Administração (relação Estado-sociedade). Sendo assim, temos a responsabilidade dos gestores de empresas que negociam com moedas virtuais. Pois bem, a quem se estipulariam as regras de conduta? Como não existe uma gestora central de criptomoedas, devido a sua essência descentralizada e anônima – como o fez o FinCEN, que espera um controle da atividade negocial, qual seja, das *Cryptocurrencies Exchanges*. Além destes, é possível vislumbrar a atribuição de obrigações aos possuidores das criptomoedas. Logo, uma vez estabelecidos limites e obrigações para corretoras que negociam com moedas virtuais, os gestores desses estabelecimentos poderiam vir a ser penalmente responsáveis por sua atividade ilícita.

Por um lado, temos inúmeras tentativas de regulamentação brasileira das criptomoedas. A Comissão de Valores Mobiliários (CVM), por exemplo, através da Instrução CVM nº 555, de 2014, disciplina a constituição, administração, funcionamento e divulgação de informações dos fundos de investimento. Ela também divulgou o Ofício Circular SIN nº 11/2018, tendo como assunto principal o investimento indireto em criptoativos pelos fundos de investimento. O referido Ofício Circular autorizou esse tipo de investimento, por exemplo, através da aquisição de cotas de fundos e derivativos, entre outros ativos negociados em terceiras jurisdições. Também deixou claro que cabe aos administradores, gestores e auditores independentes observar determinadas diligências na aquisição dos ativos. Um primeiro que se destaca é aquele já aventado pelos mais diversos órgãos reguladores e supervisores no mundo em relação à possibilidade de financiamento, direta ou indiretamente, de operações ilegais nesse mercado como a lavagem de dinheiro. Nesse contexto, e levando em conta também a exigência de combate e prevenção à lavagem de dinheiro imposta pela Instrução CVM nº 301, entende-se que uma forma adequada de atender a tais preocupações é a realização de tais investimentos por meio de plataformas de negociação (*exchanges*), que estejam submetidas, nessas jurisdições, à supervisão de órgãos reguladores.[42]

---

[42] Disponível em: http://www.cvm.gov.br/export/sites/cvm/legislacao/oficios-circulares/sin/anexos/oc-sin-1118.pdf. Acesso em: 10 mar. 2019.

DIREITO PENAL ECONÔMICO

Sendo assim, é de se notar que a regulamentação tem o condão de ofertar maior segurança jurídica, chegando a evitar atuações repressivas.

Ademais, no Brasil há o Projeto de Lei nº 2.303/2015, na Câmara dos Deputados, atualmente arquivado, que dispunha sobre a inclusão das moedas virtuais sob a supervisão da Comissão de Valores Mobiliários (CVM), que as enquadraria como ativo digital, além de alterar as Leis nº 12.865/2013 e 9.613/98, bem como a regulação prudencial pelo Banco Central.

Ao observar os padrões internacionais, o FATF (*Financial Action Task Force on Money Laundering*) publicou recentemente um guia de análise de risco de lavagem de capitais e financiamento do terrorismo para o setor das criptomoedas. Visando a coibir o anonimato das transações, sua principal recomendação foi de que os prestadores de serviços com ativos digitais recolham informações sobre seus clientes quando realizarem transferências, incluindo o nome do remetente, o número da conta do originador da operação, endereço geográfico e identidade, além do nome do beneficiário e número de sua conta (*e-wallet*). As *exchanges* que se dispuserem a cumprir tais regras estarão dissociadas do sentimento de "ilegitimidade" que cerca o criptoativo, o preço será a realização de comunicações a autoridades e o preenchimento dos formulários e procedimentos.[43]

Além da recomendação supracitada, a partir de agosto de 2019 está em vigor a Instrução Normativa da Receita Federal (IN 1888), exigindo que as *exchanges* de criptoativos, pessoas físicas e jurídicas que realizem operações com criptoativos forneçam uma série de informações sobre as operações, seus titulares, quantidade e valor da operação, bem como o endereço das *e-wallets* de remessa e de recebimento.

A saída, portanto, da futura regulamentação poderia ser a seguinte: quem vier a operar, adquirir ou movimentar qualquer versão de moeda virtual, deverá, obrigatoriamente, declarar tais atividades. Como, por exemplo, a Receita Federal exige que os detentores de moedas virtuais as declarem em seus impostos de renda. O grande problema da hipótese acima é a dificuldade de produzir provas, vez que temos o anonimato nessas operações.

---

[43] Disponível em: https://www.infomoney.com.br/mercados/bitcoin/noticia/8893773/o-mercado-de-criptomoedas-comeca-a-ser-regulado. Acesso em: 18 ago. 2019.

É preciso reconhecer que, como qualquer serviço de transmissão de dinheiro ou pagamento, as criptomoedas têm usos legítimos, com empresas de capital de risco proeminentes investindo em novas empresas de capital de risco e desenvolvendo plataformas de infraestrutura. Elas podem, por exemplo, facilitar os micro pagamentos, permitindo que as empresas monetizem bens ou serviços de custo muito baixo vendidos na Internet; também podem facilitar as remessas internacionais e apoiar a inclusão financeira de outras maneiras, de modo que possa atender potencialmente aos países sub ou não-desenvolvidos.

No entanto, a maioria das criptomoedas, por definição, aciona uma série de riscos de lavagem de dinheiro e financiamento ao terrorismo, devido a suas especificidades, incluindo o anonimato (ou pseudônimo), rastreabilidade e descentralização. Muitos desses riscos e usos se materializam no ecossistema dos emissores, permutadores e usuários. A tecnologia em rápida evolução e a facilidade de criação de novas criptomoedas provavelmente continuarão a dificultar a aplicação da lei e as instituições financeiras para se manterem informadas sobre os novos usos criminosos, de modo a integrá-las em uma sólida estrutura de diligência (*client due diligence – CDD*).

A única forma efetiva de controle penal depende de uma pactuação internacional para estipular os limites das criptomoedas e seu anonimato. Além de que, no contexto do universo virtual paralelo das criptomoedas, o controle só será realmente efetivo caso tenham regras internacionais em todos os países.

O debate penal sobre criptomoedas parece estar apenas se iniciando no Brasil. Entretanto, por vários motivos, é possível responder penalmente com as leis que possuímos, principalmente em relação ao possuidor da criptomoeda. Apesar de várias fundadas críticas, essa parece ser a medida urgente da repressão.

4. O desafio da regulamentação

Apesar dos apelos para a adoção de padrões globais de prevenção à lavagem de dinheiro para criptomoedas, nenhuma regra uniforme ainda emergiu. A maioria das jurisdições europeias que emitiram regras ou orientações sobre o assunto concluíram tipicamente que a troca de criptomoeda por moeda fiduciária – incluindo a atividade de câmbio de criptomoedas – está ou deveria estar sujeita a obrigações de prevenção à lavagem de dinheiro.

Uma possível forma dessa prevenção nas transações utilizando criptomoedas é através de um processo que os bancos realizam chamado *Know-Your-Client (KYC)*. As criptomoedas possuem como característica o anonimato, porém é possível rastreá-las e chegar a um ponto de saída e de chegada, isso é chamado de pseudoanonimato, que se difere de confidencial. A Lei Geral de Proteção de Dados (Lei nº 13.709/2018), em seu artigo 13, § 4º, criou o conceito de "pseudoanonimato", que nada mais é do que o tratamento por meio do qual um dado perde a possibilidade de associação, direta ou indireta, a um indivíduo, senão pelo uso de informação adicional mantida separadamente pelo controlador em ambiente controlado e seguro.

Um usuário pode configurar quantos endereços diferentes forem necessários, permitindo que ele transfira continuamente os ativos entre os endereços e, assim, oculte o fato de que uma única pessoa está associada a um conjunto de transações. Como resultado, não há nenhuma maneira óbvia para o governo vincular um endereço específico a uma pessoa. Ao mesmo tempo, endereços de *bitcoin* (*hashes* de chaves públicas), que são públicos e visíveis para qualquer pessoa. Se alguém vincular um endereço *bitcoin* de um indivíduo a uma identidade, todas as outras transações que estiverem interagindo com esse endereço poderão ser comprometidas.

Embora o pseudônimo do *bitcoin* ofereça aos usuários uma certa privacidade, isso representa um problema para os governos. Se um determinado endereço não puder ser rastreado até uma determinada pessoa, isso prejudicará a capacidade do governo de desempenhar várias funções essenciais.

Primeiro, o pseudônimo do *bitcoin* impede que o governo calcule com precisão a responsabilidade fiscal de um indivíduo. Um contribuinte pode ter recebido milhares de dólares em pagamento através de *bitcoin* dentro de um determinado ano, mas a menos que o valor seja informado nas declarações fiscais, o Estado não pode rastrear nem auditar o pagamento. É provável que a Administração Pública conte com os registros de um intermediário como uma casa de câmbio de criptomoedas, desde que ela seja obrigada a manter registros de seus clientes. No entanto, eles só levarão em consideração casos em que o usuário tenha trocado a criptomoeda por alguma moeda corrente, ou vice-versa.

PREVENÇÃO À LAVAGEM DE DINHEIRO...

Em segundo lugar, o pseudônimo da criptomoeda impede que as autoridades policiais acompanhem o movimento do dinheiro a fim de identificar atividades ilegais como lavagem de dinheiro e financiamento ao terrorismo. Se a lei for incapaz de vincular os endereços das criptomoedas aos nomes, é provável que seja impedida de rastrear o movimento de dinheiro para investigações.

A incapacidade de rastrear um endereço para uma pessoa em particular é uma das ameaças sérias que as criptomoedas representam para a capacidade dos governos em todo o mundo de realizar suas tarefas. Muitos usuários percebem isso como uma das maiores forças da moeda, e até o consideram como um bem social da rede. Mas isso, naturalmente, enfraquece a capacidade de cada governo de detectar e processar comportamentos ilegais, expropriar ganhos ilícitos e tributar seus cidadãos – algumas das funções centrais de um governo.

Conforme demonstrado acima, parece imprescindível a adoção imediata do procedimento de *Know Your Client* (*KYC*), que nada mais é, conforme já mencionado, do que um conjunto de requisitos de *due diligence* de Prevenção à Lavagem de Dinheiro e Financiamento ao Terrorismo (PLD/PFT) que são, geralmente, impostos pelas legislações que regulamentam as instituições financeiras, alinhadas com os padrões internacionais. As exigências de *KYC* são relativamente recentes, pois foram implementadas pela primeira vez nos anos 1970 na legislação norte-americana, antes de se tornarem um conceito internacionalmente reconhecido. Ele exige que as instituições financeiras identifiquem seus clientes e os beneficiários finais (quando suas partes contratantes são pessoas jurídicas), bem como a origem dos ativos. Juntamente, com o monitoramento das transações, garantindo a rastreabilidade dos ativos, desde que permaneçam no sistema financeiro, permitindo a identificação de indícios de lavagem de dinheiro ou financiamento ao terrorismo.

Embora o monitoramento das transações e o *KYC* tenham sido implementados em um momento em que as criptomoedas não existiam, parece claro, hoje, com base nas iniciativas em nível nacional e internacional, que a aplicação de tais requisitos às criptomoedas permanece necessária. Um dos desafios é que o *KYC* e outros requisitos do PLD/PFT foram concebidos para um sistema financeiro centralizado e intermediado, no qual exigências regulamentares e sanções podem ser impostas por cada jurisdição ao nível dos intermediários financeiros que operam

DIREITO PENAL ECONÔMICO

no seu território (*gatekeepers*). Em contrapartida, as criptomoedas contam com um conjunto de protocolos virtuais descentralizados, não obtendo um grau suficiente de controle ou acesso ao ativo e/ou informações, de modo que identificar um ponto de contato para implementar e impor a conformidade com tais requisitos torna-se naturalmente desafiador.

Conclusões

Apesar de não ser possível associar diretamente o uso das criptomoedas como fator determinante à prática da lavagem de dinheiro, constata-se, por outro lado, que o fator do anonimato e da falta de regulamentação, possui relação com a disseminação das modalidades criminosas.

A lavagem de dinheiro e o financiamento do terrorismo causam impacto relevante na economia mundial, na medida em que o poder das organizações criminosas, acompanhando o avanço dos sistemas financeiros e seus mecanismos para trocas de informação e transferências de recursos, tem expandido suas atividades ilícitas em âmbito global. Ainda, não apenas no cenário econômico, mas também os setores social e político dos países onde se concentram tais crimes sofrem com a corrupção e violência decorrentes da influência e controle que as organizações criminosas e terroristas exercem sobre a população.

O Brasil deve estar comprometido com o combate à lavagem de dinheiro e ao financiamento do terrorismo, em conformidade com as regulamentações locais e globais, para que o sistema financeiro, o Estado e a sociedade estejam protegidos.

Certamente, as relações interpessoais mudaram com o avento da Internet e, assim, faz-se necessário novos parâmetros de controle para prevenir a prática de crimes com a utilização de criptomoedas. Resta claro que a realidade atual das criptomoedas tem um espaço jurídico-econômico significativo, o que acarreta no repensar de muitos aspectos. A proibição das moedas virtuais é descabida, portanto é necessário a regulação, sem a exclusão. Provavelmente, o Estado buscará novas regulações preventivas e repressivas em relação à utilização das criptomoedas, mas sempre na busca de um equilíbrio entre a liberdade das pessoas e o controle do mercado pelo Estado, tendo como vetor, no Brasil, a Lei nº 13.874/19, que é a Lei de Liberdade Econômica.

As regulamentações de criptomoedas ainda estão no estágio inicial de desenvolvimento. Infelizmente, enquanto faltarem padrões e ferramentas de conformidade consistentes e reconhecidos, muitos atores legítimos no espaço das criptomoedas continuarão a ter acesso negado a serviços bancários tradicionais em diversas jurisdições ou serão "de risco". Na medida em que os reguladores nacionais e internacionais reconhecerem as oportunidades e benefícios das criptomoedas globalmente, eles devem cooperar para definir melhores práticas e padrões, bem como programas de treinamento para a próxima geração de *Compliance Officers* de criptomoedas. De fato, a aplicação de conceitos e abordagens existentes adaptados a uma infraestrutura financeira intermediária e centralizada simplesmente não funciona quando transposta para ecossistemas de criptomoedas que obedecem a regras e princípios diferentes por natureza.

O que se espera, pelo menos dos *players* do mercado, é a implementação de práticas diretrizes, protocolos, regras internas, standards, práticas, códigos de conduta, recomendações, ou seja, a adoção da *soft law* para a regulação das criptomoedas e, desta forma, prevenção da prática de crimes, a partir da utilização ilícita das criptomoedas.

REFERÊNCIAS

BADARÓ, Gustavo Henrique; BOTTINI, Pierpaolo Cruz. Lavagem de Dinheiro: Aspectos penais e processuais penais. Comentários à Lei 9.613/1998, com alterações da Lei 12.683/2012. 3. ed. São Paulo: Revista dos Tribunais, 2017.

BANCO OU BITCOIN. Direção: Christopher Cannucciari, Produção: David Guy Levy. Estados Unidos da América: Independent, 2017, 1 DVD.

BARBOSA, Tatiana Cassed Bahr de Miranda. A revolução das moedas digitais: bitcoins e altcoins. São Paulo: Revoar, 2016.

BAROSSI-FILHO, Milton; SZTAJN, Rachel. Natureza jurídica da moeda e desafios da moeda virtual. São Paulo: Justitia, 2015.

BARROS, Marco Antonio de. Lavagem de capitais e obrigações civis correlatas: com comentários, artigo por artigo, à Lei 9.613/98. São Paulo: Revista dos Tribunais, 2012.

BITENCOURT, Cezar Roberto. Tratado de direito penal econômico. v. 1. São Paulo: Saraiva, 2016.

BITENCOURT, Cezar Roberto. Tratado de direito penal econômico. v. 2. São Paulo: Saraiva, 2016.

BRASIL. Decreto-lei nº 2.848, de 07 de dezembro de 1940. Diário Oficial da União, Poder Executivo, Brasília, DF, 31 dez. 1940, p. 2391.

BRASIL. Decreto nº 9.663, de 1º de janeiro de 2019. Diário Oficial da União, Poder Executivo, Brasília, DF, 02 jan. 2019. Edição Extra A, p. 21.

BRASIL. Instrução Normativa RFB nº 1.888, de 03 de maio de 2019. Diário Oficial da União, 07 mai. 2019, p. 14.

BRASIL. Lei Ordinária nº 7.492, de 16 de junho de 1986. Diário Oficial, Poder Legislativo, Brasília, DF, 18 jun. 1986, p. 1.

BRASIL. Lei Ordinária nº 9.613, de 03 de março de 1998. Diário Oficial, Poder Legislativo, Brasília, DF, 04 mar. 1998, p. 1.

BRASIL. Ofício Circular nº 11, de 19 de setembro de 2018. Comissão de Valores Mobiliários (CVM), Rio de Janeiro.

BRASIL. Superior Tribunal de Justiça. Acórdão nº 67.343/GO. Conflito de Competência. Relatora: Ministra Laurita Vaz. DJU, Brasília, 11 dez. 2007, p. 9.

CARVALHO, Carlos Eduardo; PIRES, Desiree Almeida; ARTIOLI, Marcel; OLIVEIRA, Giuliano Contento de. Bitcoin, criptomoedas, blockchain: desafios analíticos, reação dos bancos, implicações regulatórias. Disponível em: <https://www.mackenzie.br/fileadmin/OLD/62/ARQUIVOS/PUBLIC/SITES/ECONOMICA/2017/Carvalho__Pires__Artioli__Oliveira_-_Bitcoin__criptomoedas..._Encontro_Mackenzie.pdf>. Acesso em 09 mar. 2019.

CHOHAN, Usman W. Oversight and regulation of cryptocurrencies: BitLicense. Disponível em: <https://poseidon01.ssrn.com/delivery.php?ID=66110502906707410307708412312310007503606803307904503508106702501802412112112511911809600711610301512502008210708709912510110700600102603804812100311612412011510002805907306600010300611311606509411509809411712002902411110400810911410207310408018069068&EXT=pdf>. Acesso em: 10 mar. 2019.

CORTEZ, Tiago Machado. Moeda, Estado e direito: o papel do Estado na ordem monetária e seu controle. Tese de doutorado apresentada na Faculdade de Direito da Universidade de São Paulo, 2004.

CVM fará consulta sobre norma de prevenção à lavagem de dinheiro. Disponível em: <https://portaldobitcoin.com/cvm-fara-consulta-sobre-norma-de-prevencao-a-lavagem-de-dinheiro/>. Acesso em: 10 mar. 2019.

DE CARLI, Carla Veríssimo. Lavagem de Dinheiro – Prevenção e Controle Penal. 2.ed. Porto Alegre: Verbo Jurídico Editora, 2013.

DURRIEU FIGUEROA, Roberto. La ganancia económica del delito: lavado de dinero, decomiso y financiamento del crimen organizado y del terrorismo. Buenos Aires: Marcial Pons, 2017.

ESPELTA, Pedro H. Serrano (et. al.). Práctica de compliance em Latinoamérica : estado actual de la legislación anticorrupción y otras. Bogotá: Brigard & Urrutia Abogados, 2015.

EUROEPAN Banking Authority (EBA). Report with advice for the European Commission on crypto-assets. Jan. 2019. Disponível em: <https://eba.europa.eu/documents/10180/2545547/EBA+Report+on+crypto+assets.pdf>. Acesso em: 19 abr. 2019.

EUROEPAN Banking Authority (EBA). Opinion on virtual currencies. Jul. 2014. Disponível em: <https://eba.europa.eu/documents/10180/657547/EBA-Op-2014-08+Opinion+on+Virtual+Currencies.pdf>. Acesso em: 20 abr. 2019.

EUROEPAN Central Bank (ECB). Virtual Currency Schemes. Out. 2012. Disponível em: <https://www.ecb.europa.eu/pub/pdf/other/virtualcurrencyschemes201210en.pdf>. Acesso em: 19 abr. 2019.

EUROPOL. Drugs and the Darknet – Perspectives for Enforcement, Research and Policy. Nov. 2017. Disponível em: <https://www.europol.europa.eu/publications-documents/drugs-and-darknet-perspectives-for-enforcement-research-and-policy>. Acesso em: 20 abr. 2019.

FASES da lavagem de dinheiro. Disponível em: <https://www.fazenda.gov.br/assuntos/prevencao-lavagem-dinheiro#fases-da-lavagem-de-dinheiro>. Acesso em: 09 mar. 2019.

FATF Report. Virtual Currencies Key Definitions and Potential AML/CFT Risks. Jun. 2014. Disponível em: <https://www.fatf-gafi.org/media/fatf/documents/reports/Virtual-currency-key-definitions-and-potential-aml-cft-risks.pdf>. Acesso em: 20 abr. 2019.

FLORÊNCIO FILHO, Marco Aurélio. Culpabilidade: crítica à presunção absoluta do conhecimento da lei penal. São Paulo: Saraiva, 2017.

GEISSEINGER, Eric. Virtual billions: the genius, the Drug Lord, and the Ivy League twins behind the rise of bitcoin. New York: Prometheus, 2016.

GLOBAL Legal Insights. Blockchain & Cryptocurrency Regulation – 2019. Disponível em: <https://www.lenzstaehelin.com/uploads/tx_netvlsldb/GLI-BLCH1_Lenz_Staehelin.pdf>. Acesso em: 16 mar. 2019.

GRÁFICO 1: variação histórica do preço dobitcoin (2011 a 2019). Disponível em: <https://www.buybitcoinworldwide.com/pt-br/preco/>. Acesso em: 16 mar. 2019.

GUPTA, Sahil; LAUPPE, Patrick; RAVISHANKAR, Shreyas. Fedcoin – a blockchain-backed central bank cryptocurrency. Disponível em: <https://law.yale.edu/system/files/area/center/global/document/411_final_paper_-_fedcoin.pdf>. Acesso em: 16 mar. 2019.

HUGHES, Sarah Jane; MIDDLEBRROK, Stephen T. Advancing a Framework for Regulating Cryptocurrency Payments Intermediaries. Disponível em: <http://www.cs.yale.edu/homes/jf/Hughes.pdf>. Acesso em: 16 mar. 2019.

DIREITO PENAL ECONÔMICO

Imagem 1: como funciona uma transação em bitcoin. Disponível em: <http://www.coinbrasil.net.br/2015/03/veja-como-funciona-uma-transacao-bitcoin.html>. Acesso em: 16 mar. 2019.

Jiménez De Asúa, Luis. Tratado de derecho penal. t. I. Buenos Aires: Losada, 1950.

JP Morgan vai lançar sua própria criptomoeda para revolucionar o mercado de pagamentos. Disponível em: <https://www.infomoney.com.br/mercados/bitcoin/noticia/7929140/jpmorgan-vai-lancar-sua-propria-criptomoeda-para-revolucionar-o-mercado-de-pagamentos>. Acesso em: 10 mar. 2019.

Keynes, John Maynard. The Island of Stone money. New York: Crambridge University Press, v. 9, 2013.

Kirby, Patrick. Virtually possible: how to strengthen bitcoin regulation within the current regulation framework. North Carolina Law Review, Carolina do Norte, v. 93, 2014.

Lava Jato descobre lavagem de dinheiro com bitcoin em esquema de corrupção no sistema prisional do RJ. Disponível em: <https://oglobo.globo.com/economia/lava-jato-descobre-lavagem-de-dinheiro-com-bitcoin-em-esquema-de-corrupcao-no-sistema-prisional-do-rj-22485117>. Acesso em: 10 mar. 2019.

Leckow, Ross. Virtual currencies: the regulatory challenges. Disponível em: <https://ccl.yale.edu/sites/default/files/files/Leckow_Ross_Virtual%20currencies%20-%20the%20regulatory%20challenges.pdf>. Acesso em: 16 mar. 2019.

Martin, Felix. Dinheiro: uma biografia não autorizada. São Paulo: Portofolio-Penguin, 2016.

Nakamoto, Shatoshi. Bitcoin: um sistema de dinheiro eletrônico peer-to-peer. Disponível em: <https://bitcoin.org/bitcoin.pdf>. Acesso em: 09 mar. 2019.

Ny Financial Regulator Lawsky Releases Final BitLicense Rules for Bitcoin Firms. Disponível em: <https://www.wsj.com/articles/ny-financial-regulator-lawsky-releases-final-bitlicense-rules-for-bitcoin-firms-1433345396>. Acesso em: 19 abr. 2019.

O mercado de criptomoedas começa a ser regulado. Disponível em: <https://www.infomoney.com.br/mercados/bitcoin/noticia/8893773/o-mercado-de-criptomoedas-comeca-a-ser-regulado>. Acesso em: 18 ago. 2019.

Palacios Cárdenas, Zully Julieth; Vela Avellaneda, Miguel Andrés; Tarazona Bermúdez, Giovanny Mauricio. Bitcoin como alternativa transversal de intercambio monetario en la economía digital. Redes de Ingenriería, Colômbia, v. 6, n. 1, 2015.

Prado, Luiz Regis. Direito Penal Econômico. 3 ed. São Paulo: RT, 2010.

Prado, Luiz Regis. Tratado de direito penal brasileiro. v. 6. São Paulo: RT, 2014.

Rios, Rodrigo Sánchez. Direito penal econômico: advocacia e lavagem de dinheiro: questões de dogmática jurídico-penal e de política criminal. São Paulo: Saraiva, 2010.

ROCCO, Arturo. L'oggetto del reato e della tutela giuridica penale. Milano: F. lli Bocca, 1913.

SARAI, Leandro. Criptomoedas e os bancos In BARBOSA, Tatian Casseb Bahr de Miranda [coord.]. A revolução das criptomoedas: bitcoins e altcoins: aspectos jurídicos, sociológicos, econômicos e da ciência da computação. Cotia: Revoar, 2016.

SARCEDO, Leandro. Compliance e responsabilidade penal da pessoa jurídica: construção de um novo modelo de imputação baseado na culpabilidade corporativa. São Paulo: LiberArs, 2016.

SCOTT, Sherri. Cryptocurrency compliance: an AML perspective. Disponível em: <http://files.acams.org/pdfs/2017/Cryptocurrency_Compliance_An_AML_Perspective_S.Scott.pdf>. Acesso em: 16 mar. 2019.

SILVEIRA, Renato de Mello Jorge. Bitcoin e suas fronteiras penais: em busca do marco penal das criptomoedas. Belo Horizonte: Editora D'Plácido, 2018.

THIS BITCOIN PIZZA DAY, Remember Not to Spend Bitcoins on Pizza. Disponível em: <https://www.bloomberg.com/news/articles/2018-05-22/this-bitcoin-pizza-day-remember-not-to-spend-bitcoins-on-pizza>. Acesso em: 19 abr. 2019.

UNITED STATES OF AMERICA. Departament of the Treasury. Financial Crimes Enforcement Network (FinCEN). Em face de: BTC-E, a/k/a Canton Business Corporation, and Alexander Vinnik. Number 2017-03. Pesquisa de julgamento, 26 jul. 2017. Disponível em: <https://www.fincen.gov/sites/default/files/enforcement_action/2017-07-27/Assessment%20for%20BTCeVinnik%20FINAL2.pdf>. Acesso em 10 mar. 2019.

UNITED STATES OF AMERICA. FinCEN Advisory: advisory on the Iranian Regime's Illicit and Malign Activities and Attempts to Exploit the Financial System. FIN-2018-A006. Disponível em: <https://www.fincen.gov/sites/default/files/advisory/2018-10-12/Iran%20Advisory%20FINAL%20508.pdf>. Acesso em: 10 mar. 2019.

UNITED STATES OF AMERICA. The Foreign Corrupt Practices Act (FCPA) of 1998. United States Code. Title 15. Commerce and Trade, Chapter 2B—Securities Exchanges.

UNITED STATES OF AMERICA. United States District Court Southern District of New York. Em face de: ROSS WILLIAM ULBRICHT, a/k/a Dread Pirate Roberts, a/k/a DPR, a/k/a Silk Road. Indictment 14CRIM068. Pesquisa de acusação, 04 fev. 2014. Disponível em: <https://www.justice.gov/sites/default/files/usao-sdny/legacy/2015/03/25/US%20v.%20Ross%20Ulbricht%20Indictment.pdf>. Acesso em: 11 mar. 2019.

6. Relativização da Função Crítica do Bem Jurídico no Âmbito do Direito Penal Econômico

PABLO MILANESE
THAMARA DUARTE CUNHA MEDEIROS

Introdução

O presente artigo tem como objetivo fazer uma breve análise sobre a possível relativização da teoria do bem jurídico penal, mais especificamente da sua função crítica, no âmbito do Direito penal econômico.

Para tanto, será necessário apresentar as funções do bem jurídico no âmbito do Direito penal, destacando a função crítica do mesmo, bem como a aceitação, pela doutrina atual, da possibilidade do bem jurídico exercer a função de limitação do *ius puniendi* estatal.

Uma vez analisada a questão da função crítica do bem jurídico, será estabelecido um conceito de Direito penal econômico e o objeto de proteção, bem jurídico, deste "setor" do Direito penal, vez que será de fundamental importância para o tema.

Por fim, serão apresentadas as conclusões, acerca da relativização da função crítica do bem jurídico no âmbito do Direito penal econômico.

1. Funções do bem jurídico

É possível definir diferentes funções do bem jurídico. A primeira, e que ao mesmo tempo é a mais evidente, é a de limitação ao *ius puniendi* do Estado. É uma função político-criminal, de colocar barreiras no poder

DIREITO PENAL ECONÔMICO

de tipificação do Estado, uma vez que "este só pode ditar normas penais em função da proteção de bens jurídicos, não de sentimentos ou valores éticos ou morais"[1].

Como segunda função pode ser apontado o papel de critério de interpretação de tipos penais, que deve ser realizada desde o bem jurídico que a norma protege. Assim, através do bem jurídico se encontra a natureza do tipo penal investigado. Ademais, é o bem jurídico o responsável por estabelecer se a conduta é relevante ou não para o Direito Penal, fazendo a devida valoração desta[2].

Aponta MIR PUIG[3], ainda, a função de critério de medição de pena, porque a lesão ou exposição a perigo maior ou menor do bem jurídico, a intensidade da periculosidade de seu ataque, influem na gravidade do fato, servindo, desta forma, de base à concreta determinação da pena.

Finalmente, é possível destacar a função sistemática do bem jurídico, porque ordena tecnicamente os fatos delitivos previstos na parte especial do Código Penal[4]; é, portanto, utilizado como técnica legislativa para o agrupamento de delitos que atacam um bem jurídico comum ou geral sob o mesmo título.

No entanto, a principal função do bem jurídico, a limitação do *ius puniedi*, há mais de dez anos, vem sendo discutida pela doutrina, principalmente na Alemanha, onde a validade da teoria do bem jurídico é colocada em dúvida[5].

1.1. A teoria do bem jurídico como fundamento de legitimação do Direito Penal

Segundo a teoria do bem jurídico, o Estado somente pode sancionar a lesão ou exposição a perigo de um bem jurídico, sendo a proteção do

---

[1] BUSTOS RAMÍREZ, Juan. J. y HORMAZÁBAL MALARRÉE, Hernán. *Lecciones de derecho penal*, volumen I, Madrid, Ed. Trotta, 1997, p. 61.

[2] *Ibidem.*,pp. 61-62.

[3] MIR PUIG, Santiago. *Derecho penal, parte general*, Barcelona, Ed. Reppertor, 5ª. Edición, 1998, p. 138.

[4] OLAIZOLA NOGALES, Inés. *El delito de cohecho*, Valencia, Ed. Tirant lo Blanch, 1999, p. 42.

[5] Así, ROXIN, Claus. *El concepto de bien jurídico como instrumento de crítica legislativa sometido a examen*. In: Revista Electrónica de Ciencia Penal y Criminología, 2013, núm. 15-01, p. 01:2. Disponível em http://criminet.ugr.es.recpc/15/recpc15-01.pdf. Acesso em 28 de mar de 2020.

bem jurídico a função original ou primordial do Direito penal[6]. Esta teoria tem suas raízes históricas nos Séculos XVIII e XIX, apresentando a concepção crítica (impondo limites ao poder do Estado) e o bem jurídico como meio de interpretação (estabelecendo os fins de proteção do delito)[7].

A doutrina jurídico-penal do bem jurídico sempre apresentou uma função decididamente crítica, o que implica, não só em uma vertente desconstrutiva, como também construtiva[8]. Nesse sentido, tem um grande significado na fundamentação e formulação dos tipos penais.

Aqui, se questiona a função crítica da teoria do bem jurídico, função político-criminal, de colocar barreiras no poder de tipificação do Estado, uma vez que *"este só pode ditar normas penais em função da proteção de bens jurídicos, não de sentimentos ou valores éticos ou morais"*[9].

Dentre as principais causas de relativização da função crítica do bem jurídico estão o caráter vazio do conceito de bem jurídico, o grande incremento dos bens jurídicos coletivos ou supraindividuais e a existência de tipos penais sem bens jurídicos.

Ocorre que, para a doutrina dominante a tarefa do direito penal continua sendo a proteção de bens jurídicos, razão pela qual, é necessário apresentar as principais posições.

---

[6] Neste sentido, QUINTANAR DÍEZ, Manuel y ORTIZ NAVARRO, José Francisco. *Elementos de derecho penal-parte general*, 2ª edición, Valencia, Tirant lo Blanch, 2015, p. 75. ORTS BERENGUER, Enrique y González Cussac, José L. Compendio de Derecho Penal – parte general, 6ª edición, Valencia, Tirant lo Blanch, 2016, p. 124. También, POLAINO NAVARRETE. Miguel. *Lecciones de derecho penal-parte general*, Tomo I, 4ª Edición corregida y actualizada, Madrid, Tecnos, 2019, p. 82.

[7] Assim, Burchard, Christoph. *El principio de proporcionalidad en el 'derecho penal constitucional o el fin de la teoría del bien jurídico tutelado en Alemania*. In: KAI AMBOS (dir.) y MARÍA LAURA BÖHM (coord.). *Desarrollos actuales de las ciencias criminales en Alemania*. Primera Escuela de Verano en Ciencias Criminales y Dogmática Penal alemana, Bogotá, Editorial Temis, 2012.

[8] KAHLO, Michael. *Sobre la relación entre el concepto de bien jurídico y la imputación objetiva en derecho penal*, traducción de Rafael Alcácer Guirao. In: HEFENDEHL, Roland (ed). *La teoría del bien jurídico – ¿Fundamento de legitimación del derecho penal o juego de abalorios dogmático?*, Madrid, Marcial Pons, 2007, p. 53.

[9] BUSTOS RAMÍREZ, Juan. J. y HORMAZÁBAL MALARRÉE, Hernán. *Lecciones de derecho penal*, *op.cit.*, p. 61.

DIREITO PENAL ECONÔMICO

1.1.1. A impossibilidade da função crítica do bem jurídico

Entre os autores que entendem que a restrição da utilização do Direito penal às lesões ou exposição à perigo de bens jurídicos é impossível ou incorreta, ocupam lugar de destaque STRATENWERTH, HIRSCH e JAKOBS.

STRATENWERTH[10], depois de fazer um histórico acerca dos conceitos de bem jurídico, desde sua introdução por BIRNBAUM em 1834, conclui que *"até o momento não se logrou esclarecer o conceito de bem jurídico nem sequer de maneira aproximada"*.

Para este autor, os conceitos de bem jurídico elaborados até agora, ou são muito seletivos, o que elimina sua capacidade de servir para todos os bens jurídicos protegidos pelo ordenamento jurídico, ou são demasiadamente abstratos, o que os torna vagos, podendo compreender tudo[11].

Assim, STRATENWERTH[12] entende que é impossível uma definição material de bem jurídico, pois todas as tentativas fracassaram pela dificuldade de encontra uma definição que se ajuste a todos os tipos penais, cuja a legitimação está fora de questionamento e que, apesar disso, não expressam nada.

É dizer, se o conceito de bem jurídico não é capaz de abarcar todas as matérias objeto de regulação penal, decai como instância crítica de legitimação e, consequentemente, o postulado de que o Direito penal é proteção de bens jurídicos não pode ser admitido[13].

Para JAKOBS o bem jurídico-penal é definido como a *"vinculação prática da norma"*, é dizer, o interesse a ser protegido é a firmeza das expectativas normativas essenciais frente as decepções que possuem o mesmo âmbito de vigência da norma colocada em prática[14]. Assim que, para

---

[10] STRATENWERTH, Günter. *Derecho penal – parte general I – el hecho punible*, 4 edición, 1 reimpresión, Buenos Aires, Editorial Hammurabi, 2008, traducción al castellano de Manuel Cancio Meliá y Marcelo A. Sancinetti, p. 64 y ss.

[11] Neste sentido, PARIONA ARANA, Raúl. *El derecho penal moderno*. In: *Revista Penal*, n. 20, julio, 2007, p. 162. Disponível em www.uhu.es/revistapenal/index.php/penal/article/view/328/319, Acesso en: 30 de jan 2020.

[12] STRATENWERTH, Günter. *Derecho penal – parte general I – el hecho punible, op.cit.*, p. 65.

[13] Neste sentido, SEHER, Gerhard. *La legitimación de norma penales basada en principios y el concepto de bien jurídico*, traducción de Rafael Alcácer Guirao, In: HEFENDEHL, Roland (ed). *La teoría del bien jurídico – ¿Fundamento de legitimación del derecho penal o juego de abalorios dogmático?*, Madrid, Marcial Pons, 2007, p. 75.

[14] JAKOBS, Günther. *Derecho penal – parte general: fundamentos y teoría de la imputación*, 2ª edición, Madrid, Ed. Marcial Pons, 1997, traducción al castellano de CUELLO CONTRERAS, Joaquin y GONZALEZ DE MURILLO, Jose Luis Serrano, pp.44 y ss.

este autor, *"o discurso do bem jurídico é um discurso metafórico sobre a vigência da norma"*[15], vez que o Direito penal deve manter a vigência da norma e não determinados objetos ou bens.

O bem do Direito penal, segundo JAKOBS, é a vigência da norma mesma, sendo que as contribuições da teoria do bem jurídico ficam muito reduzidas, pois nem sempre uma norma está vinculada à proteção de um bem jurídico. Isto porque, este autor altera o núcleo da função protetora do Direito penal, do bem jurídico para a vigência da norma.

Desta forma, no sistema de JAKOBS, o bem jurídico é tido como um conceito secundário, de mera referência, que não determina a inclusão ou exclusão de um comportamento no âmbito penal. Neste sistema a função fundamental do Direito penal segue sendo a proteção, mas a proteção da norma, não a proteção de interesses ou bens jurídicos.

Também HIRSCH[16] defende que a busca de uma limitação do Direito penal deve ser feita com um critério diferente do conceito de bem jurídico. Isto porque, o conceito de bem jurídico não estaria apto para limitar, a princípio, o Direito penal, pois todas as tentativas de definição de bem jurídico foram feitas de forma geral e, por isto, a maior parte não logrou diferenciar a ideia de bem jurídico previamente dado e a de um bem imanente ao sistema de direito positivo[17].

Segundo esclarece ROXIN[18], HIRSCH entende que o conceito de bem jurídico não existe como entidade preexistente ao trabalho do legislador e, por isto, não é apto para limitar o Direito penal, vez que não vincula o legislador.

---

[15] JAKOBS, Günther. *Sociedad, norma y persona en una teoría de un derecho penal funcional*, Madrid, Editorial Civitas, 1996, traducción al castellano de CANCIO MELIÁ, Manuel y FEIJÓ SÁNCHEZ, Bernardo, p. 46.

[16] HIRSCH, Hans Joachim. *Acerca del estado actual de la discusión sobre el concepto de bien jurídico*, traducción de Daniel R. Pastor, In: *Modernas tendencias en la ciencia del derecho penal y en la criminología"*, Madrid, UNED, 2001, p. 377.

[17] *Ibidem.*, pp. 380-381.

[18] ROXIN, Claus. *¿Es la protección de bienes jurídicos una finalidad del derecho penal?*, traducido por Íñigo Ortiz de Urbina Gimeno, en HEFENDEHL, Roland (ed). *La teoría del bien jurídico – ¿Fundamento de legitimación del derecho penal o juego de abalorios dogmático?*, Madrid, Marcial Pons, 2007, pp. 445 y 454.

DIREITO PENAL ECONÔMICO

Ainda, Hirsch [19] afirma que o conceito de bem jurídico imanente ao sistema entrou em crise devido à ampliação constante do número de bens jurídicos universais, que levou a crescente "espiritualização" dos bens jurídicos, bem como há uma tendência de "desmaterialização" do conceito de bem jurídico.

Assim, Hirsch[20] defende, como critério de legitimação do Direito penal, que a atenção deve ser dirigida à escala dos meios estatais de regulação e intervenção, ou seja, a pena e a extensão de sua legitimação estatal.

E, para este autor, a legitimação da pena pressupõe o princípio constitucional de proporcionalidade e, como parte deste, os princípios de subsidiariedade y *ultima ratio*. Deste modo, se é possível evitar a prática de determinadas condutas por meios menos graves ou sem medidas estatais, não há legitimidade para penalizar. Logo, para que seja possível a criminalização de uma conduta, deve ser comprovado pelo legislador que o objeto da regulação não pode ser protegido por outro meio menos grave[21].

Em resumo, Hirsch[22] prescinde da teoria do bem jurídico e recorre ao princípio da proporcionalidade, juntamente com os princípios de subsidiariedade y *ultima ratio*, como forma de limitar a atuação do legislador.

1.1.2. A "irrenunciabilidade" da função crítica do bem jurídico

Como anteriormente afirmado, para a maioria da doutrina alemã, a legitimidade dos tipos penais depende da presença de um bem jurídico merecedor de proteção[23], ou seja, o bem jurídico se mantém como ponto de partida para a comprovação da legitimidade das normas penais.

---

[19] Hirsch, Hans Joachim. *Acerca del estado actual de la discusión sobre el concepto de bien jurídico*, *op.cit.*, p. 381.

[20] *Ibidem.*, *p. 386.*

[21] *Ibidem.*, p. 378.

[22] En este sentido, Roxin, Claus. *¿Es la protección de bienes jurídicos una finalidad del derecho penal?*, *op. cit.*, p. 455.

[23] En este sentido, Hirsch, Andrew Von. *El concepto de bien jurídico y el 'principio del daño*, traducción de Rafael Alcácer Guirao, In: Hefendehl, Roland (ed). *La teoría del bien jurídico – ¿Fundamento de legitimación del derecho penal o juego de abalorios dogmático?*, Madrid, Marcial Pons, 2007, p. 47.

O Direito penal é um meio de controle social que cumpre a função, enquanto ordenamento, de proteção da paz social e das condições sociais indispensáveis para a convivência em sociedade[24].

No entanto, não é o único meio de controle social que existe. Há outras formas que, inclusive, devem preceder o Direito penal que, pela gravidade de suas consequências, é a *ultima ratio* do sistema. Assim que, são formas de controle social extrajurídicas que o antecedem, a família, a escola, a religião, etc.; ultrapassados estes primeiros "filtros", surgem os métodos de controle jurídicos, que são os outros ramos do ordenamento jurídico, como o Direito civil, administrativo, etc.

Deste modo, o Direito penal é um subsistema dentro do sistema de controle social, que utiliza, na definição e correção da conduta desviada, os mesmos instrumentos das outras formas de controle[25], como a norma, a sanção e o processo, além de perseguir os mesmos fins de proteção da ordem social[26].

O Direito penal apresenta, ao lado da função de controle social, a função instrumental de exclusiva proteção de bens jurídicos. Assim, a função primordial que o Direito penal assume e que legitima sua atuação, no Estado Social e Democrático de Direito, é a proteção de bens jurídicos[27], é dizer, a proteção daqueles interesses e valores socialmente reconhecidos ou que tenham um valor fundamental para os membros da comunidade.

Esta função se caracteriza pela exigência de que o Direito penal castigue somente ataques a bens jurídicos, postulando seu uso da forma mais restrita possível[28], pois o que não for um bem jurídico não deve

---

[24] BAUMANN, J. *apud* GARCÍA-PABLOS DE MOLINA, Antonio. *Derecho penal – introducción*, Madrid, Ed. Publicaciones Facultad de Derecho Universidad Complutense Madrid, 2000, p. 86.

[25] HASSEMER, Winfried y Muñoz Conde, Francisco. *Introducción a la criminología y al derecho penal*, Valencia, Ed. Tirant lo Blanch, 1989, p. 115.

[26] Díez Ripolles, José Luis. *El bien jurídico protegido en un derecho penal garantista*. In: *JD*, n. 30, 1997, p. 10.

[27] En este sentido, MORILLAS CUEVA, Lorenzo. *Reflexiones sobre el derecho penal del futuro*. In: *Revista electrónica de ciencia penal y criminología*, disponível em http://criminetugr.es/recpc, acesso em: 01 de fev de 2020, p. 13. DÍEZ RIPOLLÉS, José Luis. *Derecho penal español – parte general*, 4ª Edición Revisada, y adaptada a las reformas de 2015, Valencia, Tirant lo Blanch, 2016, p. 63.

[28] Así, MIR PUIG, Santiago. *Bien jurídico y bien jurídico-penal como límites del ius puniendi*. In: *EPC*, n. XIV, 1991, p. 205.

DIREITO PENAL ECONÔMICO

tutelado por este ramo do Direito. É dizer, a tipificação penal deve estar limitada às condutas que consistam na lesão ou exposição a perigo de bens jurídicos[29], o que é definido como *"merecimento de pena"*.

Daí que, segundo HASSEMER, o bem jurídico recebe um lugar sistemático como critério negativo de uma criminalização legítima; onde não há uma lesão de um bem jurídico não deve haver delito[30].

As críticas dos detratores da teoria do bem jurídico, ainda que possam parecer razoáveis, não são suficientes para sua invalidação. Ao contrário, muitas delas vêm demostrar suas vantagens e contribuir para o contínuo desenvolvimento da teoria do bem jurídico.

Assim, a já mencionada crítica de STRATENWERT, que é impossível uma definição material de bem jurídico, não é capaz de invalidar a teoria do bem jurídico, não se podendo falar nem mesmo de um menoscabo desta teoria. Isto porque, conforme defendido por AMELUNG[31], *"o caráter 'vazio' deste conceito, a indeterminação do juízo de valor que cria o bem jurídico, é, ao mesmo tempo, a razão de sua riqueza"*.

E, isto é assim porque, segundo AMELUNG[32], *"graças a esta característica, o dogma do bem jurídico se converte em ponto de conexão da política com a dogmática, e o conceito de bem jurídico em um conceito complementar da positividade do Direito que translada o dinamismo do político à estabilidade do sistema jurídico"*.

Ademais, a indeterminação do conceito de bem jurídico traz consigo a vantagem de permitir a criminalização de determinadas condutas merecedoras de intervenção penal, que ficariam fora da esfera de proteção do direito penal, caso o conceito de bem jurídico se apresentasse de maneira absoluta.

---

[29] TERRADILLOS BASOCO, Juan. *La satisfacción de necesidades como criterio de determinación del objeto de tutela jurídico penal*. In: *RFDUCM*, n. 63, 1981, p. 127.

[30] HASSEMER, Winfried. *Crisis y características del moderno derecho penal. AP*, n. 43, 1993, traducción al castellano por MUÑOZ CONDE, Francisco, p. 637. También en HASSEMER, Winfried. *"¿Puede haber delitos que no afecten a un bien jurídico penal?*, en HEFENDEHL, Roland (ed). *La teoría del bien jurídico – ¿Fundamento de legitimación del derecho penal o juego de abalorios dogmático?*, Madrid, Marcial Pons, 2007, p. 98.

[31] AMELUNG, Knut. *El concepto 'bien jurídico' en la teoría de la protección penal de bienes jurídicos*. In: HEFENDEHL, Roland (ed). *La teoría del bien jurídico – ¿Fundamento de legitimación del derecho penal o juego de abalorios dogmático?*, Madrid, Marcial Pons, 2007, p. 232.

[32] *Ibidem.*, p. 232.

A função de exclusiva proteção de bens jurídicos é perfeitamente compatível com o Estado social e Democrático de Direito porque não considera o Direito penal como um fim em si mesmo, vez que desenvolve sua atividade considerando outros princípios limitadores do *ius puniedi*.

Deste modo, é possível afirmar que a tarefa do Direito penal, no Estado Social e Democrático de Direito, não é outra que evitar determinados comportamentos humanos lesivos para os bens jurídicos[33], o que só pode ser alcançado observando-se o princípio de exclusiva proteção de bens jurídicos, bem como os princípios de proporcionalidade, de lesividade, de legalidade e intervenção mínima.

Na mesma linha, HEFENDEHL[34] defende que uma interpretação liberal do Direito penal deve ser complementada por outros parâmetros que limitam o Direito penal, como por exemplo o princípio da proporcionalidade. No entanto, este autor destaca que *"esses princípios restritivos complementares serão inaplicáveis sem o que denominei eixo material do conceito de bem jurídico"*.

Agora bem, do exposto em relação à defesa da função crítica do bem jurídico, é possível concluir que esta não descarta a aplicação de outros princípios limitadores do *ius puniendi* do Estado, que são fundamentais para a legitimidade da norma penal. Ao contrário, os defensores da teoria do bem jurídico entendem que o bem jurídico deve ser uma *"diretriz político-criminal do legislador"*[35], *"diretriz normativa"*[36] ou "o eixo material da norma"[37], devendo, por tanto, ser contemplada pelos demais princípios.

---

[33] Por todos, CUELLO CONTRERAS, Joaquin. *Presupuestos para una teoría del bien jurídico protegido en Derecho penal*. In: *ADPCP*, Publicaciones del Instituto Nacional de Estudios Jurídicos, tomo XXXV, fascículo I, 1981, p. 462.

[34] HEFENDEHL, Roland. *De largo aliento: el concepto de bien jurídico. O qué ha sucedido desde la aparición del volumen colectivo sobre la teoría del bien jurídico*, traducción de Gonzalo Medina Schulz, In: Hefendehl, Roland (ed). *La teoría del bien jurídico – ¿Fundamento de legitimación del derecho penal o juego de abalorios dogmático?*, Madrid, Marcial Pons, 2007, p. 461.

[35] Assim, ROXIN, Claus. *¿Es la protección de bienes jurídicos una finalidad del derecho penal?, op.cit.*, p. 452.

[36] Expressão utilizada por SCHÜNEMANN, Bernd. *El principio de protección de bienes jurídicos como punto de fuga de los límites constitucionales de los tipos penales y de su interpretación*, traducido por María Martín Lorenzo y Mirja Feldmann, en HEFENDEHL, Roland (ed). *La teoría del bien jurídico – ¿Fundamento de legitimación del derecho penal o juego de abalorios dogmático?*, Madrid, Marcial Pons, 2007, p. 202.

[37] Neste sentido, HEFENDEHL, Roland. *De largo aliento: el concepto de bien jurídico. O qué ha sucedido desde la aparición del volumen colectivo sobre la teoría del bien jurídico, op.cit.*, p. 461.

DIREITO PENAL ECONÔMICO

Assim, os defensores da função crítica da teoria do bem jurídico, entendem que a existência de um bem jurídico seja o ponto de partida para a criminalização de uma determinada conduta ou, melhor dizendo, que a ausência de um bem jurídico, critério negativo, impede a utilização do Direito penal. Isto porque a possibilidade de criminalização de condutas sem determinados limites ou critérios colocaria em risco a liberdade do cidadão frente o poder punitivo estatal.

Nesse sentido, HASSEMER[38] destacou que *"a proibição de uma conduta sob ameaça penal que não possa ser remetida a um bem jurídico seria terror de Estado".*

Não há dúvida que a teoria do bem jurídico ainda apresenta algumas limitações e, até mesmo, problemas, como os aqui apresentados quando da análise dos defensores da "renúncia" da função crítica do bem jurídico.

Porém, como resposta a todas as críticas, Schünemann defendeu que se deve perseverar na posição central do conceito de bem jurídico para a dogmática penal, pois o autêntico desenvolvimento da teoria do bem jurídico ainda está por vir[39].

Finalmente, ainda que se reconheçam algumas limitações em relação ao estado atual da teoria do bem jurídico, seus defensores acreditam que ainda segue sendo o melhor critério de legitimação do Direito penal em um Estado Social e Democrático de Direito[40].

2. Conceito de Direito Penal Econômico

A definição de delito econômico surgiu em 1.939 com as contribuições de SHUNTERLAND sobre as condutas realizadas pelo delinquente de *"colarinho branco"*. Sendo que, os delitos de colarinho branco seriam algumas condutas puníveis praticadas dentro da atividade profissional por pessoas (respeitáveis e de elevado *status* social) que detinham uma

---

[38] HASSEMER, Winfried. *Crisis y características del moderno derecho penal, cit.*, p. 637. También en HASSEMER, Winfried. *¿Puede haber delitos que no afecten a un bien jurídico penal?*, In: HEFENDEHL, Roland (ed). *La teoría del bien jurídico – ¿Fundamento de legitimación del derecho penal o juego de abalorios dogmático?*, Madrid, Marcial Pons, 2007, p. 103.

[39] SCHÜNEMANN, Bernd. *El principio de protección de bienes jurídicos como punto de fuga de los límites constitucionales de los tipos penales y de su interpretación, op.cit.*, p. 226.

[40] Neste sentido, MUÑOZ CONDE, Francisco. *Winfried Hassemer y la ciencia del derecho penal.* In: *Revista Penal*, n. 34, julio, 2014, p. 295.

140

posição de poder no cumprimento de suas funções ou no exercício de sua profissão[41].

Por este conceito a característica do delito econômico se baseia na responsabilidade do autor e no fato do mesmo pertencer a camada social mais alta.

A evolução em relação à matéria faz com que os delitos econômicos sofram uma mudança em relação a seu fundamento, ou seja, o que importará mais é a peculiaridade/particularidade do fato e o objetivo do comportamento, dando-se menos relevância às características do autor. Os pontos de vista, fundamentalmente criminológicos, aproximam-se dos conceitos da dogmática jurídico-penal quando se exige que o delito econômico seja capaz de interromper ou colocar em perigo a vida econômica e a ordem econômica correspondente, além de prejudicar os interesses individuais. Assim, se chega ao peculiar objeto fático do fato econômico punível, o bem jurídico afetado pelas condutas desta natureza[42].

No XIII Congresso Internacional da Associação de Direito Penal sobre o conceito e os princípios do Direito penal Econômico (El Cairo, 1984), se produziu uma reconciliação entre as concepções sustentadas pela sociologia criminal (criminologia) e a dogmática jurídica. Conforme se pode observar em suas Resoluções, a expressão Direito Penal *"dos negócios"* ou *"des affaires"* adota como referência, como agente do delito econômico, a empresa e a expressão "Direito Penal Econômico" passa a se referir ao bem jurídico protegido, *"ordem econômica"*[43].

Ocorre que, no Direito Penal atual, delinquente é o que comete um fato delitivo y não o indivíduo proveniente de um determinado meio social, que possui algumas características pessoais. Até porque, considerar as características pessoais do delinquente representaria a volta ao chamado Direito Penal do Autor, que tem por base determinadas qualidades da pessoa, das quais, na maioria das vezes, esta não é responsável em absoluto e, que, em todo caso não podem precisar-se ou formular-se

---

[41] HORMAZÁBAL MALARÉE, Hernán. *Los delitos socioeconómicos, el bien jurídico, el autor, su hecho y la necesaria reforma del sistema penal español*. In: *Hacia un derecho penal económico europeu*: jornadas en honor del profesor Klaus Tiedemann, Madrid, Ed. Boletín Oficial del Estado, 1995, p. 188.

[42] TIEDEMANN, Klaus. *Poder económico y delito*, Barcelona, Editorial Ariel, 1985, pp. 10-11.

[43] *Ibidem.*, pp. 11-12.

DIREITO PENAL ECONÔMICO

com toda nitidez nos tipos penais[44]. Assim, através do Direito Penal do Autor a pena está vinculada a sua personalidade, não importando que haja cometido um fato, bastando que o autor seja o que é para se converter no objeto da sanção penal[45].

Isso significaria um verdadeiro retrocesso, porque a tendência predominante nos ordenamentos dos Estados Sociais e Democráticos de Direito é a vigência do Direito Penal do Fato, pelo qual a sanção representa apenas a resposta ao fato individual, e não a toda a condição da vida do autor[46].

Daí que, o conceito de delinquência econômica deve estar vinculado ao fato entendido como delito econômico e com o Direito penal de que ele se ocupa e não com a personalidade, características ou poder econômico de seus autores[47].

Atualmente, a doutrina moderna especializada costuma distinguir o conceito de delitos econômicos em estrito e amplo[48].

O conceito estrito de delitos econômicos integra aquelas infrações que atentam contra a atividade interventora e reguladora do Estado na economia[49], é dizer, a infração jurídico-penal que lesiona ou põe em perigo a ordem econômica, entendida esta como regulação da intervenção do Estado na economia. Com base neste conceito, os delitos econômicos se limitam aos que atentam contra a determinação e formação dos preços, os monetários, os de contrabando e os de defraudação tributária.

---

[44] MUÑOZ CONDE, Francisco y GARCÍA ARÁN, Mercedes. *Derecho penal, parte general*, 5ª Edición, Valencia, Ed. Tirant lo Blanch, 2002, p. 210.

[45] BOCKELMANN *apud* ROXIN, Claus. *Derecho penal, parte general – fundamentos, la estructura de la teoría del delito*, 2ª. edición, tomo I, Madrid, Ed. Civitas, 1997, traducción al castellano de LUZÓN PEÑA, Diego-Manuel, DÍAZ Y GARCÍA CONLLEDO, Miguel y DE VICENTE REMESAL, Javier, p. 177.

[46] ROXIN, Claus. *Derecho penal, parte general – fundamentos, la estructura de la teoría del delito*, 2ª. edición, tomo I, Madrid, Ed. Civitas, 1997, traducción al castellano de LUZÓN PEÑA, Diego--Manuel, DÍAZ Y GARCÍA CONLLEDO, Miguel y DE VICENTE REMESAL, Javier, p. 176.

[47] MUÑOZ CONDE, Francisco. *Delincuencia económica: estado de la cuestión y propuestas de reforma.* In: *Hacia un derecho penal económico europeu*: jornadas en honor del profesor Klaus Tiedemann, Madrid, Ed. Boletín Oficial del Estado, 1995, p. 266.

[48] Neste sentido, MARTÍNEZ-BUJÁN PÉREZ, Carlos. *Derecho penal económico y de la empresa-parte general*, 4 ed., Valencia: Tirant lo Blanch, 2014, pp. 99-100.

[49] TIEDEMANN, Klaus. *El concepto de derecho económico, de derecho penal económico y de delito económico.* In: Revista Chilena de Derecho, 1983, vol. 10, n. 1, p. 67.

Ademais, além desse conceito estrito se reconhece o conceito amplo, que se caracteriza por incluir as infrações que vulneram bens jurídicos supraindividuais ou coletivos de conteúdo econômico que, se não afetam diretamente a regulação jurídica da intervenção estatal na economia, transcendem a dimensão puramente individual[50]. Também integram o conceito amplo aqueles delitos que, lesando ou expondo a perigo um bem jurídico patrimonial individual, afetam em segundo plano a vida econômica. Dentro deste conceito estão os delitos de insolvência puníveis, concorrência desleal, usura, societários, etc.

Assim, é possível falar em Direito penal econômico em sentido estrito, concebido como *"o conjunto de normas jurídico-penais que protegem a ordem econômica, entendida como regulação jurídica da intervenção estatal na economia"*[51]. E, em Derecho penal económico em sentido amplo, entendido como *"o conjunto de normas jurídico-penais que protegem a ordem econômica entendida como regulação jurídica da produção, distribuição e consumo de bens e serviços"*[52].

A adoção do conceito amplo de Direito penal econômico é mais apropriada, porque regular somente a intervenção estatal deixaria fora da esfera dos delitos econômicos uma grande quantidade de novas figuras delitivas.

Neste sentido, afirma MUÑOZ CONDE[53] que a concepção estrita não é suficiente para abarcar uma série de fatos de grande transcendência também para os interesses socioeconômicos e que excedem do âmbito puramente patrimonial individual.

Por isto, a opção do conceito amplo permite salvaguardar a atividade econômica no marco da economia de mercado. Se trata de proteger o bem jurídico supraindividual *"ordem econômica"* mediatamente, porque presente em todos os delitos econômicos, além do bem jurídico que cada delito protege especificamente[54].

---

[50] MARTÍNEZ-BUJÁN PÉREZ, Carlos. *Derecho penal económico y de la empresa-parte general, op.cit.*, p. 100.

[51] MARTÍNEZ-BUJÁN PÉREZ, Carlos. *Derecho penal económico y de la empresa-parte general, op.cit.*, p. 101.

[52] *Ibidem.*, p. 102.

[53] MUÑOZ CONDE, Francisco. *Cuestiones dogmáticas básicas em los delitos económicos.* In: *Revista Penal, La Ley*, ano 1, n. 1, enero/marzo, 1998, p. 68.

[54] MARTÍNEZ-BUJÁN PÉREZ, Carlos. *Derecho penal económico y de la empresa-parte general, op.cit.*, p. 102.

DIREITO PENAL ECONÔMICO

Com a expressão *"economia"*, devido fundamentalmente ao grande avanço tecnológico nas áreas das comunicações e dos transportes, aliadas ao fenômeno da globalização, são criadas novas situações até o momento não imaginadas que colocam em perigo novos bens jurídicos que necessitam de proteção penal, vez que estas situações representam uma grave ameaça para toda a sociedade.

O contrário, ou seja, a adoção do conceito estrito de Direito penal econômico implicaria em deixar à margem alguns delitos, tais como, fraudes contra o consumidor, administração desleal, etc., condutas que podem representar grave alteração social e que, há pouco tempo, o Direito penal não se preocupava em regular.

2.1. A "ordem econômica" como bem jurídico protegido nos delitos econômicos

Conforme mencionado no apartado anterior, no presente artigo, foi adotado o conceito amplo de Direito penal econômico, vez que permite abarcar uma maior quantidade de delitos econômicos, os quais tem em comum a proteção da *ordem econômica*, entendida como regulação jurídica da produção, distribuição e consumo de bens e serviços.

Segundo adverte Arroyo Zapatero[55], a maioria dos interesses que se desprendem da *ordem econômica* tem natureza supraindividual.

Ocorre que, a proteção penal dos bens jurídicos supraindividuais ou coletivos apresenta alguns problemas, devido, fundamentalmente, à própria dificuldade de configuração ou delimitação destes bens que sugerem, entre outras coisas, o conflito com alguns princípios já consagrados pelo Direito penal.

Diferentemente do que ocorre com os bens jurídicos "clássicos", interesses individuais concretos, os bens jurídicos coletivos são de natureza espiritualizada, desnaturalizando a função crítica e seletiva do bem jurídico[56]. Assim, o bem jurídico, muitas vezes, passa a ser utilizado em

---

[55] Arroyo Zapatero. Luis. *Derecho penal económico y constitución. In:* Revista Penal, año 1, número 1, 1998, p. 2.

[56] Iglesias Río, Miguel Angel. *Constitución y moderno derecho penal en la sociedad del riesgo. La constitución española de 1978 en su XXV aniversario.* Barcelona: Bosch, 2003, p. 6. Neste mesmo sentido, Mocia, Sergio. *De la tutela de bienes a la tutela de funciones entre ilusiones postmodernas y reflujos iliberales.* Política criminal y nuevo derecho penal- libro homenaje a Claus Roxin. Tradução ao castelhano de Ramon Ragués Vallés. Barcelona: Bosch, 1997, p. 117.

sentido contrário à sua proposição inicial, ou seja, deixa de ser um limite ao *ius puniendi* do Estado para transformar-se em um mandado para a criminalização de fatos[57].

A delimitação do conteúdo dos bens jurídicos supraindividuais apresenta dificuldades, porque são definidos mediante fórmulas vagas, imprecisas, confusas ou, inclusive, alheias ao Direito Penal[58].

Isto agudiza-se ainda mais com a criação de novos bens jurídicos supraindividuais, derivados do grande avanço tecnológico e da Globalização, de difícil concreção, tal como a *"ordem econômica"*.

Isso pressupõe um claro problema à teoria do bem jurídico, pois, como afirma HASSEMER[59], *"os bens de proteção desta qualidade conceptual não permitem criticar um tipo penal por sua excessiva amplitude"*. Além disso, continua o autor, *"o conceito de Bem Jurídico somente pode funcionar como possível corretivo da política criminal na medida em que os Bens Jurídicos a serem protegidos penalmente estejam descritos de forma concreta"*.

Agora bem, esses problemas gerados pela relativização da teoria do bem jurídico torna a proteção da *"ordem econômica"*, através do Direito penal ilegítima?

A resposta deve ser negativa, ou seja, a mencionada relativização, por si só, de nenhum modo nega a legitimidade da intervenção penal para a proteção do bem jurídico *ordem econômica*, desde que se incremente o papel dos princípios limitadores do *ius puniendi*[60].

Até porque, conforme já destacado, a função crítica do bem jurídico deve ser aplicada em conjunto com os princípios de proporcionalidade, de lesividade, de legalidade e intervenção mínima, os quais seriam inaplicáveis sem o *eixo material do conceito* de bem jurídico.

---

[57] Assim, HASSEMER, Winfried. *Crisis y características del moderno derecho penal*. Actualidad Penal, *op.cit.*, p. 638. Também, HASSEMER, Winfried e Muñoz Conde, Francisco. *La responsabilidad por el producto en derecho penal*. Valencia: Tirant lo Blanch, 1995, p. 23. En este mismo sentido, SILVA SÁNCHEZ, Jesús-María, *La expansión del derecho penal- aspectos de la política criminal en las sociedades postindustriales, cit.*, p. 122.

[58] BUSTOS RAMÍREZ, *Los bienes jurídicos colectivos. In:* Revista de la Facultad de Derecho Universidad Complutense, *cit.*, p. 153 e 158. No mesmo sentido HASSEMER, Winfried. *Crisis y características del moderno derecho penal*. Actualidad Penal, *cit.*, p. 640. E, HASSEMER, Winfried e Muñoz Conde, Francisco. *La responsabilidad por el producto en derecho penal, op.cit.*, p. 28.

[59] HASSEMER, Winfried. *Lineamientos de una teoría personal del bien jurídico*. Doctrina penal, *op.cit.*, p. 280.

[60] Nesse sentido, ARROYO ZAPATERO. Luis. *Derecho penal económico y constitución, op.cit.*, pp. 3-4.

DIREITO PENAL ECONÔMICO

Conclusões

O presente artigo teve como objetivo analisar, de forma breve e objetiva, a função crítica do bem jurídico no âmbito do Direito penal econômico.

Com este intuito, em um primeiro momento, foram apresentadas as funções do bem jurídico no Direito penal, fundamentalmente, a função crítica ou limitadora do *ius puniendi* estatal; o papel de critério de interpretação dos tipos penais; o bem jurídico como critério de medição da pena; bem como sua função sistemática.

Neste contexto, devido a maior importância para o tema proposto, foi destacada a função crítica, entendida como limitação ao *ius puniendi* estatal, na medida que o Estado somente pode sancionar condutas que possam lesar ou expor a perigo um bem jurídico.

Ocorre que, esta função crítica do bem jurídico não goza de unanimidade entre a doutrinadores, principalmente os alemães, razão pela qual foi necessário apresentar as principais posições.

O setor da doutrina que entende impossível o exercício da função crítica pelo bem jurídico utiliza como argumento, principal, a falta de um conceito satisfatório de bem jurídico apto a limitar o *ius puniendi* estatal. Ou, como é o caso de JAKOBS, considera o bem jurídico um conceito secundário, pois o Direito penal deve manter a vigência da norma e não determinados bens ou objetos.

No entanto, o entendimento majoritário da doutrina é no sentido de que, no Estado Social e Democrático e Direito, a função primordial do Direito penal é a proteção de bens jurídicos, a qual se caracteriza pela exigência de que somente ataques a bens jurídicos possam ser castigados.

Ao refutar os argumentos do setor doutrinário contrário à função crítica do bem jurídico, reconhecer que ainda existem algumas limitações, bem como esclarecer que o autêntico desenvolvimento da teoria do bem jurídico ainda está por vir, os defensores da função crítica afirmam que a ausência de um bem jurídico, critério negativo, deve impedir a utilização do Direito penal por ausência de *merecimento de pena*.

Também, para compreensão do tema, foram apresentados os conceitos estrito e amplo de Direito penal econômico, adotando-se este último por incluir as infrações que vulneram bens jurídicos supraindividuais de conteúdo econômico que, se não afetam diretamente a regulação jurídica da intervenção estatal na economia, transcendem a dimensão individual.

Ainda, partindo do conceito amplo de Direito penal econômico, foi abordada a *ordem econômica* como bem jurídico protegido, ainda que mediatamente, pelos delitos econômicos. Por tratar-se de bem jurídico supraindividual, a proteção da *ordem econômica* apresenta alguns problemas relacionados à dificuldade de configuração e delimitação que, entre outras coisas, sugere conflito com alguns princípios do Direito penal.

No entanto, apesar dos problemas gerados, conclui-se que, embora haja uma relativização da função crítica do bem jurídico no Direito penal econômico, a intervenção penal neste "setor" estará legitimada se forem observados os demais princípios limitadores do *ius puniendi* estatal.

REFERÊNCIAS

AMELUNG, Knut. *El concepto 'bien jurìdico' en la teoría de la protección penal de bienes jurídicos. In:* HEFENDEHL, Roland (ed). *La teoría del bien jurídico – ¿Fundamento de legitimación del derecho penal o juego de abalorios dogmático?*, Madrid, Marcial Pons, 2007.

ARROYO ZAPATERO. Luis. *Derecho penal económico y constitución. In: Revista Penal*, año 1, número 1, 1998.

BURCHARD, Christoph. *El principio de proporcionalidad en el 'derecho penal constitucional' o el fin de la teoría del bien jurídico tutelado en Alemania. In:* KAI AMBOS (dir.) y MARÍA LAURA BÖHM (coord.). *Desarrollos actuales de las ciencias criminales en Alemania.* Primera Escuela de Verano en Ciencias Criminales y Dogmática Penal alemana, Bogotá, Editorial Temis, 2012.

BUSTOS RAMÍREZ, Juan. *Los bienes jurídicos colectivos. In: Revista de la Facultad de Derecho Universidad Complutense*, Madrid, n. 11, junio, 1986.

BUSTOS RAMÍREZ, Juan. J. y HORMAZÁBAL MALARRÉE, Hernán. *Lecciones de derecho penal*, volumen I, Madrid, Ed. Trotta, 1997.

CUELLO CONTRERAS, Joaquin. *Presupuestos para una teoría del bien jurídico protegido en Derecho penal. In: ADPCP*, Publicaciones del Instituto Nacional de Estudios Jurídicos, tomo XXXV, fascículo I, 1981.

DÍEZ RIPOLLÉS, José Luis. *El bien jurídico protegido en un derecho penal garantista. In: JD*, n. 30, 1997.

DÍEZ RIPOLLÉS, José Luis. *Derecho penal español – parte* general, 4ª Edición Revisada, y adaptada a las reformas de 2015, Valencia, Tirant lo Blanch, 2016.

GARCÍA-PABLOS DE MOLINA, Antonio. *Derecho penal – introducción*, Madrid, Ed. Publicaciones Facultad de Derecho Universidad Complutense Madrid, 2000.

HASSEMER, Winfried. *Lineamentos de una teoría personal del bien jurídico. In: DP – teoría y práctica en las ciencias penales*, n. 46/47, Buenos Aires, abril-septiembre 1989, traducción al castellano de ZIFFER, Patricia S.

DIREITO PENAL ECONÔMICO

_____. *Crisis y características del moderno derecho penal. AP*, n. 43, 1993, traducción al castellano por MUÑOZ CONDE, Francisco.

_____. *¿Puede haber delitos que no afecten a un bien jurídico penal?*. In: HEFENDEHL, Roland (ed). *La teoría del bien jurídico – ¿Fundamento de legitimación del derecho penal o juego de abalorios dogmático?*, Madrid, Marcial Pons, 2007.

_____ y MUÑOZ CONDE, Francisco. *Introducción a la criminología y al derecho penal*, Valencia, Ed. Tirant lo Blanch, 1989.

_____ y MUÑOZ CONDE, Francisco. *La responsabilidad por el producto en derecho penal*, Valencia, Ed. Tirant lo Blanch, 1995.

HEFENDEHL, Roland. *De largo aliento: el concepto de bien jurídico. O qué ha sucedido desde la aparición del volumen colectivo sobre la teoría del bien jurídico*, traducción de Gonzalo Medina Schulz. *In*: HEFENDEHL, Roland (ed). *La teoría del bien jurídico – ¿Fundamento de legitimación del derecho penal o juego de abalorios dogmático?*, Madrid, Marcial Pons, 2007.

HIRSCH, Andrew Von. *El concepto de bien jurídico y el 'principio del daño*, traducción de Rafael Alcácer Guirao. *In*: HEFENDEHL, Roland (ed). *La teoría del bien jurídico – ¿Fundamento de legitimación del derecho penal o juego de abalorios dogmático?*, Madrid, Marcial Pons, 2007.

HIRSCH, Hans Joachim. *Acerca del estado actual de la discusión sobre el concepto de bien jurídico*, traducción de Daniel R. Pastor. *In: Modernas tendencias en la ciencia del derecho penal y en la criminología"*, Madrid, UNED, 2001.

HORMAZÁBAL MALARÉE, Hernán. *Los delitos socioeconómicos, el bien jurídico, el autor, su hecho y la necesaria reforma del sistema penal español. In: Hacia un derecho penal económico europeu*: jornadas en honor del profesor Klaus Tiedemann, Madrid, Ed. Boletín Oficial del Estado, 1995.

IGLESIAS RÍO, Miguel Angel. *Constitución y moderno derecho penal en la sociedad del riesgo. La constitución española de 1978 en su XXV aniversario*. Barcelona: Bosch, 2003.

JAKOBS, Günther. *Sociedad, norma y persona en una teoría de un derecho penal funcional*, Madrid, Editorial Civitas, 1996, traducción al castellano de CANCIO MELIÁ, Manuel y FEIJÓ SÁNCHEZ, Bernardo.

_____. *Derecho penal – parte general: fundamentos y teoría de la imputación*, 2ª edición, Madrid, Ed. Marcial Pons, 1997, traducción al castellano de CUELLO CONTRERAS, Joaquin y GONZALEZDE MURILLO, Jose Luis Serrano, 1113 p.

_____. *La pena estatal: significado y finalidad*, traducción y estudio preliminar de Manuel Cancio Meliá y Bernardo Feijoo Sánchez, Madrid, Civitas, 2006.

KAHLO, Michael. *Sobre la relación entre el concepto de bien jurídico y la imputación objetiva en derecho penal*, traducción de Rafael Alcácer Guirao. *In:* HEFENDEHL, Roland (ed). *La teoría del bien jurídico – ¿Fundamento de legitimación del derecho penal o juego de abalorios dogmático?*, Madrid, Marcial Pons, 2007.

MARTÍNEZ-BUJÁN PÉREZ, Carlos. *Derecho penal económico y de la empresa-parte general*, 4 ed., Valencia: Tirant lo Blanch, 2014.

MIR PUIG, Santiago. *Derecho penal, parte general*, Barcelona, Ed. Reppertor, 5ª. Edición, 1998.

MIR PUIG, Santiago. *Bien jurídico y bien jurídico-penal como límites del ius puniendi In: EPC*, n. XIV, 1991.

MOCIA, Sergio. *De la tutela de bienes a la tutela de funciones entre ilusiones postmodernas y reflujos iliberales. In:* Política criminal y nuevo derecho penal- libro homenaje a Claus Roxin. Tradução ao castelhano de Ramon Ragués Vallés. Barcelona: Bosch, 1997.

MORILLAS CUEVA, Lorenzo. *Reflexiones sobre el derecho penal del futuro. In: Revista electrónica de ciencia penal y criminología*, disponível em http://criminetugr.es/recpc Acesso em 30 de mar de 2020.

MUÑOZ CONDE, Francisco. *Delincuencia económica: estado de la cuestión y propuestas de reforma. In: Hacia un derecho penal económico europeu*: jornadas en honor del profesor Klaus Tiedemann, Madrid, Ed. Boletín Oficial del Estado, 1995.

MUÑOZ CONDE, Francisco. *Cuestiones dogmáticas básicas en los delitos económicos. In: Revista Penal, La Ley, ano 1, n. 1, enero/marzo, 1998.*

MUÑOZ CONDE, Francisco. *Winfried Hassemer y la ciencia del derecho penal. In: Revista Penal*, n. 34, julio, 2014.

MUÑOZ CONDE, Francisco y GARCÍA ARÁN, Mercedes. *Derecho penal, parte general*, 5ª. Edición, Valencia, Ed. Tirant lo Blanch, 2002.

OLAIZOLA NOGALES, Inés. *El delito de cohecho*, Valencia, Ed. Tirant lo Blanch, 1999.

ORTS BERENGUER, Enrique y GONZÁLEZ CUSSAC, José L. *Compendio de Derecho Penal – parte general*, 6ª edición, Valencia, Tirant lo Blanch, 2016.

PARIONA ARANA, Raúl. *El derecho penal moderno. In: Revista Penal*, n. 20, julio, 2007.

POLAINO NAVARRETE. Miguel. *Lecciones de derecho penal-parte general*, Tomo I, 4ª Edición corregida y actualizada, Madrid, Tecnos, 2019.

QUINTANAR DÍEZ, Manuel y ORTIZ NAVARRO, José Francisco. *Elementos de derecho penal-parte general*, 2ª edición, Valencia, Tirant lo Blanch, 2015.

ROXIN, Claus. *Derecho penal, parte general – fundamentos, la estructura de la teoría del delito*, 2ª. edición, tomo I, Madrid, Ed. Civitas, 1997, traducción al castellano de LUZÓN PEÑA, Diego-Manuel, DÍAZ Y GARCÍA CONLLEDO, Miguel y DE VICENTE REMESAL, Javier.

_____. *El concepto de bien jurídico como instrumento de crítica legislativa sometido a examen. In: Revista Electrónica de Ciencia Penal y Criminología*, 2013, núm. 15-01.

_____. *¿Es la protección de bienes jurídicos una finalidad del derecho penal?*, traducido por Íñigo Ortiz de Urbina Gimeno. *In:* HEFENDEHL, Roland

DIREITO PENAL ECONÔMICO

(ed). *La teoría del bien jurídico – ¿Fundamento de legitimación del derecho penal o juego de abalorios dogmático?*, Madrid, Marcial Pons, 2007.

SCHÜNEMANN, Bernd. *El principio de protección de bienes jurídicos como punto de fuga de los límites constitucionales de los tipos penales y de su interpretación*, traducido por María Martín Lorenzo y Mirja Feldmann. *In:* HEFENDEHL, Roland (ed). *La teoría del bien jurídico – ¿Fundamento de legitimación del derecho penal o juego de abalorios dogmático?*, Madrid, Marcial Pons, 2007.

SEHER, Gerhard. *La legitimación de norma penales basada en principios y el concepto de bien jurídico*, traducción de Rafael Alcácer Guirao. HEFENDEHL, Roland (ed). *La teoría del bien jurídico – ¿Fundamento de legitimación del derecho penal o juego de abalorios dogmático?*, Madrid, Marcial Pons, 2007.

SILVA SÁNCHEZ, Jesús-María. *La expansión del derecho penal – aspectos de la política criminal en las sociedades postindustriales*, 3ª edición, Madrid, Ed. Edisofer, 2011.

STRATENWERTH, Günter. *Derecho penal – parte general I – el hecho punible*, 4 edición, 1 reimpresión, Buenos Aires, Editorial Hammurabi, 2008, traducción al castellano de Manuel Cancio Meliá y Marcelo A. Sancinetti.

TERRADILLOS BASOCO, Juan. *La satisfacción de necesidades como criterio de determinación del objeto de tutela jurídico penal. In: RFDUCM*, n. 63, 1981.

TIEDEMANN, Klaus. *El concepto de derecho económico, de derecho penal económico y de delito económico. In: Revista Chilena de Derecho*, 1983, vol. 10, n. 1.

_____. *Poder económico y delito*, Barcelona, Editorial Ariel, 1985.

7. Gestão Temária de Instituição Financeira

ROGÉRIO CURY
EDSON LUZ KNIPPEL

1. Da (in)constitucionalidade da norma prevista no parágrafo único do art. 4º, da Lei 7.492/1986

É fato que o Direito Penal, em razão do princípio da intervenção mínima, deve ser aplicado como a última *ratio*, devendo incidir, apenas e tão somente, quando outros ramos do direito não trazem medidas eficazes e o bem jurídico é atingindo, ou ao menos exposto a risco, de forma significativa.

Nos dizeres de Claus Roxin:

> "A razão pela qual o direito penal apenas deve ser empregado quando fracassam todos os outros meios político-sociais de coibição de um comportamento social criminoso reside no fato de que a punição pode prejudicar a existência social do condenado e arrastá-lo para a margem da sociedade, tendo até mesmo um efeito socialmente nocivo. Por isso, deve-se preferir, no lugar da punição, todas as medidas que possam evitar uma perturbação social, mas que tragam para o condenado consequências menos incisivas"[1].

Desta feita, a criação de um tipo penal, em respeito ao princípio da legalidade/taxatividade, deve ser regida por extremo cuidado técnico,

---

[1] ROXIN, Claus. Introdução ao Direito Penal e ao Direito Processual Penal. Editora Del Rey. Belo Horizonte. 2007, p. 8.

DIREITO PENAL ECONÔMICO

haja vista que a tipificação de determinados fatos, demanda toda a atenção quanto a sua redação, não podendo gerar dúvidas de interpretação quanto a conduta considerada delituosa. Portanto, os tipos penais devem ser claros, não podendo ser vagos e indeterminados, sob pena de afronta ao art. 5º, XXXIX, da Constituição Federal.

Quanto ao crime de gestão temerária de instituição financeira, previsto no parágrafo único do art. 4º da Lei 7.492/1986 (Crimes contra o Sistema Financeiro Nacional), o legislador conferiu a seguinte redação *"Se a gestão é temerária: Pena – Reclusão, de 2 (dois) a 8 (oito) anos, e multa".* Para vários doutrinadores, o mencionado tipo penal é inconstitucional.

Na análise de Guilherme de Souza Nucci *Temerário significa arriscado, perigoso e imprudente. O termo é extremamente vago e aberto. Pensamos ofender o princípio da taxatividade e, por consequência, a legalidade. Exige o art. 5º, XXXIX, da Constituição Federal, que "não há crime sem lei anterior que o defina..." (grifamos). Ora, a doutrina é praticamente unânime ao apontar, como corolário dessa definição, seja ela bem-feita, com detalhes suficientes para ser bem compreendida por todos, vale dizer, os tipos penais incriminadores necessitam ser taxativos. Está bem longe de atingir esse objetivo o crime previsto no art. 4º parágrafo único, da Lei 7.492/86. É inconstitucional, portanto.*[2]

Para Alberto Silva Franco *Tipos penais que se caracterizam pela indeterminação ou vacuidade de seus termos; que não permitem captar o que realmente é proibido ou ordenado; que não estabelecem fronteiras, possuindo uma enorme capacidade de expansão; que são dotados de 'cláusulas gerais'; que necessitam de uma atividade de preenchimento de seus elementos de composição, por parte do juiz ou do intérprete, lesionam, sem dúvida, o princípio constitucional da legalidade. Como enfatizam Hassemer e Muñoz Conde (**Introducción a la Criminologia y al Derecho Penal**, 1989, p. 118), 'o Direito Penal está obrigado a dar toda a informação que seja possível e com a maior publicidade tanto sobre suas normas proibitivas ou imperativas, como sobre as sanções e o procedimento adequado para impô-las. A atuação do Direito Penal não pode nem surpreender, nem enganar quem foi por ela afetado, e tem de ser publicamente controlável, criticável e, em caso de erro, suscetível de correção. Estas metas só podem ser alcançadas na medida em que os pressupostos e modos de controle social jurídico-penal sejam 'seguros': este é o sentido que tem o princípio da legalidade visto do ponto de vista da formalização.*[3]

---

[2] Leis Penais e Processuais Penais Comentadas – 2. Vol. RJ: Ed. Forense, 2017, p. 898.

[3] Crimes Hediondos. 2. ed. São Paulo: Revista dos Tribunais, 1992. p. 51-52.

GESTÃO TEMÁRIA DE INSTITUIÇÃO FINANCEIRA

Contudo, o Supremo Tribunal Federal, ainda não reconheceu a pre-falada inconstitucionalidade, decidindo no sentido de que:

> *Alegação de Inconstitucionalidade do art. 4º, parágrafo único da Lei n. 7.492/86 (gestão temerária). Inexistência. Precedentes. Agravo regimental não provido. 1. A indeterminação do tipo penal previsto no art. 4º, parágrafo único da Lei 7.492/86 não se mostra em grau suficiente para configurar ofensa ao principio constitucional da legalidade, porquanto perfeitamente apreensível no contexto das condutas de natureza formal tipificadas no âmbito do direito penal econômico, visando a coibição de fraudes e descumprimento de regras legais e regulamentares que regem o mercado financeiro. 2. Diante da impossibilidade de previsão e descrição de todos os atos temerários que poderiam ser praticados em uma instituição financeira, o legislador se valeu de elemento normativo do tipo traduzido no adjetivo temerária, absolutamente válido no direito penal. 3. Agravo regimental ao qual se nega seguimento.*[4]

Percebe-se claramente que a redação do tipo penal em questão, se não afronta o princípio da legalidade/taxatividade, segundo interpretação de nosso Tribunal Constitucional, também não pode servir-lhe de exemplo, pois a definição do que seja *gestão* ou do adjetivo *temerária*, fica condicionada a interpretação do julgador, é dizer, quem teria condições de especificar se determinada conduta se tratava de gestão e se ocorreu de forma temerária, seria o aplicador da norma e não o legislador. Portanto, o tipo traz, no mínimo, insegurança jurídica, o que é inaceitável em direito penal, demonstrando, inclusive, ao utilizar o adjetivo temerária uma conduta que mais se aproxima de uma figura culposa.

No ponto, são precisas as lições de Bitencourt e Breda, quando doutrinam que *A imprevidência do legislador brasileiro na tarefa de tipificar o crime de gestão temerária, obriga comentadores e doutrinadores a fazerem malabarismos hermenêuticos na tentativa de conceituarem ou definirem referida infração penal, dizendo mais quando querem menos, ou querendo mais quando dizem menos, mas pretendendo sempre – ainda que por vezes não consigam – precisar os limites entre crime doloso e crime culposo. "Mas a culpa, certamente, não é dos que se esforçam nessa árdua tarefa, mas do legislador que tipifica crime doloso com elementar normativa – temerária – que representa a essência do crime culposo, na*

---

[4] ARE 953446 AgR. Relator(a) Min. DIAS TOFFOLI, Segunda Turma, julgado em 29/06/2018, PROCESSO ELETRÔNICO Dje-174 DIVULG 23-08-2018 PUBLIC 24-08-2018.

DIREITO PENAL ECONÔMICO

medida em que temerário, além de arriscado e perigoso, também significa impru-
dente, que, segundo nosso código penal, é uma das modalidades de culpa estrito
senso.[5]

Ademais, também não foi reconhecida a inconstitucionalidade da figura do *caput* do art. 4º, da Lei 7.492/86 (gestão fraudulenta). Inclusive o Supremo Tribunal Federal chancelou a sua constitucionalidade, fazendo incidir a norma no julgamento da Ação Penal 470:

> *"(...)*
> *ITEM V DA DENÚNCIA. GESTÃO FRAUDULENTA DE INSTITUI-*
> *ÇÃO FINANCEIRA (ART. 4o da LEI 7.492/1986). SIMULAÇÃO DE EM-*
> *PRÉSTIMOS BANCÁRIOS E UTILIZAÇÃO DE DIVERSOS MECANIS-*
> *MOS FRAUDULENTOS PARA ENCOBRIR O CARÁTER SIMULADO*
> *DESSAS OPERAÇÕES DE CRÉDITO. ATUAÇÃO COM UNIDADE DE*
> *DESÍGNIOS E DIVISÃO DE TAREFAS. PROCEDÊNCIA PARCIAL DO*
> *PEDIDO. O crime de gestão fraudulenta de instituição financeira (art. 4o da Lei*
> *7.492/1986) configurou-se com a simulação de empréstimos bancários e a utiliza-*
> *ção de diversos mecanismos fraudulentos para encobrir o caráter simulado dessas*
> *operações de crédito, tais como: (1) rolagem da suposta dívida mediante, por exem-*
> *plo, sucessivas renovações desses empréstimos fictícios, com incorporação de encar-*
> *gos e realização de estornos de valores relativos aos encargos financeiros devidos,*
> *de modo a impedir que essas operações apresentassem atrasos; (2) incorreta clas-*
> *sificação do risco dessas operações; (3) desconsideração da manifesta insuficiência*
> *financeira dos mutuários e das garantias por ele ofertadas e aceitas pelo banco; e*
> *(4) não observância tanto de normas aplicáveis à espécie, quanto de análises da*
> *área técnica e jurídica do próprio Banco Rural S/A. Ilícitos esses que também*
> *foram identificados por perícias do Instituto Nacional de Criminalística e pelo*
> *Banco Central do Brasil"[6]*

Em verdade, o STF sempre afastou a inconstitucionalidade do tipo em estudo, quando tratou da matéria em várias oportunidades, dentre as quais, HC 75677, Rel. Min. Sydney Sanches, Primeira Turma, j. 18/11/1997, DJ 19/12/1997); HC 87440, Rel. Min. Carlos Britto, Primeira Turma, j. 08/08/2006, DJ 02/03/2007; HC 90156, Rel. Min.

---

[5] Crimes Contra o Sistema Financeiro Nacional & Contra o Mercado de Capitais. Rio de Janeiro. Lumen Juris Editora, 2010. p. 59.

[6] AP n. 470, rel. Min. Joaquim Barbosa, Dje 22.4.2013.

Marco Aurélio, Primeira Turma, j. 13/03/2007, DJe 24/05/2007; AI 714266 AgR-ED, Rel. Min. Gilmar Mendes, Segunda Turma, j. 05/02/2013, DJe 28/02/2013; HC 113631, Rel. Min. Marco Aurélio, Primeira Turma, j. 16/04/2013, DJe 15/05/2013.

Pelo exposto, é de se lamentar a redação extremamente aberta e incompreensível do tipo penal de gestão temerária, devendo o Colendo Supremo Tribunal Federal, novamente se debruçar sobre o tema e reconhecer que o parágrafo único do art. 4º, da Lei 7.492/1986 não foi recepcionado pela Constituição Federal de 1.988.

2. Do bem jurídico, do risco e/ou prejuízo

A gestão temerária, se tratando de delito contra o Sistema Financeiro Nacional, só tem razão de existir caso preserve um bem jurídico, no caso, o próprio Sistema Financeiro Nacional e/ou o bom funcionamento da instituição financeira.

Daí, a necessidade de diferenciar o simples descumprimento de regras legais e regulamentares, que regem o mercado financeiro, no âmbito administrativo, da necessidade de se incriminar tais condutas. Tal situação deve passar pela análise do princípio da intervenção mínima do direito penal, da razoabilidade e da proporcionalidade, haja vista que uma infração administrativa, é dizer, a inobservância de um regulamento ou norma interna do BACEN, não importará, necessariamente, em crime.

Vale analisarmos a questão, do ponto de vista do atingimento do bem jurídico. É fato, que a gestão arriscada e perigosa de uma instituição financeira, pode trazer graves prejuízos a ela e aos seus clientes, cooperados e/ou ao mercado financeiro. Portanto, demonstrado que, agindo dolosamente, os gestores/diretores causaram prejuízos ou riscos concretos à instituição, podemos falar, em tese, na prática do delito previsto no parágrafo único do art. 4º, da Lei 7.492/1986.

De outro lodo, vale lembrar que as instituições de crédito, por si só, praticam um negócio de risco, inerente a sua própria atividade que, a princípio, deve ficar longe da esfera penal. Assim, impossível se falar em delito na conduta do gestor que realizou empréstimos, que não foram honrados no prazo estabelecido, mas que obtve garantias imobiliárias do devedor ao liberar o montante. No caso, não sendo paga a dívida contraída, os imó-

DIREITO PENAL ECONÔMICO

veis em garantia passarão a pertencer a instituição financeira, não gerando qualquer ato que aponte infração, sequer administrativa.

Segundo o C. Supremo Tribunal Federal, seria válida a acusação pela suposta prática do delito de gestão temerária, na conduta de *aprovar e conceder créditos sem o devido apego a normas administrativas do Banco Central e sem os elementares cuidados de controle e recuperação das quantias mutuadas, eventualmente inadimplidas.*[7]

Vale também ressaltar que, as instituições financeiras possuem uma cota/limite de empréstimos para cada cliente. Assim, também não conseguimos identificar a prática de delito de gestão temerária praticado pelo gestor que libera empréstimos, dentro dos limites regulamentares, ao cliente de longa data e que possui um histórico positivo com a instituição, ainda que o contrato não seja honrado, como pactuado. No caso, haveria um descumprimento contratual e os valores seriam executados perante o Poder Judiciário ou na forma convencionada em contrato.

Não raras vezes, temos visto ações penais tramitarem contra gestores, pela suposta prática do delito em pauta, por condutas que não resultaram em prejuízo ou risco a instituição financeira e muito menos ao Sistema Financeiro Nacional. Ora, não se pode incriminar alguém por praticar atos que resultem riscos naturais da atividade desempenhada.

Em verdade, *o risco é algo absolutamente normal, e até necessário dentro de uma gestão ativa de Instituição Financeira. O jogo de mercado e a natureza dos produtos exige desenvoltura e perspicácia, como numa aposta em que se pode, legitimamente, ganhar ou perder. O que deve ser observado, todavia, é que as Instituições Financeiras, em sua maioria, não trabalham com dinheiro próprio, mas com o dinheiro dos correntistas e investidores, entregues em fidúcia. (...). O risco, assim, é válido e plenamente aceitável enquanto subscrito à normalidade de um investimento ou de um produto mercadológico, devendo-se considerar a exigência do nível de cautela não sob a ótica do homem comum (hominus medius), e sim sob a ótica do próprio mercado financeiro. (...). Isso significa que não se pode punir por gestão temerária, por exemplo, os administradores de um banco que sofrera perdas irreversíveis por causa de um investimento de alto risco, desde que a intenção fosse apenas angariar lucros na operação, e não tripudiar com o dinheiro alheio.*[8]

---

[7] HC 87.440/GO – 1ª Turma, rel. Min. Carlos Britto, DJ 02.03.2007.

[8] Leonardo Henrique Mundim Moraes Oliveira.https://www2.senado.leg.br/bdsf/bitstream/handle/id/502/r14305.PDF?sequence=4&isAllowed=y

GESTÃO TEMÁRIA DE INSTITUIÇÃO FINANCEIRA

Na lição do magistrado federal Eduardo Gomes Philippsen, citando André Luis Callegari (com destaque), o julgamento acerca da "temeridade" de determinada conduta há de ser feito, por óbvio, por meio de uma avaliação do risco assumido em certa operação realizada por instituição financeira. Porém, há que se ter em conta que, diferentemente do que ocorre em outras situações da vida, **no mundo dos negócios, e em especial no mercado financeiro, o risco é *inerente à atividade*; não só é aceitável, como, inclusive, é desejável e necessário.** Portanto, a avaliação da justa medida do risco assumido depende de um razoável grau de conhecimento das características dos negócios empreendidos pela instituição financeira.[9]

O Superior Tribunal de Justiça, tratando do tema, já reconheceu que *(...) 3. Ainda mais, se como na espécie, demonstrado, de plano, ausente o elemento subjetivo, porque a conduta descrita na denúncia não revela temeridade, mas os riscos próprios da atividade econômico-financeira. 4. Habeas corpus concedido para trancar a Ação Penal n.o 2007.35.00.005946-2, em curso perante a 11a Vara Federal da Seção Judiciária de Goiás, em relação à ora paciente.[10] (HC 97357/GO, Relatora. Ministra Maria Thereza de Assim Moura. 6a. Turma., DJe 18/10/2010).*

Günther Jakobs, ensina que *um comportamento que gera um risco permitido é considerado normal", e "os comportamentos que criam riscos permitidos não são comportamentos que devam ser justificados, mas que não realizam tipo algum". E ainda que "deixa de estar permitido aquele comportamento que o próprio Direito define como não permitido, proibindo-lhe já por seu perigo concreto ou abstrato, inclusive sob a ameaça de pena ou de multa administrativa. Por meio do estabelecimento da proibição da colocação em perigo – que quando menos é de caráter abstrato –, o comportamento fica excluído do âmbito do socialmente adequado e se define como perturbação da vida social; isso acontece pela simples realização de um comportamento assim configurado, sem ter em conta o resultado que se produz.[11]*

Desta feita, só podemos pensar na ocorrência do delito de gestão temerária, em situações onde a conduta representa prejuízo concreto ou que expõe a riscos extremos ao patrimônio dos clientes e cooperados

---

[9] https://revistadoutrina.trf4.jus.br/index.htm?https://revistadoutrina.trf4.jus.br/artigos/edicao034/eduardo_philippsen.html

[10] HC 97357/GO, rel. Ministra Maria Thereza de Assim Moura. 6a. Turma., DJe 18/10/2010.

[11] A Imputação Objetiva no Direito Penal. São Paulo. 2. ed. Ed. RT, 2007. p. 40.

DIREITO PENAL ECONÔMICO

das instituições financeiras, derivados de práticas dolosas e incomuns ao mercado financeiro, ou seja, que traz um risco injustificável ou desproporcional ao universo de investidores, contra a higidez da instituição financeira administrada. Caso contrário o fato é atípico, do ponto de vista criminal.

3. Crime habitual e reiteração de atos – crime único

Não raras vezes, gestores e diretores de instituições financeiras têm sofrido demandas criminais sob a acusação da prática de gestão temerária, pois realizaram um empréstimo a determinado cliente que não foi honrado e resultou em prejuízo à instituição. Aqui, cabe analisar se um único empréstimo poderá ser considerado ato de gestão a configurar o tipo penal previsto no parágrafo único do art. 4º, da Lei 7.492/86.

Em nosso sentir o verbo transitivo direito gerir, no caso, demanda uma sequência de atos, uma habitualidade, uma permanência e não a prática de um único ato.

No ponto, entendemos precisa a posição da e. Ministra Maria Thereza de Assis Moura:

> PENAL E PROCESSUAL. CRIME DE GESTÃO TEMERÁRIA DE INSTITUIÇÃO FINANCEIRA. AÇÃO PENAL. JUSTA CAUSA. AUSÊNCIA. TRANCAMENTO. POSSIBILIDADE. HABEAS CORPUS. CONCESSÃO.
>
> 1. Embora exista controvérsia, com entendimentos doutrinários e jurisprudenciais em sentido contrário, a tese mais plausível é de que o crime do art. 4º, parágrafo único da Lei nº 7.492/1986 (gestão temerária) **exige para a sua consumação a existência de habitualidade, ou seja, de uma sequência de atos, na direção da instituição financeira, perpetrados com desmedido arrojo.** 2. A descrição de um só ato, isolado no tempo, não legitima denúncia pelo delito de gestão temerária. 3. Ainda mais, se como na espécie, demonstrado, de plano, ausente o elemento subjetivo, porque a conduta descrita na denúncia não revela temeridade, mas os riscos próprios da atividade econômico-financeira. 4. Habeas corpus concedido para trancar a Ação Penal nº 2007.35.00.005946-2, em curso perante a 11ª Vara Federal da Seção Judiciária de Goiás, em relação à ora paciente.[12] (grifei).

[12] HC 97357/GO, rel. Ministra Maria Thereza de Assis Moura. 6ª Turma., DJe 18/10/2010.

No mesmo sentido, temos um precedente do C. Supremo Tribunal Federal:

1. Prescrição: não consumação: de gestão temerária de instituição financeira: cuidando-se de crime habitual, conta-se o prazo da prescrição da data da prática do último ato delituoso (...).[13]

Tratando dos delitos de gestão temerária e fraudulenta, José Carlos Tortima, entende que deve haver *a reiteração, pelo agente, dos atos fraudulentos", bem assim que a lei não diz, simplesmente, praticar ato de gestão fraudulento (ou temerário), mas sim gerir fraudulentamente..., a indicar pluralidade de atos, pautando a conduta do agente em um determinado período de tempo.*[14]

Ocorre que esse entendimento está em clara dissonância com os atuais precedentes de ambas as Turmas do Supremo Tribunal Federal, os quais consideram que o delito de gestão temerária de instituição financeira caracteriza-se como crime acidentalmente habitual, razão pela qual, embora um único ato seja suficiente para a configuração da infração penal.

Contudo, a reiteração de atos, praticados de um mesmo contexto, não configura pluralidade de delitos, desde que praticados no mesmo contexto fático e temporal.

Segundo Rodolfo Tigre Maia, a gestão temerária se trata *de crime habitual impróprio, ou acidentalmente habitual, em que uma única ação tem relevância para configurar o tipo, inobstante sua reiteração não configure pluralidade de crimes.*[15]

O Supremo Tribunal Federal entende do mesmo modo, como se pode perceber da leitura do seguinte trecho: *É possível que um único ato tenha relevância para consubstanciar o crime de gestão fraudulenta de instituição financeira, embora sua reiteração não configure pluralidade de delitos. Crime acidentalmente habitual.*[16]

De todo modo, ainda que se adote a posição externada pelo Supremo Tribunal Federal, da qual ousamos discordar, mesmo que se considere o delito como acidentalmente habitual, fato é que o único ato de gestão apto a caracterizar o crime de gestão temerária deve ser dotado de relevância jurídica.

---

[13] HC 87.987/RS, 1a Turma, rel. Min. Sepúlveda Pertence, j. 9.5.2006.

[14] Crimes contra o Sistema Financeiro Nacional (Uma contribuição ao Estudo da Lei 7.492/86). Rio de Janeiro: Lumen Juris, 2002. p. 32-32.

[15] Dos Crimes contra o Sistema Financeiro Nacional – Anotações à Lei Federal n. 7.492/86. São Paulo: Malheiros Editores, 1996. p. 58.

[16] HC 89364/PR, rel. Min. Joaquim Barbosa, Segunda Turma, DJe 18/04/2008.

DIREITO PENAL ECONÔMICO

Ou seja, não bastaria a prática de um único ato para a configuração do crime se faltar a ele relevância jurídica, consubstanciada no impacto que esse ato traria no contexto da gestão da instituição.

Para que se se considere esse único ato criminoso, deve ser comprovada efetivamente a sua gravidade e a sua projeção no âmbito da gestão.

Sendo assim, muito embora se extraia do verbo *gerir* a necessidade da comprovação de habitualidade, ainda que se entenda pela possibilidade da criminalização de um único ato, fato é que essa conduta deve ser por demais relevante, no cenário da gestão.

4. Questões Processuais

Diante da pena máxima em abstrato, qual seja, de 8 anos, o procedimento a ser observado é o ordinário, nos termos do disposto no artigo 394, § 1º, inciso I, do Código de Processo Penal.

Tendo em vista que a pena mínima em abstrato é de 2 anos, é cabível a celebração de acordo de não persecução penal, nos termos do que dispõe o artigo 28-A, do Código de Processo Penal, com redação introduzida pela Lei Federal 13.964/2019.

É importante ressaltar que o referido acordo é um direito público subjetivo do autor da infração penal, não constituindo mera providência de política criminal, ao arbítrio e discricionariedade do Ministério Público.

Certo é que estando presentes os requisitos contidos em lei, de rigor é a formulação da proposta, que poderá ou não ser aceita pelo sujeito ativo, sendo certo que em qualquer situação deverá o acordo ser homologado judicialmente, nos termos do artigo 28-A, § 4º, do Código de Processo Penal.

Tanto assim que, no caso de recusa da proposta por parte do Ministério Público, o investigado poderá requerer a remessa dos autos a órgão superior, nos termos do que dispõe o artigo 28-A, § 14, do Código de Processo Penal.

Por essa razão, a recusa deve ser bem fundamentada, de forma concreta e adequada, para que seja possível o exercício do controle pelo órgão superior[17].

---

[17] DEZEM, Guilherme Madeira e SOUZA, Luciano Anderson. Comentários ao Pacote Anticrime. São Paulo, Revista dos Tribunais, 2020, p. 107.

Por derradeiro, é importante destacar que muitas vezes, ao descrever a prática do delito de gestão temerária, o Ministério Público se vale de uma imputação genérica, o que implica na nulidade da peça acusatória.

Como cediço, a denúncia deve obedecer rigorosamente ao que está contido no artigo 41, do Código de Processo Penal.

O entendimento doutrinário exarado por Guilherme de Souza Nucci assevera ser necessária a indicação precisa dos atos de cada um dos acusados, a fim de que a denúncia não soe vaga e abstrata, o que seria suficiente para caracterizá-la como inepta:

> "Como regra, tanto a denúncia quanto a queixa precisam conter minuciosamente descrita a imputação formulada contra alguém, possibilitando, pois, o exercício do contraditório e da ampla defesa. Além disso, quando houver mais de um acusado, é preciso que a acusação indique, com precisão, a realização de cada um, evitando-se a denominada denúncia (ou queixa) genérica. A descrição imprecisa e vaga, sem haver necessidade, torna a denúncia ou queixa inepta."[18]

Posição idêntica é assumida pelo Superior Tribunal de Justiça:

> HABEAS CORPUS. PECULATO. INÉPCIA. DENÚNCIA GENÉRICA. PREJUÍZO AO EXERCÍCIO DA AMPLA DEFESA E DO CONTRADITÓRIO. CONSTRANGIMENTO ILEGAL EVIDENCIADO.
>
> 1. A denúncia genérica e abstrata dá causa à inversão do *onus probandi*, haja vista que a ausência de descrição mínima da conduta imputada ao acusado, bem como do fato ocorrido, em última análise implica a incumbência de o denunciado demonstrar a não participação no ilícito penal, o que revela violação do exercício da ampla defesa e do contraditório. Precedente.[19]

Da mesma forma, para se evitar a responsabilidade penal objetiva, que é flagrantemente inconstitucional, o sócio ou diretor da empresa deve responder apenas pelos atos comissivos ou omissivos por ele praticados, de maneira a exigir um substrato mínimo de indícios da sua autoria.

---

[18] Nucci, Guilherme de Souza. Curso de Direito Processual Penal. 15 ed. Rio de Janeiro: Forense, 2018. p. 315.

[19] HC 438.144/ES, Rel. Ministro Sebastião Reis Júnior, 6ª Turma DJe 28/08/2018.

DIREITO PENAL ECONÔMICO

Nesse sentido, já julgou o Supremo Tribunal Federal:

> AÇÃO PENAL. DENÚNCIA MANIFESTAMENTE INEPTA QUANTO AO PARLAMENTAR FEDERAL. AUSENTE IMPUTAÇÃO DE ATO OU OMISSÃO PELA QUAL O RÉU TENHA CONTRIBUÍDO PARA A PRÁTICA DO FATO CRIMINOSO. RESPONSABILIDADE OBJETIVA: INADMISSIBILIDADE. JURISPRUDÊNCIA DO SUPREMO TRIBUNAL FEDERAL. MANIFESTAÇÃO DO PROCURADOR-GERAL DA REPÚBLICA PELO TRANCAMENTO DA AÇÃO PENAL QUANTO AO DETENTOR DA PRERROGATIVA DE FORO. PRECEDENTE. CONCESSÃO DE WRIT.
> (...)

3. A responsabilidade penal é sempre subjetiva, por isso que é absolutamente inadmissível a atribuição, em sede penal, de responsabilidade objetiva pela prática criminosa, consistente na atribuição de um resultado danoso a um indivíduo, unicamente em razão do cargo por ele exercido.

4. A jurisprudência do Supremo Tribunal Federal sedimentou a compreensão de que "A circunstância objetiva de alguém ser meramente sócio ou de exercer cargo de direção ou de administração em sociedade empresária não se revela suficiente, só por si, para autorizar qualquer presunção de culpa [...]. Prevalece, sempre, em sede criminal, como princípio dominante do sistema normativo, o dogma da responsabilidade com culpa ("nullum crimen sine culpa"), absolutamente incompatível com a velha concepção medieval do "versari in re illicita", banida do domínio do direito penal da culpa" (HC 88.875, Segunda Turma, Rel. Min. Celso de Mello, unânime, j. 07/12/2010, DJE 09/03/2012, Public. 12/03/2012).[20]

Ademais, a denúncia deve descrever conduta dolosa. Como inexiste previsão de modalidade culposa, somente é punida a ação ou omissão revestida de dolo. Se a narrativa se direcionar a negligência, imprudência e imperícia, o deslinde da ação penal deve apontar para a absolvição. Segue abaixo julgado Tribunal Regional Federal da 2ª Região:

---

[20] AP 953, Relator(a): Min. Luiz Fux, Primeira Turma, DJe-087 DIVULG 26-04-2017 PUBLIC 27-04-2017.

PENAL. GESTÃO TEMERÁRIA. A figura típica do § único do art. 4º da Lei 7.492/86 é de perigo concreto, vez que, em seus dizeres, inexiste conduta que presume juris et de jure de perigo ao bem jurídico tutelado. Necessidade de prova do perigo concreto ao sistema financeiro nacional advindo do fato (contabilidade irregular e desorganizada) tido por subsumido na figura típica da gestão temerária. O disposto no art. 25 da Lei 7.492/86 não é norma de presunção absoluta de responsabilidade penal. Elemento subjetivo do tipo da gestão temerária é o dolo eventual. O só atuar imprudente, impetuoso, não configura o delito de gestão temerária. Apelações criminais dos Réus providas para, reformada a r. sentença recorrida, absolvê-los da imputação de gestão temerária, pelo só fato da irregularidade e desorganização da contabilidade de instituição financeira, com fulcro nos incisos III e IV do art. 386 do CPP.[21]

O Superior Tribunal de Justiça também admite dolo eventual, conforme se constata a partir de trecho de ementa transcrito abaixo:

> III – Descabe falar-se em nulidade por violação ao princípio da correlação, uma vez que o acórdão menciona a existência de dolo eventual para o crime de gestão temerária que, sabidamente, possui tal condição em seu tipo subjetivo, não havendo se falar em *mutatio libelli* ocorrida em segunda instância em prejuízo do paciente.[22]

A inobservância de tais preceitos leva a nulidade do processo desde o início, sendo certo que a alegação do vício pode se dar a qualquer tempo, mesmo após o trânsito em julgado, seja como matéria preliminar em resposta à acusação, memoriais ou recursos, seja diante da impetração de *habeas corpus*.

5. Projetos de Lei: a necessidade de modificação do tipo penal

Conforme afirmado anteriormente, a previsão típica do crime de gestão temerária possui graves defeitos e vícios, eis que por demais genérico e

---

[21] ACR 2120 1999.02.01.032212-0, Relator Des. Fed. Rogério Carvalho, 4ª Turma, DJU 18/10/2002, p. 152.
[22] HC 338.636 – SP (2015/0258088-6), Relator: Ministro Felix Fischer, 5ª Turma. Julgamento em 7 de abril de 2016.

DIREITO PENAL ECONÔMICO

aberto, capaz de ferir direito constitucional, consistente no princípio da legalidade (artigo 5º, XXXIX, do Texto Constitucional.

Diante disso, é possível concluir que sequer houve recepção da norma tipificada no artigo 4º, parágrafo único da Lei 7.492/86.

Também foi anotado anteriormente que a interpretação das Cortes Superiores compromete ainda mais a aplicação do tipo abstrato em comento, já que não considera a infração penal como crime habitual próprio. E muitas vezes sequer exige que o bem jurídico seja ao menos colocado em risco, diante da análise efetiva da situação concreta.

Sendo assim, é imprescindível que se proceda com urgência a modificação legislativa capaz de tornar a norma adequada à Constituição Federal, bem como redigida de forma a consagrar a habitualidade como requisito indispensável para a sua caracterização.

De 2015 para cá diversos projetos foram propostos no Congresso Nacional e passarão a ser aqui analisados.

De início, pesquisamos o Projeto de Lei 5.139/2013, de autoria do então Deputado Federal Camilo Cola. Esse projeto foi arquivado ao final da legislatura e ao em seguida reapresentado pelo Deputado Federal Rubens Bueno, registrado sob nº 262/2015.

O referido projeto apresenta uma nova redação ao artigo 4º, parágrafo único, nos seguintes termos:

"Se a gestão é temerária, caracterizada pelo risco extremamente elevado e injustificado dos negócios e das operações financeiras"[23].

O preceito secundário da norma não foi alterado.

Do exame do texto sugerido, extrai-se que o legislador não apenas se valeu do adjetivo "temerária", mas também se preocupou em conceituá-lo, o que denota um certo avanço em relação a qualidade da norma penal incriminadora.

Porém, é forçoso admitir que o conceito trazido ainda é tímido. Pior que isso, a simples menção ao "risco extremamente elevado e injustificado dos negócios e das operações financeiras", poderia levar a interpretação equivocada de que se tornaria possível a punição por culpa.

Evidentemente que a forma culposa, nos termos do artigo 18, inciso parágrafo único, do Código Penal, exige previsão típica expressa, o que

---

[23] Texto disponível em: https://www.camara.leg.br/proposicoesWeb/prop_mostrarintegra?codteor=1299006&filename=PL+262/2015. Acessado em 07 de abril de 2020.

não se verificaria no texto apresentado. Porém, não seria surpresa se tal discussão fosse realizada, até mesmo em casos concretos.

Isso porque, até mesmo nos tempos hodiernos, muitas vezes a acusação descreve na denúncia conduta culposa de forma escancarada, como se dolosa fosse[24].

Não há que se duvidar que a redação arquitetada permitiria que essa prática fosse empregada com maior frequência e de forma mais fundamentada.

De igual modo, o texto não traz como requisito expresso a necessidade de habitualidade, muito embora, assim como se dá nos dias de hoje, também empregue o vocábulo *gestão*, do qual se extrai a ideia de reiteração.

Atualmente o projeto se encontra na Comissão de Constituição e Justiça da Câmara dos Deputados, desde 25 de fevereiro de 2015, para análise[25].

Já em 2016, no Senado Federal, foi proposto o Projeto de Lei nº 312/2016, de autoria do Senador José Aníbal. A tramitação já foi encerrada nesta Casa Legislativa, com aprovação do texto final e posterior remessa à Câmara dos Deputados, em data de 16 de outubro de 2019[26].

Na Câmara dos Deputados recebeu o nº 5546/2019 e nele estão apensados os Projetos de Lei nº 5193/2016, de autoria do Deputado Federal Aureo; nº 10136/2018, de autoria do então Deputado Federal Onyx Lorenzoni e nº 2862/2019, de autoria da Deputada Federal Carla Zambelli. Atualmente se encontra na Comissão de Finanças e Tributação[27].

O projeto de lei traz profundas alterações na redação atual. Segue o texto elaborado para modificar o artigo 4º, parágrafo único, da Lei 7.492/86, sob o *nomen juris* de gestão temerária de instituição financeira:

"Assumir, com habitualidade, risco não admitido pelas normas do sistema financeiro nacional ou, na falta dessas, contrário às regras e cos-

---

[24] ACR 2000.50.01.011211-6, rel. Des. Fed. Maria Helena Cisne, TRF2 – Primeira Turma Especializada – DJU 04 de outubro de 2006.

[25] Tramitação disponível em: https://www.camara.leg.br/proposicoesWeb/fichadetramitaca o?idProposicao=946188. Acessado em 07 de abril de 2020.

[26] Tramitação disponível em: https://www25.senado.leg.br/web/atividade/materias/-/materia/126666. Acessado em 07 de abril de 2020.

[27] Tramitação disponível em: https://www.camara.leg.br/proposicoesWeb/fichadetramitaca o?idProposicao=2225510. Acessado em 07 de abril de 2020.

DIREITO PENAL ECONÔMICO

tumes de cautela e prudência vigentes no mercado, acarretando dano ao patrimônio da instituição financeira ou de terceiros"[28].

A sanção penal foi mais uma vez mantida.

Do exame do dispositivo legal proposto, verifica-se inicialmente a exigência da habitualidade como elemento expresso do tipo penal, tornando obrigatória a reiteração para a prática do crime em comento.

Além disso, dá contorno objetivo ao que se entende por temerária, vinculando esse conceito ao desrespeito de normas do sistema financeiro nacional ou ao menos às regras e costumes de cautela e prudência vigentes no mercado.

Também exige a produção de dano ao patrimônio da instituição financeira ou de terceiros, não se contentando meramente como a figura de perigo, seja ele concreto ou abstrato.

Do ponto de vista de técnica legislativa e de conformidade com a Constituição Federal, no que tange aos direitos e garantias individuais, o presente projeto merece loas.

Porém, peca na criação de um tipo penal autônomo e ao nosso ver desnecessário, denominado de facilitação de gestão fraudulenta ou temerária (artigo 4º-A), cuja redação é a seguinte:

> *"Facilitar a prática de crimes de gestão fraudulenta ou temerária de instituição financeira, pela emissão de opinião, estudo, parecer, relatório ou demonstração contábil que esteja em desacordo com as boas práticas ou com a respectiva regulamentação.*
> Pena – Reclusão, de 2 (dois) anos a 6 (seis) anos, e multa."

O projeto busca alcançar quem de alguma forma facilitou a prática do crime de gestão fraudulenta ou temerária. Se destina, portanto, ao terceiro, e não ao gestor. Em suma, recai sobre quem tenha influenciado a decisão do gestor.

É importante salientar que a criação dessa figura delitiva somente faria sentido se esse terceiro tivesse conhecimento sobre as implicações da *opinião, estudo, parecer, relatório ou demonstração contábil* que fosse destinada ao gestor.

---

[28] Texto disponível em: https://legis.senado.leg.br/sdleg-getter/documento?dm=7980929&ts=1571777663547&disposition=inline. Acessado em 07 de abril de 2020.

GESTÃO TEMÁRIA DE INSTITUIÇÃO FINANCEIRA

Portanto, de rigor é que se demonstre o dolo específico, não bastando mero conhecimento e vontade genérica para a configuração do tipo penal.

Ademais, a novel figura da facilitação, já estaria englobada na própria figura típica do tipo penal principal, qual seja, gestão temerária, sendo certo que haveria responsabilidade na qualidade de partícipe.

Sendo assim, a criação de novo tipo penal não se mostra necessário, bastando a modificação proposta no artigo 4º, parágrafo único, da Lei 7.492/86, cujos elogios já foram aqui declinados.

Por fim, também é sugerida a criação do artigo 25-A, na Lei 7.492/86, com a seguinte redação:

> "Exclusivamente para fins de responsabilização penal, aplica-se o disposto nesta Lei:
>
> I – às entidades fechadas e abertas de previdência complementar, em relação:
>
> a) aos administradores, dirigentes e membros de seus conselhos estatutários e aos demais profissionais a elas vinculados;
>
> b) aos seus prestadores de serviços;
>
> II – às entidades fechadas de previdência complementar, em relação aos administradores, dirigentes e membros dos conselhos estatutários dos patrocinadores dos planos de benefícios;
>
> III – às unidades gestoras dos regimes próprios de previdência social, em relação:
>
> a) aos gestores, dirigentes e membros de seus conselhos e órgãos deliberativos e aos demais profissionais a elas vinculados;
>
> b) aos gestores e representantes legais dos entes federativos responsáveis pelo regime; e
>
> c) aos seus prestadores de serviços".

Importante salientar que o artigo proposto acaba por ampliar a incidência da norma vigente, fazendo com que a criminalização recaia sobre outras pessoas que até aqui não estavam englobadas. Especificamente no que diz respeito aos integrantes de entidades de previdência complementar e às unidades gestoras dos regimes próprios de previdência social.

Mais uma vez é importante salientar que, para evitar a odiosa responsabilidade penal objetiva, não bastaria que a conduta fosse praticada

DIREITO PENAL ECONÔMICO

por uma dessas pessoas elencadas no artigo 25-A. É imprescindível a demonstração de que a conduta foi animada com dolo no caso concreto.

Dessa forma, é de se concluir que este último projeto de lei encampa as conclusões do presente estudo, no que toca especificamente à adequação do texto à Carta Política, com uma redação mais clara e precisa, firmada em aspectos objetivos, e também no que se refere a exigência de habitualidade.

A sugestão fica para o afastamento da figura criminosa de facilitação de gestão fraudulenta e temerária, pelos motivos já expostos anteriormente.

REFERÊNCIAS

BITENCOURT, Cezar Roberto; BREDA, Juliano. Crimes Contra o Sistema Financeiro Nacional & Contra o Mercado de Capitais. Rio de Janeiro. Lumen Juris Editora, 2010.

BRASIL. Câmara dos Deputados. Projeto de Lei nº 262/2015. Altera o art. 4º da Lei nº 7.492, de 16 de junho de 1986, que define os crimes contra o sistema financeiro nacional, e dá outras providências, para especificar as condutas de gestão fraudulenta e gestão temerária. Disponível em: https://www.camara. leg.br/proposicoesWeb/prop_mostrarintegra?codteor=1299006&file name=PL+262/2015. Acessado em 07 de abril de 2020.

BRASIL. Senado Federal. Projeto de Lei nº 262/2015. Altera a Lei nº 7.492, de 16 de junho de 1986 (Lei dos Crimes contra o Sistema Financeiro Nacional), para tipificar o crime de facilitação de gestão fraudulenta ou temerária e definir os crimes de gestão fraudulenta e de gestão temerária, bem como determinar a aplicação do disposto na referida Lei, exclusivamente para fins de responsabilização penal, às entidades de previdência complementar e às unidades gestoras dos regimes próprios de previdência social. Disponível em: https://legis.se nado.leg.br/sdleg-getter/documento?dm=7980929&ts=1571777663547& disposition=inline. Acessado em 07 de abril de 2020.

DEZEM, Guilherme Madeira e SOUZA, Luciano Anderson. Comentários ao Pacote Anticrime. São Paulo: Revista dos Tribunais, 2020

FRANCO, Alberto Silva. Crimes Hediondos. 2. ed. São Paulo: Revista dos Tribunais, 1992.

JACKOBS, Günther. A Imputação Objetiva no Direito Penal. São Paulo. 2. ed. Ed. RT, 2007.

MAIA, Rodolfo Tigre. Dos Crimes contra o Sistema Financeiro Nacional – Anotações à Lei Federal n. 7.492/86. São Paulo: Malheiros Editores, 1996.

GESTÃO TEMÁRIA DE INSTITUIÇÃO FINANCEIRA

Nucci, Guilherme de Souza. Leis Penais e Processuais Penais Comentadas – 2. Vol. RJ: Ed. Forense, 2017.

_____. Curso de Direito Processual Penal. 15 ed. Rio de Janeiro: Forense, 2018. p. 315.

Oliveira, Leonardo Henrique Mundim Moraes – https://www2.senado.leg.br/bdsf/bitstream/handle/id/502/r14305.PDF?sequence=4&isAllowed=y.

Philippsen, Eduardo Gomes – https://revistadoutrina.trf4.jus.br/index.htm?https://revistadoutrina.trf4.jus.br/artigos/edicao034/eduardo_philippsen.html

Roxin, Claus. Introdução ao Direito Penal e ao Direito Processual Penal. Belo Horizonte: Del Rey, 2007.

Tortima, José Carlos. Crimes contra o Sistema Financeiro Nacional (Uma contribuição ao Estudo da Lei 7.492/86). Rio de Janeiro: Lumen Juris, 2002.

8. A Internacionalização do Direito Penal Econômico: uma Primeira Aproximação ao Caráter Transnacional do Crime de Lavagem de Dinheiro

WAGNER FLORES DE OLIVEIRA

LUIZA BORGES TERRA

Introdução: globalização e direito penal econômico

Os efeitos pós-industriais e a intervenção estatal se revelam nitidamente, momento de enorme giro das relações econômicas para uma era de globalização e massificação, consequentemente legitimam a ampliação do regramento estatal em vários setores da economia.[1] Com características marcantes de ordem positiva e negativa após a Segunda Guerra Mundial, período de internacionalização e financeirização das relações entre as nações até culminar com o atual estágio de globalização econômica,

---

[1] Em síntese, os traços da globalização são: *a) mudança nos modelos de produção; b) desenvolvimento de mercados de capitais com fluxo livre de investimentos sem que as fronteiras dos Estados sejam levadas em conta; c) expansão crescente das multinacionais; d) importância crescente dos acordos comerciais entre nações que formam blocos econômicos regionais de primeira importância; e) ajuste estrutural, passando pela privatização e pela redução do papel do Estado; f) hegemonia dos conceitos neoliberais em matéria de relações econômicas; g) uma tendência generalizada em todo o mundo à democratização, à proteção dos direitos humanos, a um renovado interesse pelo Estado de Direito; e h) o aparecimento de atores supranacionais e transnacionais promovendo essa democracia e essa proteção aos direitos humanos.* Ver em: ARNAUD, André-Jean. *O direito entre modernidade e globalização: lições de filosofia do direito e do Estado.* Trad. Patrice Charles Wuillaume. Rio de Janeiro: Renovar, 1999.

DIREITO PENAL ECONÔMICO

momento que se verificam profundas mudanças nas relações políticas, econômicas e sociais em todo o mundo.[2]

O Direito acompanhou as modificações nesta nova era globalizada, talvez não no mesmo dinamismo e no mesmo tempo,[3] mas de forma ativamente intervencionista[4] e de forma denominada pela doutrina como expansionista, especialmente pelo Direito Penal, ao ser propagado, apesar da evidente crise, como mecanismo estatal enérgico de segurança e de proteção das relações institucionais e sociais do homem.[5]

As sociededes contemporâneas são caracterizadas pelo risco (BECK)[6], pela informação (MACHLUP)[7] e, podemos considerar que pela velocidade de circulação das informações, estas possuem imediado acesso, sendo inquestionável o impacto no direito penal e sua expansão (SÍLVA SANCHÉZ).[8]

Assim, com as modificações nas relações econômicas e com as características das sociedades contemporâneas, o Direito Penal, por consequência, também sofreu modificações de várias ordens. O fenômeno da globalização política e cultural provoca uma tendência no sentido de *universalizar ou padronizar o Direito*, incluindo o Direito Penal. Esta tendência e a maior homogenização cultural poderia expressar-se em uma maior restrição ou em uma expansão do Direito Penal.[9]

Neste cenário, necessário constatar a diferença conceitual entre *direito internacional penal* e *direito penal internacional*. O primeiro é o ramo

---

[2] OLIVEIRA JR., Gonçalo Farias de. *Ordem econômica e direito penal antitruste*. Curitiba: Juruá, 2008. p. 28-31.

[3] OST, François. *O tempo do direito*. Bauru: EDUSC, 2005.

[4] HASSEMER, Winfried; CONDE, Francisco Munões. *Introducción a la criminologia y al Derecho Penal*, Tirant lo Blanch, Valencia, 1989.

[5] SILVA SÁNCHEZ, Jesús-María. *A expansão do direito penal. Aspectos da política criminal nas sociedades pós-industriais*. São Paulo: RT, 2002. v. 11.

[6] BECK, Urich. Was ist Globalisierung? 1997, Suhrkamp, Frankfurt, 1997

[7] MALCHUP, Fritz. The Production and Distribution of Knowledge in the United States. Princeton University Press, 1962, p. 76 y ss.

[8] SÍLVA SANCHÉZ, Jesús María. Expansión del derecho penal: aspectos de la política criminal en las sociedad postindustriales. Edisofer, SL, 2011.

[9] SILVA SÁNCHEZ. Op. cit. 2002., págs. 102-103. O mesmo autor assevera: *"A globalização política está se manifestando, de momento, somente em intentos de proceder a uma aplicação extraterritorial de leis estatais, com o fim de desconsiderar as disposições de isenção ou extinção da responsabilidade penal ditadas pelos Estados em cujo território se cometeu o delito."* SILVA SÁNCHEZ, Op. cit. 2002. pág. 102-103.

do direito internacional que trata de matéria penal, incluindo todas as normas jurídicas (convenções, tratados, etc.) estranhas ao ordenamento interno, que sancionam os ilícitos penais internacionais (crimes contra humanidade, crimes de guerra, etc.), os quais os Estados devem adequar-se enquanto membros da comunidade internacional.[10] O *direito penal internacional,* por sua vez, tem a principal característica em que as normas aplicáveis são de direito interno, sendo que este direito interno projeta-se para fora da esfera repressiva de origem em razão de um elemento de estraneidade ou extranacional (delitos transnacionais). Interessa-nos ao presente trabalho a segunda categoria, especialmente relacionada aos crimes econômicos, sem prejuízo de algumas confluências se relacionarem com o primeiro, posto os compromissos mútuos no combate a alguns crimes desta natureza através de instrumentos internacionais que também serão abordados (Convenções, Tratados, Acordos, etc.).[11]

O tratamento dado a questões levantadas sobre a internacionalização do direito penal econômico está intrinsecamente ligado à globalização e a velocidade da sociedade atual, eis que as fronteiras não estão deveras demarcadas ou condensadas para as relações econômicas, políticas e sociais. Apesar da manutenção da soberania dos Estados-Nação, o que se reflete, é uma abertura dos mercados e a conexão de interesses mútuos, sejam nas relações econômicas ou simplesmente no combate ao crime.

Neste cenário, pretende-se abordar as características e alguns pontos específicos sobre o bem jurídico-penal protegido pela norma penal de natureza econômica, integrando-o no ambiente internacional, visto o caráter transnacional pela incidência de normas nacionais e estrangeiras, ou, apenas pelos efeitos decorrentes da prática ilícita no mundo globalizado. Para, ao final, levantar algumas das problemáticas relativas à

---

[10] PALMA, Alessandra. *Il Diritto Internazionale Penale e la Giurisdizione Internazionale.* Disponível em: <http://www.diritto.it/osservatori/diritti_umani/palma.html> Acesso em 06.12.2016. Sobre o Direito internacional penal, fala-se em dois requisitos obrigatórios: a) a elaboração de um núcleo de normas penais voltadas à tutela dos direitos internacionais da pessoa humana; e, b) a criação de órgão de justiça internacional permanente, aptos a julgar e a reprimir os crimes cometidos por indivíduos na esfera internacional. Ver mais em: CRETELLA NETO, José. *Curso de direito internacional penal,* 2ª ed., São Paulo: Saraiva, 2014, págs. 30-31.

[11] CRETELLA NETO, José. *Op. cit.* 2014, págs.30-31.

DIREITO PENAL ECONÔMICO

internacionalização do tema, decorrentes dos efeitos dos crimes econômicos no ambiente internacional e a aplicação da lei penal e processual econômica no espaço.

1. Direito penal econômico e revisão sobre o bem jurídico-penal tutelado

Partindo das premissas da fundamentação (ou função) do Direito penal enquanto protetor de bens jurídicos dignos de tutela,[12] a limitação ou a extensão repressiva do Estado merece especial atenção quando relativos ao Direito Penal Econômico, a iniciar pela interdisciplinaridade deste tema ou pela proposta de *legitimidade de tutela material a ofensas supraindividuais da ordem econômica através dos tipos penais ajustados a esta forma peculiar de proteção.*[13]

A tutela penal se sobressai à proteção da ordem econômica, instrumento de *última ratio* do Estado. Neste estudo, nos apropriamos da sistematização proposta por SCHMIDT e sua compreensão da estrutura do bem jurídico-penal. A qual é objeto do tipo de ilícito econômico com dupla significação: a) positiva, enquanto dimensão horizontal da relação de cuidado-de-perigo, como função de coesão a missão primordial de proteção de bens jurídicos de natureza supraindividual; b) negativa, enquanto a proteção destes bens jurídicos só devem ocorrer quando ostentarem dignidade penal-econômica e nos estritos casos

---

[12] ROXIN, Claus, *¿Es la protección de bienes jurídicos una finalidad del Derecho penal?* in: *La teoría del bien jurídico. ¿Fundamento de legitimatión del derecho penal o juego de abalorios dogmático?*, HEFENDEHL, v. HIRSCH. E WOHLERS, Madrid: Marcial Pons, 2007, p. 443; ROXIN, Claus. Sobre o recente debate em torno do bem jurídico. In: GRECO, Luís; TÓRTIMA, Fernanda Lara (org.). O bem jurídico como limitação.do poder estatal de incriminar? Rio de Janeiro: Lumen juris, 2011, págs. 12 e ss.; DOTTI, René Ariel. Curso de direito penal: parte geral, Rio de Janeiro, Forense, 2002, pág. 03; D'AVILA. Fábio Roberto. *Aproximações à Teoria da Exclusiva Proteção de Bens Jurídicos no Direito Penal Contemporâneo.* In: GAUER, / Ruth Maria Chittó (org.); LOPES JR, Aury. [et. al.] *Criminologia e sistemas jurídico-penais contemporâneos II* [recurso eletrônico]. Porto Alegre: EDIPUCRS, 2010. págs. 198 e ss.

[13] CORREIA, Eduardo. *Notas críticas à penalização de atividades econômicas.* In: *Direito penal econômico.* Coimbra: Centro de Estudos Judiciários, 1985, pág. 31; Sobre a necessária metodologia crítica de um conceito bem delimitado do bem jurídico protegido em Direito penal econômico, ver em: CERVINI, Raúl. *Derecho penal económico: concepto y bien jurídico.* In: RBCC, São Paulo: RT. Vo. 11, abr./jun., 2003, pág. 81- 108, mas especialmente pág. 103.

em que ganhe relevo a carência dessa tutela, forma a assegurar uma função de garantia.[14]

A proteção penal relativa à ordem econômica, na proporção (internacional ou além das fronteiras nacionais), que ora se investiga, necessita, ao menos, de uma revisão sucinta da proposta de SCHMIDT, concernente ao conteúdo do bem jurídico, a saber, em suas características de: a) supraindividualidade; b) polissemia; c) promocionalidade; d) mutabilidade; e) instrumentalidade;[15] para tentar aproximar delineamentos teóricos de um caráter de internacionalidade do bem jurídico-penal tutelado.

1.1. Características do bem jurídico-penal tutelado

A partir da identificação de novos riscos e perigos,[16] alheios aos bens jurídicos comuns, sejam coletivos e supraindividuais, o Direito Penal teve que se adequar,[17] sobretudo em decorrência de uma gradual mudança das práticas econômicas[18] que se situam como bens instrumentais de meio (não como fim em si mesmo) das relações comerciais e das regulamentações advindas destas práticas.

Não obstante, o bem jurídico-penal protegido pela norma penal econômica passou a se identificar como *supraindividual*.[19] Além disso, o bem jurídico-penal protegido, através da norma penal, foi também deslocado

---

[14] SCHMIDT, Andrei Zenkner. *Direito Penal Econômico: parte geral*. Porto Alegre: Livraria do Advogado Editora, 2015, pág. 86.

[15] SCHMIDT, *Op. cit.* 2015, pág. 86 e ss.

[16] Sobre a distinção entre ambos, ver em: LUHMANN, Niklas. *Sociología del riesgo*. México: Universidad de Guadalajara, UNAM, 1992; LUHMANN, Niklas. *El concepto de riesgo*. In: *Las consecuencias perversas de la modernidade*, traduzido por Celso Sánchez Capdequí e revisado por Josexto Berian. Barcelona: Anthropos, 1996.

[17] Dias. Jorge de Figueiredo. Direito Penal: Parte geral. Tomo I. Coimbra Editora: Coimbra, 2004, pág. 128.

[18] Günther Jakobs ao referir-se ao perfil econômico na sociedade contemporânea: "*A sociedade atual é uma sociedade de exploração, o que não significa que seja também de exploração, mas principalmente. O sistema da economia impõe-se, em caso de embate, com preponderância sobre todos os demais; colocar em risco a posição da economia é considerado um sacrilégio, algo compa-rável a provocar a ira dos deuses, e o poder econômico substitui o poder dos Estados: o que sucumbe não apenas é considerado incapaz em certos aspectos, mas marginalizado de forma geral.*" Ver em: JAKOBS, Günther. *La ciencia del derecho penal ante las exigencias del presente*. Cuadernos de conferencias y artículos. n. 24. Bogotá: Universidad Externado de Colombia, 2000. p. 24.

[19] SCHMIDT *Op. cit.* 2015, pág. 87.

DIREITO PENAL ECONÔMICO

para a tutela de interesses supraindividuais afetados em decorrência dos perigos resultantes das condutas antieconômicas[20] e da necessidade de proteção de forma autônoma.[21]

No direito penal econômico a natureza de *supraindividualidade* do bem jurídico-penal protegido pela norma surge devido a valores e bens que ultrapassam a esfera do indivíduo singular. Uma essência que se volta à esfera das relações econômicas, de forma coletiva, diga-se do grupo ou do conjunto de indivíduos, numa *noção de carência do indivíduo de suprainfra ordenação*.[22]

O bem jurídico-penal também tem caráter *polissêmico* no sentido de desvaloração ético-social, deveras não bem delimitado em seus contornos entre a intervenção estatal através do ilícito administrativo e o ilícito penal. Porém, a intervenção (administrativa-sancionadora ou penal) se identifica quando projetadas em conjunto com princípios do Direito e pelos interesses de política criminal, considerando a exigência de níveis de ofensividade da conduta de desvalor ético-social, sob o manto constitucional, que legitima a intervenção penal através do Direito Penal Econômico.[23]

Promocional (ou propulsiva) é também uma característica do conteúdo do bem jurídico-penal tutelado pela norma incriminadora de práticas econômicas, concernente ao seu efeito simbólico. Este efeito é considerado necessário para proteção do bem jurídico-penal tutelado, apesar de não ser o único legitimador da autonomia do Direito penal Econômico, promove condutas a partir de um desvalor precedente já reconhecido como relevante no microssistema econômico atual. Projeta-se, portanto, em uma tutela da ordem econômica, para fundamentar a dignidade de proteção e para possibilitar a comunicação do poder punitivo neste contexto de práticas econômicas.[24]

---

[20] SILVA, Luciano Nascimento. *Teoria do Direito Penal Econômico e Fundamentos Constitucionais da Ciência Criminal Secundária*. Curitiba: Juruá, 2010, pág. 221.

[21] SCHMIDT, *Op. cit.* 2015, pág. 86-87.

[22] SCHMIDT, *Op. cit.* 2015, pág. 87.

[23] SCHMIDT, *Op. cit.* 2015, pág. 88-91. Sobre a teoria da adequação econômica em direito penal econômico, ver em: SILVA, Ivan Luis da. Teoria da adequação econômica da conduta no direito penal econômico. Revista dos Tribunais Eletrônica. Ciências Penais. vol. 17, Jul./Dez. 2012, pág. 241-283.

[24] SCHMIDT, Op. cit. 2015, pág. 91-93. Além disso, o mesmo autor faz importante análise nesta característica *simbólica* do bem jurídico, pois se projeta no conceito material de crime

A INTERNACIONALIZAÇÃO DO DIREITO PENAL ECONÔMICO

Destaca ainda SCHMIDT, que o bem jurídico protegido deixou de ter relevância somente em determinados momentos transitórios de crise ou de vulnerabilidade,[25] pois, atualmente, com a globalização a volatilidade se verifica ordinariamente nas relações econômicas, promovendo uma *mutabilidade* do bem jurídico-penal.[26] Importante ainda, que o autor, ao citar FARIA COSTA, se refere à estática proteção dos crimes clássicos que se diferencia dos crimes econômicos, que estão fortemente dependentes das conjunturas econômicas e dos grandes ciclos de expansão e de retração.[27]

O bem jurídico tutelado possui determinada característica de *instrumentalidade* (ou pode ser considerado *instrumental*) por sua razão prática de existência nos vetores primordiais entre o direito penal, a política econômica e a Constituição.[28] Isto decorre, por excelência, pela aproximação material do conceito de delito econômico ou dos próprios crimes econômicos estarem influenciados pela velocidade e fluidez do mercado globalizado. Todavia, esta conceituação tem de atender a devida compatibilização constitucional e democrática em seus conteúdos de política econômica para manutenção da dignidade e do desenvolvimento do indivíduo.[29]

---

econômico que se situaria em uma ordem simbólica-negativa, direcionando aos limites do direito penal. Isto é destacado na nota 242 da pág. 93, quando ao referir a HASSEMER, a eficácia promocional serviria de limitação ao poder estatal punitivo, sendo que o Direito penal não somente se aplicaria em proibições aos cidadãos (infra legais), mas também em regulações de forma como funcionários que exercem o poder punitivo, sejam: policiais, promotores de justiça, juízes e advogados. HASSEMER, Winfried. *Persona, Mundo y Responsabilidad. Bases para uma teoría de la imputación em Derecho Penal*. Tradução por Francisco Munõz Conde e Maria del Mar Díaz pita. Valência: Tirand lo Blanc, 1999, págs. 189-213.

[25] Sobre as violações legais por empresas em períodos transitórios e de vulnerabilidade, especialmente, nos períodos das duas guerras mundiais, ver em: SUTHERLAND, Edwin H. *Crime de colarinho branco: versão sem cortes*. Tradução Clécio Lemos. Rio de Janeiro: Revan, 2015, págs. 263 e ss.

[26] SCHMIDT, *Op. cit.* 2015, pág. 93.

[27] FARIA COSTA, José de. *Direito Penal Económico*. Coimbra: Quarteto, 2003, págs.43-44, 65-66.

[28] SCHMIDT, *Ibidem*. 2015, pág. 95.

[29] SCHMIDT, *Op. cit.* 2015, pág. 95. O mesmo autor identifica o bem jurídico tutelado pelo direito penal econômico através da política econômica (lato sensu); política econômica (strito sensu); política monetária; política fiscal e financeira; política cambial; e política de rendas, classificando os crimes econômicos nas suas devidas posições dogmáticas. Ver em: SCHMIDT, *Op. cit.* 2015, págs. 50-65; 97-105.

DIREITO PENAL ECONÔMICO

Neste ponto, SCHMIDT pontua que se pode delimitar a noção de crimes econômicos incluindo aqueles desvios extremos que causem dano ou perigo à programação econômica e à liberdade de mercado, sempre focalizada na máxima realização possível da dignidade humana.[30] Isto torna o bem jurídico nos crimes econômicos, na historicidade de um estado promotor da igualdade e garantidor da livre iniciativa, protege o regular desempenho das políticas de renda, monetária, fiscal, financeira e econômica (stricto sensu), legitimadas apenas no restrito segmento em que se façam necessárias para a realização do homem enquanto pessoa.[31]

1.2. Da internacionalização do bem jurídico-penal

Discorrido sobre algumas características do bem jurídico no direito penal econômico, relativo à norma penal econômica interna, agora passamos a tratar sobre uma possível *internacionalização* deste ou seus aspectos comunitários[32] quando envolvendo mais de um Estado-Nação.

O bem jurídico tutelado pela norma penal econômica toma a tonalidade de *internacionalizado f*rente ao cenário atual globalizado de fluxo econômico mundial, em que os interesses e a proteção econômica passaram a ser comuns entre os países, ou seja, o resultado da própria estrutura interna por vezes advém de uma determinada influência internacional.[33] Gerando, portanto, um enorme reflexo no direito penal econômico advindo de sua internacionalização ou da unificação de proteção do bem jurídico que detém um caráter comum entre os Estados.[34]

Apesar da necessidade de maior precisão conceitual, no âmbito do direito penal econômico, o bem jurídico como internacional pode ser

---

[30] SCHMIDT, *Op. cit.* 2015, pág. 96.

[31] SCHMIDT, *Op. cit.* 2015, pág. 96.

[32] Na União Europeia são utilizados os termos *"comunitarização do direito penal econômico"* em vez de internacionalização, e *"bem jurídico comunitário"* para os interesses em comum essenciais para a UE, dado as circunstâncias de unificação da economia entre os Estados membros p. ex. pela adoção de um sistema de moeda única. Ver em: FARIA COSTA. Op. cit., pág. 74 e ss; BAJO FERNANDEZ, Miguel; BACIGALUPO, Silvina. *Derecho penal económico.* 2 ed. Madrid: Centro de Estudos Ramón Aceres. 2010 , págs. 37 e ss.

[33] FARIA COSTA. Op. cit., pág. 70.

[34] FARIA COSTA. Op. cit., pág. 70.

A INTERNACIONALIZAÇÃO DO DIREITO PENAL ECONÔMICO

norteada pela intervenção penal nacional que, não poucas vezes, visa a uma proteção considerada internacionalmente relevante.[35]

Existe uma notável conexão supranacional de proteção sobre o bem jurídico, e, sobre este aspecto, importante às lições de FARIA COSTA, quando considera que

> a ordem jurídica penal nacional incrimina os comportamentos fraudulentos e lesivos atinentes aos subsídios ou subvenções, é evidente que se não está só a proteger os subsídios ou as subvenções comunitárias, mas, por certo, estes constituirão o grande núcleo. Vale por dizer: os valores comunitários impõem-se ao ordenamento nacional. Fenômeno que, entre outras coisas, apresenta uma característica de rarefação quanto à densidade do bem jurídico-penal protegido.[36]

Neste sentido, frente aos crimes de lavagem de dinheiro, corrupção e evasão de divisas, que são práticas que ofendem a ordem econômica interna e além das fronteiras nacionais, a internacionalização da tutela penal econômica se sobressai ainda na proteção transnacional dos mercados financeiros, que, igualmente, também é internacionalizado com medidas penais que tutelam as práticas dos seus operadores.[37]

O bem jurídico tutelado pela norma penal econômica como mencionado acima é desenhado por sua natureza supraindividual. Não se empregando aqui a característica de supraindividualidade restrita a determinados valores políticos ou econômicos inerentes ao próprio Estado-nação; agora, temos que a supraindividualidade que vem, por uma linha de maior extensão horizontal, pois o ordenamento assume por ele mesmo como supranacional, e ainda, por consequência, reafirma ou reforça uma supraindividualidade ora por interesses políticos ou econômicos internacionais.[38]

---

[35] Como ocorre com questões relativas ao terrorismo, tráfico internacional de drogas, armas e pessoas, etc. Em direito penal econômico: lavagem de dinheiro, evasão de divisas, dentre outros.

[36] FARIA COSTA. Op. cit., pág. 74-75.

[37] GOMEZ-JARA DÍEZ. Carlos. *La protección (¿penal?) transnacional de los mercados financieros: el ejemplo de Estados Unidos*. In: CORIA, Dino Carlos Caro. *Anuário de derecho penal económico y de la empresa*. Lima: CEDPE, 2015, pág. 125 e ss.

[38] FARIA COSTA. Op. cit., pág. 75.

DIREITO PENAL ECONÔMICO

FARIA COSTA se utiliza de uma supraindividualidade de segundo grau e alerta,

> *o que, em outra perspectiva, faz com que a densidade do bem jurídico, mesmo que supraindividual, se torne ainda mais rarefeita. O que, também por outras contas, aumenta a dificuldade de legitimar a incriminação de comportamentos que se concretizam em atos que violam aqueles bens jurídicos hiperrarefeitos.[39]*

O mesmo autor afirma que quando temos atenção para as fraudes cometidas relativamente a valores comunitários estamos em um degrau superior, onde a percepção do caráter desvalioso menoscaba ou põem em perigo esses bens jurídicos é muito mais difícil se tornar perceptível. Se o bem jurídico patrimônio muitas vezes já se apresentava como distante, as infrações relacionadas ao direito penal econômico, geralmente sem vítima diretamente, distinto do direito penal de primeira velocidade, são ainda mais distantes.[40]

Em alguns crimes econômicos os efeitos transnacionais tem menor intensidade por ferir somente a ordem econômica interna ou apesar da relevância do dano ou perigo causado pela prática delituosa antieconômica, estes se mostrem incapazes de provocar efetiva ofensa a bens jurídicos de caráter internacional (práticas de cartel, crimes tributários, etc). Porém, tomam intensidade, não raras vezes, por envolver instituições multinacionais e empresas de grande porte, os quais a ofensa pode causar significativas distorções econômicas em diversos locais. Ficando, entretanto, em uma zona cinzenta, determinadas condutas econômicas que podem ser vedadas em alguns países e permitidas em outros, causando iguais distorções econômicas e gerando algumas problemáticas quanto à sua punição, quando praticada na forma transnacional (p. ex. lobby, lavagem de dinheiro, etc.). Dependendo, portanto, dos instrumentos internacionais que regem as práticas delitivas econômicas entre os países.

---

[39] FARIA COSTA. Op. cit., pág. 75.
[40] FARIA COSTA. Op. cit., pág. 76.

2. Os efeitos transnacionais ou internacionais da conduta delitiva econômica a partir do delito de lavagem de dinheiro

Os delitos econômicos de maior repercussão possuem efeitos internacionais, condições de desestabilizar a ordem econômica interna causando reflexos em mais que um Estado-nação. Nesse aspecto, brilhante o alerta de Alberto Silva Franco, no sentido de que o fenômeno da globalização contém seu ponto fulcral na existência de um mercado mundial que não conhece fronteiras. O caráter transnacional do mercado não respeita o Estado-nação, condenado a um desmonte sistemático.[41]

Sob este prisma, Schünemann traça importantes delimitações jurídicos-penais sobre a crise financeira de 2007, ocorrida nos EUA e com efeitos mundiais, concluindo que a crise financeira não foi apenas uma falha sistêmica. Foi provocada pelo comportamento criminoso em massa de pessoas responsáveis do setor bancário, com a colaboração, ao menos grosseiramente culposa, de órgãos estatais.[42]

Sobre os delitos capazes de violar a ordem econômica de diversos países, importante destacar que a persecução de tais fatos de forma particular e isolada não tem qualquer efeito, ou seja, se adotada unicamente por um país, possivelmente estará fadada ao insucesso, haja vista as inúmeras formas adotadas para ocultação do rastro/caminho pelo qual o ilícito foi praticado.[43]

A exemplo disto, bastou-se acompanhar as informações acerca da operação brasileira denominada de *"Operação Lava Jato"*, que, para obter algum sucesso utilitarista – diga-se por oportuno, as margens da lei constitucional – necessitou da comunhão de esforços mútuos de diver-

---

[41] FRANCO, Alberto Silva. Globalização e criminalidade dos poderosos. In: PODVAL, Roberto (Org.). *Temas de direito penal econômico.* São Paulo: RT, 2000, pág. 238-239.

[42] SCHÜNEMANN, Bernd. *A Chamada "Crise Financeira": Falha sistêmica ou criminalidade globalmente organizada?* In: MACHADO, Marta Rodriguez de Assis; PÜSCHEL, Flavia Portella (orgs). *Responsabilidade e pena no Estado democrático de direito: desafios teóricos, políticas públicas e o desenvolvimento da democracia.* São Paulo: FGV Direito SP, 2016, pág. 406 e ss; SCHÜNEMANN, Bernd. *Die sogenannte Finanzkrise– Systemversagen oder global organisierte Kriminalität.* In: SCHÜNEMANN, Bernd. (coord.). *Diesogenannte Finanzkrise:* Systemversagen oder global organisierte Kriminalität. Berlin: BWV, 2010. p. 71 e ss.

[43] Com relação ao crime de lavagem de dinheiro e alguns aspectos processuais, ver em: KNIJNIK Danilo. *Transferências bancárias, propriedade criminosa e lavagem de dinheiro.* In: Revista Eletrônica De Direito Penal e Política criminal da UFRGS. vol. 4, nº 2, 2016, pag. 3 e ss.

DIREITO PENAL ECONÔMICO

sos países.[44] Se não bastasse, as práticas ali existentes tomaram proporções em mais de um Estado-Nação, pelas quais suas repercussões geram consequências de ordem material à economia supranacional, e de ordem processual no que tange a ação penal e a responsabilização.

No entanto, percebe-se que na repressão e no combate de alguns delitos desta natureza identificam-se esforços mundiais, como, por exemplo, no combate a lavagem de dinheiro através da continua elaboração e aprovação de tratados, acordo e convenções internacionais voltados ao combate à prática.[45]

Indispensável traçar os principais aportes legais nacionais e estrangeiros, eis que foram várias as medidas adotadas por grupos de países e organismos intergovernamentais sobre o delito de lavagem de dinheiro.[46]

A Convenção de Viena de 1988, é o maior e principal marco legal na repressão dos delitos de Lavagem de Dinheiro cujos bens são derivados do tráfico ilícito de drogas. Se realizou com a finalidade de diminuir as atividades conexas ao tráfico de drogas, na política clássica de *follow the money*.[47] No âmbito de persecução da Lavagem de Dinheiro, seu inicio foi relacionado ao tráfico de drogas, posto que era considerada inicialmente como uma conduta conexa àquela.[48] e importante documento no

[44] PEREIRA, Luciano Meneguetti. *A aplicação do Direito Internacional no Combate à Corrupção no Brasil: A cooperação jurídica internacional e a atuação do Ministério Público Federal na "Operação Lava Jato".* In: MENEZES, Wagner. (org). *Direito Internacional em Expansão: Vol 7.* Belo Horizonte: Arraes Editores, 2016, pág. 144 e ss.

[45] BADARÓ, Gustavo Henrique Righi Ivahu; BOTTINI, Pierpaolo Cruz. *Lavagem de dinheiro: Aspectos penais e processuais penais.* 2. ed. São Paulo: Revista dos Tribunais, 2013. p. 29.

[46] (...) teve grande êxito a histórica Convenção das nações Unidas contra o Tráfico Ilícito de Estupefacientes e Substâncias Psicotrópicas (Convênio de Viena de 1988), mediante sua maior contribuição, relevância e influência nas normas nacionais e internacionais sobre lavagem de dinheiro. (...) BRAGA, Romulo Rhemo Palitot. *Lavagem de dinheiro: fenomenologia, bem jurídico protegido e aspectos penais relevantes.* 2. ed. rev. atual. Curitiba: Juruá, 2013., 2013, pág. 44.

[47] PALOMO DEL ARCO, A. El fenómeno de la internacionalización de la delincuencia económica. In: Consejo general del poder judicial, estudios de derecho judicial, n. 61, 2005. p. 108.

[48] Así trae la convención en su Preámbulo: "a privar a las personas dedicadas al tráfico ilícito del producto de sus actividades delictivas y eliminar así el principal incentivo para tal actividad". Convención de Viena, del 19 de diciembre de 1988, aprobada y ratificada por España el 30 de julio de 1990 (BOE, núm. 270, de 10/11/1990): www.boe.es/boe/dias/1990/11/10/pdfs/A33062- 33074.pdf Cfr. DÍEZ RIPOLLÉS. Alternativas a la actual legislación sobre drogas. en: La actual política criminal sobre drogas una perspectiva comparada (Coord. José Luis Díez Ripollés y Patricia Laurenzo Copello) Valencia, Tirant lo Blanch, 1993.p. 584-585

A INTERNACIONALIZAÇÃO DO DIREITO PENAL ECONÔMICO

combate ao crime, mesmo não fazendo uso da expressão "Lavagem de Dinheiro", mas faz destaque para o procedimento criminoso derivado do tráfico de drogas.[49] Em seu artigo 3, define os delitos e sanções referentes a Lavagem de Dinheiro, bem como estipulou que os Estados eram obrigados a tipificar em seu ordenamento nacional o presente delito. A Convenção de Viena foi ratificada pelo Brasil em data de 26 de junho de 1991 pelo Decreto nº 154 de 26.07.1991.[50]

Dentre as ações internacionais que impactaram a persecução do delito de Lavagem de Dinheiro, temos a a Criação do Grupo de Ação Financeira Internacional, GAFI, em 1989; a Convenção de Palermo do ano de 2000, com objetivo principal de enfrentamento das organizações criminosas, incorporada pelo Brasil pelo Decreto Presidencial 5.015, em 15 de março de 2004.[51] A Convenção de Mérida, adotada pela Organização das Nações Unidas em 2003, com objetivo específico do combate à corrupção, dedicando o art. 14 sobre os mecanismos de controle administrativo nos setores sensíveis à prática de lavagem de dinheiro, promulgada pelo Brasil pelo Decreto nº 5.687 em 31 de janeiro de 2006.[52]

Pelas diversificadas formas utilizadas para prática do processo de lavagem de dinheiro[53] e as inovadoras estratégias de mascaramento de capital sujo, que dificultam o rastreamento e investigação, tem-se um esforço mundial para reprimir a reciclagem de capitais por intermédio

---

[49] BADARÓ, Gustavo Henrique; BOTTINI, Pierpaolo Cruz. *Lavagem de Dinheiro: aspectos penais e processuais penais: comentários à Lei 9.613/1998, com alterações da Lei 12.683/2012*. 2. Ed. São Paulo: Editora Revista dos Tribunais, 2013, pág. 30-31.

[50] Disponível em: <http://www.planalto.gov.br/ccivil_03/decreto/1990-1994/D0154.htm>. Acesso em: 10.02.2020.

[51] Disponível em: <http://www.planalto.gov.br/ccivil_03/_ato2004-2006/2004/decreto/d5015.htm>. Acesso em: 10.02.2020.

[52] Disponível em: <http://www.planalto.gov.br/ccivil_03/_Ato2004-2006/2006/Decreto/D5687.htm>. Acesso em: 10.02.2020.

[53] A prática do delito de lavagem de dinheiro possui várias tipologias que são utilizadas pelos lavadores, porém são classificadas em fases, que podem ser praticadas separadamente ou em conjunto: as três fases, baseados nas recomendações do Grupo de Ação Financeira-GAFI em que a doutrina sobre o tema intitula de: ocultação ou *"placement"*, dissimulação ou *"layering"* e integração ou *"integration"*. BRAGA. *Ibidem.*, 2013, pág. 27; MAIA. 2007. *Ibidem*, págs. 34-35; É citado pelos autores a nomenclatura em inglês: *"placement", "layering"* e *"integration"*, por sererm termos mundialmente reconhecidos.

DIREITO PENAL ECONÔMICO

de políticas criminais de repressão e mecanismos de controle das atividades sensíveis a prática delituosa.[54]

Neste sentido, o Brasil recepcionou os ordenamentos internacionais citados e pela participação nos encontros na primeira e segunda Cúpula das Américas, 1994 e 1998, respectivamente, tipificou o do crime de lavagem de dinheiro e a necessidade de um sistema de avaliação multilateral acerca do extenso problema do tráfico de drogas, passou-se a legislar sobre o tema com a Lei nº 9.613 de 03 de março de 1998.[55]

A Lei nº 9.613/1998 que tipifica o crime de lavagem de dinheiro no Brasil[56], O delito de lavagem de dinheiro encontra-se no ordenamento brasileiro sob a Lei n. 9.613/1998, esta *"dispõe sobre os crimes de "lavagem" ou ocultação de bens, direitos e valores".* De fato, sua incorporação ao nosso ordenamento jurídico ocorreu em total consonância ao determinado pela Convenção das Nações Unidas em 1988 e demais acordos internacionais dentre os quais o Brasil participa.[57]

Desde então muitas foram as alterações e inclusões ocorridas na Lei n. 9.613/1998[58]. Por exemplo, a Lei. 12.683/2012, que dentre outras coisas promoveu a abertura do rol taxativo de delitos antecedentes.

---

[54] BADARÓ; BOTTINI. *Ibidem,* 2013, pág. 32.

[55] MENEGAZ, Daniel da Silveira. *Lavagem de Dinheiro: os mecanismos de controle penal na justiça federal no combate à criminalidade.* Curitiba: Juruá, 2012, págs. 61-62.

[56] BRASIL. LEI nº 9.613, DE 3 DE MARÇO DE 1998. Dispõe sobre os crimes de "lavagem" ou ocultação de bens, direitos e valores; a prevenção da utilização do sistema financeiro para os ilícitos previstos nesta Lei; cria o Conselho de Controle de Atividades Financeiras – COAF, e dá outras providências. Disponível em: <http://www.planalto.gov.br/ccivil_03/leis/L 9.613compilado.htm>. Acesso em: 10.02.2020.

[57] Neste sentido PRADO, Luis Regis: "En el escenario mundial, los instrumentos jurídicos internacionales más importantes relacionados con el blanqueo de capitales son la Convención de Naciones Unidas contra el Tráfico Ilegal de Drogas y de Sustancias Psicotrópicas (Convención de Viena), de 19.12.1988, cuyo principal es promocionar la cooperación internacional en las hipótesis de tráfico ilegal de drogas y delitos correlatos, siendo la primera en prever el tipo legal de blanqueo de capitales (art. 3); la Convención del Consejo de Europa (Convención de Strasbourg), de 08.11.1990, que también establece un mandato de incriminación (art. 6), y la Directiva 91/308 del Consejo de la Comunidad Europea, de 10.06.1001, que trata de la prevención de la utilización del sistema financiero, recomendando la prohibición de dicha conducta (art. 2), entre otros". El nuevo tratamiento penal del blanqueo de capitales en el derecho brasileño. Revista de derecho penal y criminología. 3.a Época, n.o 10 (julio de 2013), p. 380. Nesse sentido, SILVA SANCHÉZ, Jesus Maria. Expansión del derecho penal, Civitas, 2001.

58 BRAGA. *Ibidem.,* 2013, pág. 62.

Influenciado pelas recomendações internacionais da época, o legislador brasileiro optou por discorrer inicialmente um rol taxativo de delitos antecedentes. É dizer, só poderia ser considerado lavagem de dinheiro se a origem ilícita deste bem fosse proveniente dos delitos determinados pela Lei. Posteriormente, ainda influenciado pelas recomendações do Grupo de Ação Financeira contra a Lavagem de Dinheiro e o Financiamento do Terrorismo – GAFI –, a legislação brasileira em matéria de lavagem sofreu uma alteração, com o advento da Lei n. 12.683/12, passando a ser apreciado o delito de lavagem de dinheiro a partir da comissão de qualquer delito prévio.[59]

Nesse diapasão, verifica-se ainda a adesão, pelo Brasil e diversos outros países, a acordos com o fim de obter o compartilhamento de informações bancárias, a fim de coibir os delitos de lavagem de dinheiro, evasão de divisas, corrupção, dentre outros.[60]

Com relação ao combate ao crime de corrupção, o Brasil, igualmente, é signatário dos principais tratados internacionais, em especial a Convenção das Nações Unidas contra a Corrupção (ONU), Convenção das Nações Unidas contra o Crime Organizado Transnacional (ONU), Convenção Interamericana contra a Corrupção (OEA), Convenção sobre o Combate da Corrupção de Funcionários Públicos Estrangeiros em Transações Comerciais Internacionais (OCDE).[61]

A transnacionalidade de alguns delitos econômicos, principalmente decorrente da movimentação de valores sem registros bem identificáveis, perfectibilizada pelos recursos e meios provenientes da era globali-

---

[59] Neste sentido FERRÉ OLIVÉ, Juan Carlos: "El GAFI es el organismo con mayor fluencia en esta materia, pues realiza estudios que se plasman en cuarenta recomendaciones especiales contra el blanqueo de capitales y financiación del terrorismo. (...) Como se verá, han sido las recomendaciones del GAFI/FATF del año 2012 que expresamente han batallado para que el delito de defraudación tributaria junto al delito de contrabando fuera incorporado explicitamente en la categoria de delitos que generan bienes susceptibles de un delito de blanqueo de capitales". FERRE OLIVÉ, Juan Carlos. Tratado de los delitos contra la hacienda pública y contra la seguridad social. Valencia, Tirant lo Blanch, 2018, p. 358.

[60] TORRES, Heleno Taveira. *Brasil inova ao aderir às sofisticadas práticas do sistema do Fisco Global.* Disponível em: < http://www.conjur.com.br/2015-jul-08/consultor-tributario-brasil-inova--aderir-praticas-sistema-fisco-global>. Acesso em 10.05.2017.

[61] PEREIRA, Luciano Meneguetti. *A aplicação do Direito Internacional no Combate à Corrupção no Brasil: A cooperação jurídica internacional e a atuação do Ministério Público Federal na "Operação Lava Jato".* In: MENEZES, Wagner. (org). *Direito Internacional em Expansão: Vol 7.* Belo Horizonte: Arraes Editores, 2016, pág. 148-149.

DIREITO PENAL ECONÔMICO

zada, exige a adoção de medidas mundiais de persecução criminal, como tem ocorrido com a lavagem de dinheiro, conforme alhures referido.[62] No entanto, a adequação destas diretrizes ao ordenamentos jurídicos, em alguns casos, imensamente complexos, acarretam algumas problemáticas que serão abordadas a seguir.

3. Problemas relativos à aplicação da lei penal e processual econômica no espaço internacional

Observa-se que o Código Penal brasileiro regula em seu art. 7º as disposições aplicáveis acerca da extraterritorialidade do Direito Penal. Ocorre que, atualmente, tem-se se enfrentado situações concretas que não foram sequer cogitadas no momento da elaboração da referida codificação, fato este que acarreta algumas problemáticas, especialmente no complexo âmbito do direito penal econômico.

Para ilustrar a problemática apresenta-se a seguinte situação hipotética: Dois administradores (um brasileiro e um americano) de uma sociedade empresária multinacional, situada nos EUA e com filial brasileira, determinam que o gerente, situado no Brasil, pratique atos ilícitos -penais como o delito de lavagem de dinheiro, tipificados no Brasil e nos EUA, com o fim de obter vantagem para a empresa. Dessa feita, indaga-se: possíveis delitos descritos anteriormente podem ser considerados internacionais ou de efeitos transnacionais? A distorção a ordem econômica pode ser identificável em comum entre os países? E a repressão da lei penal econômica é aplicável a somente ao brasileiro, ou a ambos? E quais elementos permitiriam tais caracterizações?

Apesar de precoce resposta, evidente a transnacionalidade e pode-se concluir que a lei penal econômica aplicável dependerá de quais fatos ilícitos-penais foram praticados *in concreto*, no caso do delito de lavagem de dinheiro pode responder pela legislação de ambos países e para ambos sujeitos.[63] Dependendo, de instrumentos internacionais mútuos

---

[62] Importante análise sobre o tema é realizada em: AMBOS, Kai. Lavagem de dinheiro e direito penal; tradução, notas e comentários sob a perspectiva brasileira de Pablo Rodrigo Alflen da Silva, Porto Alegre: Sergio Antonio Fabris Ed., 2007, págs. 15 e seguintes.

[63] Sobre a classificação das categorias jurídico-penais dos delitos à distância, introduzindo as problemáticas da globalização, ver em: FAYET JÚNIOR. Nei; FLORES. Carlos Pereira Thomson. *Da categoria jurídico-penal dos delitos à distância e sua relevância na contemporaneidade.*

186

A INTERNACIONALIZAÇÃO DO DIREITO PENAL ECONÔMICO

entre os países, a fim de evitar o defeso *bis in idem* pelo mesmo fato delitivo, e ainda, no que toca os efeitos e as distorções econômicas, também se se mostram em duplicidade pelos países e a lesão concreta ao bem jurídico-penal de ambos.

Assim, a análise da problemática hipotética parte, necessariamente, da classificação apresentada no início do presente excerto acerca do delito internacional, o qual se divide em delito internacional em sentido amplo e delito internacional em sentido estrito, caracterizando-se da seguinte forma: enquanto este corresponde a ameaças aos valores jurídicos internacionais como a paz ou a integridade da comunidade internacional, exigindo-se uma responsabilidade fundada no Direito Internacional, aquele traduz-se em fatos puníveis no Direito nacional, com a necessidade de uma codificação internacional e uma cooperação internacional dado o seu caráter transnacional.[64] Nesse plano, percebe-se que o caso hipotético objeto deste excerto se amolda aos delitos internacionais em sentido estrito, haja vista as conceituações susografadas.

Cabendo ainda observar a aplicabilidade de princípios como o da *universalidade*, descrito por BITENCOURT ao tratar da lei penal no espaço, o qual assevera que

> *as leis penais devem ser aplicadas a todos os homens, onde quer que se encontrem. Esse princípio é característico da cooperação penal internacional, porque permite a punição, por todos os Estados, de todos os crimes que forem objeto de tratados e de convenções internacionais. Aplica-se a lei nacional a todos os fatos puníveis, sem levar em conta o lugar do delito, a nacionalidade de seu autor ou do bem jurídico lesado (ex.: art. 7°, II, a, do CP). A competência aqui é firmada pelo critério da prevenção.[65]*

SANTOS, André Leonardo Copetti; DELL'OLMO, Florisbal de Souza (coord.); et. al. *Direito penal contemporâneo no cenário internacional.* Santo Ângelo: FURI, 2013, pág. 73 e ss.

[64] LIMA, Op. cit. Acesso em 05 dez 2016. Mais sobre o tema em: ACUÑA, Jean Pierre Matus. *A política criminal dos tratados internacionais.* In: D'AVILA, Fabio Roberto. (org.). *Direito penal e política criminal no terceiro milênio: perspectivas e tendências* [recurso eletrônico]. Porto Alegre: EDIPUCRS, 2011, págs. 145 e ss.; PASTOR, Daniel R.O *Estatuto de Roma de 1998 e os valores penais da comunidade internacional.* In: D'AVILA, Fabio Roberto. (org.). *Direito penal e política criminal no terceiro milênio: perspectivas e tendências* [recurso eletrônico]. Porto Alegre: EDIPUCRS, 2011. págs. 167 e ss.

[65] BITENCOURT, Cezar Roberto. *Tratado de direito penal.* São Paulo: Saraiva, 2016. p. 223.

DIREITO PENAL ECONÔMICO

Dentre os efeitos decorrentes o primeiro balizador para a identificação e aplicação da lei penal brasileira a situação hipotética descrita anteriormente é o princípio da universalidade, no entanto, tal princípio encontra problemas no que pertine a variação legislativa e principalmente no tocante a produção probatória.[66]

No entanto, com a globalização e a consequente abertura dos mercados internos, ocorrida há algumas décadas, influenciou de maneira imensurável a crescente ocorrência de fatos criminosos transnacionais, principalmente em direito penal econômico.

Nesse aspecto, surge a necessidade de se analisarem com maior amplitude os conceitos e características dos elementos que permitem identificar a transnacionalidade de fatos típicos desta natureza. Da mesma forma, no que tange os problemas relacionados de ordem processual do direito penal econômico, pois a conexão entre os países devem obedecer determinados limites, dado a razão prática do tema que se situa entre a soberania dos Estados e os acordos em comum, como ocorre em cooperação jurídica internacional em matéria penal.[67]

Ademais, não se pode olvidar a forma incipiente que a legislação brasileira aborda a problemática em tela, haja vista depender, principalmente, da cooperação jurídica internacional e outras regulamentações por instrumentos internacionais, ao passo que outros países, por suas características e adequações sociais, políticas e econômicas, já discutem sobre um tribunal penal conjunto, a exemplo da União Europeia.[68] Desta feita, embora sucinta a presente análise, já se pode identificar algumas questões controvertidas de relevante embate sobre a internacionalização do direito penal econômico, pois também afetado pela globalização contemporânea.

---

[66] LIMA, Vinicius de Melo; LIMA, Caroline de Melo. *Criminalidade econômica e princípio da proporcionalidade: da proibição do excesso à proibição da proteção insuficiente.* Disponível em: < http://www.amprs.org.br/arquivos/comunicao_noticia/CRIMINALIDADE%20ECON.pdf>. Acesso em 05 dez 2016.

[67] TROTTA. Sandro Brescovit. *Os limites da cooperação jurídica internacional em matéria penal.* In: Revista Sistema penal e violência. Vol. 5, nº 1, jan./jun. Porto Alegre. 2013, págs. 15-35.

[68] BAJO FERNANDEZ, Miguel; BACIGALUPO, Silvina. *Derecho penal econômico.* 2 ed. Madrid: Centro de Estudos Ramón Aceres. 2010 , págs. 69 e ss.

Conclusões

1. Com a era da globalização, ocorrem significativas mudanças de ordem social, política e econômica, sendo que o Direito passou a modificar-se para o acompanhamento destes fenômenos, talvez não em uma mesma velocidade e ao mesmo tempo, mas adequando-se a uma expansão e uma tendência de universalização. O direito penal, por sua vez, também sofreu estas mudanças.

2. Enquadra-se mais ainda nesta tendência globalizada o direito penal econômico, o qual possui tênue autonomia disciplinar,[69] a qual através da tutela de um bem jurídico de ordem supraindividual, direcionada a características peculiares e inerentes a manutenção da dignidade e do desenvolvimento do homem, se sobressai nos fluxos econômicos internacionais. Por isso, imperativo aproximar uma característica de internacionalização a esta disciplina, principalmente quando elevado a supraindividualidade do bem jurídico-penal para além das fronteiras nacionais.

3. O direito penal econômico ostenta posição de conexão entre os países em alguns casos, derivado de interesses políticos e econômicos mútuos, somado por instrumentos internacionais que regulam a preocupação e o combate de práticas ilícitas. A internacionalização do direito penal econômico não possui condições definitivas de caráter internacional a todos os delitos econômicos, pois algumas ofensas ilícitas-típicas não geram, por si só, efeitos transnacionais ou danos e perigos a ordem econômica diversa da origem. Isto ocorre, pois estes delitos econômicos se limitam a ordem econômica nacional, p.ex. crimes tributários, crime de gestão fraudulenta, crimes de cartel, dentre outros.

4. Os efeitos de determinados crimes econômicos ultrapassam fronteiras e desmontam sistematicamente a ordem econômica dos países, necessitando de mútuas colaborações e instrumentos que visem combater e sanar as práticas antieconômicas ilícitas. Momento que, nesta era globalizada, exige-se a adoção de medidas mundiais de persecução criminal como tem ocorrido com a lavagem de dinheiro, sem, contudo, ultrapassar os limites de ordem material e processual.

5. A internacionalização do direito penal econômico acaba por gerar algumas problemáticas materiais e processuais, visto a adequação normativa não estar bem alinhada com as complexas práticas ilícitas e seus

---

[69] SCHMIDT, *Op. cit.* 2015, pág. 94.

DIREITO PENAL ECONÔMICO

efeitos, inclusive quando envolve mais que um país, sujeitos de nacionalidades diferentes, corpos empresariais multinacionais, dentre outros aspectos. Inclusive por envolver determinados princípios que devem ser observados como a soberania do próprio Estado e as garantias democráticas inerentes ao indivíduo.

REFERÊNCIAS

ACUÑA, Jean Pierre Matus. *A política criminal dos tratados internacionais*. In: D'AVILA, Fabio Roberto. (org.) et. al.. *Direito penal e política criminal no terceiro milênio: perspectivas e tendências* [recurso eletrônico]. Porto Alegre: EDIPUCRS, 2011;

ARNAUD, André-Jean. *O direito entre modernidade e globalização: lições de filosofia do direito e do Estado*. Trad. Patrice Charles Wuillaume. Rio de Janeiro: Renovar, 1999.

BADARÓ, Gustavo Henrique Righi Ivahu; BOTTINI, Pierpaolo Cruz. *Lavagem de dinheiro: Aspectos penais e processuais penais*. 2. ed. São Paulo: Revista dos Tribunais, 2013.

BAJO FERNANDEZ, Miguel; BACIGALUPO, Silvina. *Derecho penal económico*. 2 ed. Madrid: Centro de Estudos Ramón Aceres. 2010;

BLANCO CORDERO, El delito de blanqueo de capitales. 4 e.d. Thomson Reuters Aranzadi, Pamplona, 2015.

BITENCOURT, Cezar Roberto. *Tratado de direito penal*. São Paulo: Saraiva, 2016;

BRAGA, Romulo Rhemo Palitot. *Lavagem de dinheiro: fenomenologia, bem jurídico protegido e aspectos penais relevantes*. 2. ed. rev. atual. Curitiba: Juruá, 2013;

CERVINI, Raúl. *Derecho penal económico: concepto y bien jurídico*. In: RBCC, São Paulo: RT. Vo. 11, abr./jun., 2003.

CORREIA, Eduardo. *Notas críticas à penalização de atividades económicas*. In: *Direito penal económico*. Coimbra: Centro de Estudos Judiciários, 1985;

CRETELLA NETO, José. *Curso de direito internacional penal*, 2ª ed., São Paulo: Saraiva, 2014;

D'AVILA. Fábio Roberto. *Aproximações à Teoria da Exclusiva Proteção de Bens Jurídicos no Direito Penal Contemporâneo*. In: GAUER, / Ruth Maria Chittó (org.);

LOPES JR, Aury. [et. al.] *Criminologia e sistemas jurídico-penais contemporâneos II* [recurso eletrônico]. Porto Alegre: EDIPUCRS, 2010.

DIAS. Jorge de Figueiredo. Direito Penal: Parte geral. Tomo I. Coimbra Editora: Coimbra, 2004;

DÍEZ RIPOLLÉS. Alternativas a la actual legislación sobre drogas. en: La actual política criminal sobre drogas una perspectiva comparada (Coord. José Luis Díez Ripollés y Patricia Laurenzo Copello) Valencia, Tirant lo Blanch, 1993.

DOTTI, René Ariel. Curso de direito penal: parte geral, Rio de Janeiro, Forense, 2002, pág. 03;

FARIA COSTA, José de. *Direito Penal Económico*. Coimbra: Quarteto, 2003;

FAYET JÚNIOR. Nei; FLORES. Carlos Pereira Thomson. *Da categoria jurídico-penal dos delitos à distância e sua relevância na contemporaneidade*. SANTOS, André Leonardo Copetti; DELL'OLMO, Florisbal de Souza (coord.); et. al. *Direito penal contemporâneo no cenário internacional*. Santo Ângelo: FURI, 2013;

ERRE OLIVÉ, Juan Carlos. Tratado de los delitos contra la hacienda pública y contra la seguridad social. Valencia, Tirant lo Blanch, 2018

FRANCO, Alberto Silva. Globalização e criminalidade dos poderosos. In: PODVAL, Roberto (Org.). *Temas de direito penal econômico*. São Paulo: RT, 2000;

HASSEMER, Winfried; CONDE, Francisco Munões. *Introducción a la criminologia y al Derecho Penal*, Tirant lo Blanch, Valencia, 1989.

_____. *Persona, Mundo y Responsabilidad. Bases para uma teoría de la imputación em Derecho Penal*. Tradução por Francisco Munõz Conde e Maria del Mar Díaz pita. Valência: Tirand lo Blanc, 1999;

JAKOBS, Günther. *La ciencia del derecho penal ante las exigencias del presente*. Cuadernos de conferencias y artículos. n. 24. Bogotá: Universidad Externado de Colombia, 2000. p. 24.

KNIJNIK Danilo. *Transferências bancárias, propriedade criminosa e lavagem de dinheiro*. In: Revista Eletrônica De Direito Penal e Política criminal da UFRGS. vol. 4, nº 2, 2016;

LIMA, Vinicius de Melo. *A internacionalização do direito penal e a persecução ao financiamento do terrorismo*. Disponível em: <http://www.amprs.org.br/arquivos/re vista_artigo/arquivo_1401214594.pdf>. Acesso em 05 dez 2019.

_____; LIMA, Caroline de Melo. *Criminalidade econômica e princípio da proporcionalidade: da proibição do excesso à proibição da proteção insuficiente*. Disponível em:<http://www.amprs.org.br/arquivos/comunicao_noticia/CRIMINALI DADE%20ECON.pdf>. Acesso em 05 dez 2019.

LUHMANN, Niklas. *Sociología del riesgo*. México: Universidad de Guadalajara, UNAM, 1992;

_____. *El concepto de riesgo*. In: *Las consecuencias perversas de la modernidade*, traduzido por Celso Sánchez Capdequí e revisado por Josexto Berian. Barcelona: Anthropos, 1996.

MENEGAZ, Daniel da Silveira. *Lavagem de Dinheiro: os mecanismos de controle penal na justiça federal no combate à criminalidade*. Curitiba: Juruá, 2012;

OLIVEIRA JR., Gonçalo Farias de. *Ordem econômica e direito penal antitruste*. Curitiba: Juruá, 2008.

OST, François. *O tempo do direito*. Bauru: EDUSC, 2005.

PALMA, Alessandra. *Il Diritto Internazionale Penale e la Giurisdizione Internazionale*. Disponível em: < http://www.diritto.it/osservatori/diritti_umani/palma.html> Acesso em 06.12.2016.

DIREITO PENAL ECONÔMICO

PALOMO DEL ARCO, A. El fenómeno de la internacionalización de la delincuencia económica. In: Consejo general del poder judicial, estudios de derecho judicial, n. 61, 2005.

PASTOR, Daniel R.*O Estatuto de Roma de 1998 e os valores penais da comunidade internacional.* In: D'AVILA, Fabio Roberto. (org.). et. al. *Direito penal e política criminal no terceiro milênio: perspectivas e tendências* [recurso eletrônico]. Porto Alegre: EDIPUCRS, 2011.

PEREIRA, Luciano Meneguetti. *A aplicação do Direito Internacional no Combate à Corrupção no Brasil: A cooperação jurídica internacional e a atuação do Ministério Público Federal na "Operação Lava Jato".* In: MENEZES, Wagner. (org). *Direito Internacional em Expansão: Vol 7.* Belo Horizonte: Arraes Editores, 2016, pág. 148-149.

ROXIN, Claus, *¿Es la protección de bienes jurídicos una finalidad del Derecho penal?* in: HEFENDEHL, V. HIRSCH. E WOHLERS. *La teoría del bien jurídico. ¿Fundamento de legitimatión del derecho penal o juego de abalorios dogmático?*, Madrid: Marcial Pons, 2007.

_____. Sobre o recente debate em torno do bem jurídico. In: GRECO, Luís; TÓRTIMA, Fernanda Lara (org.). O bem jurídico como limitação.do poder estatal de incriminar? Rio de Janeiro: Lumen juris, 2011.

SCHMIDT, Andrei Zenkner. *Direito Penal Econômico: parte geral.* Porto Alegre: Livraria do Advogado Editora, 2015.

SCHÜNEMANN, Bernd. A Chamada "Crise Financeira": Falha sistêmica ou criminalidade globalmente organizada? In: MACHADO, Marta Rodriguez de Assis; PÜSCHEL, Flavia Portella (orgs). Responsabilidade e pena no Estado democrático de direito: desafios teóricos, políticas públicas e o desenvolvimento da democracia. São Paulo: FGV Direito SP, 2016, pág. 406 e ss;

_____. Die sogenannte Finanzkrise: Systemversagen oder global organisierte Kriminalität. In: SCHÜNEMANN, Bernd. (coord.). Diesogenannte Finanzkrise: Systemversagen oder global organisierte Kriminalität. Berlin: BWV, 2010. pág. 71 e ss.

SILVA SÁNCHEZ, Jesús-María. *A expansão do direito penal. Aspectos da política criminal nas sociedades pós-industriais.* São Paulo: RT, 2002. v. 11.

SILVA, Ivan Luis da. Teoria da adequação econômica da conduta no direito penal econômico. Revista dos Tribunais Eletrônica. Ciências Penais. vol. 17, Jul./Dez. 2012.

SILVA, Luciano Nascimento. *Teoria do Direito Penal Econômico e Fundamentos Constitucionais da Ciência Criminal Secundária.* Curitiba: Juruá, 2010.

SUTHERLAND, Edwin H. *Crime de colarinho branco: versão sem cortes.* Tradução Clécio Lemos. Rio de Janeiro: Revan, 2015.

TORRES, Heleno Taveira. *Brasil inova ao aderir às sofisticadas práticas do sistema do Fisco Global.* Disponível em: < http://www.conjur.com.br/2015-jul-08/consultor-tributario-brasil-inova-aderir-praticas-sistema-fisco-global>. Acesso em 05 dez 2019.

TROTTA. Sandro Brescovit. *Os limites da cooperação jurídica internacional em matéria penal.* In: Revista Sistema penal e violência. Vol. 5, n° 1, jan./jun. Porto Alegre. 2013.

9. Breves Reflexões sobre o Acordo de Não Persecução Penal

AUGUSTO MARTINEZ PEREZ FILHO

Introdução

Com o advento da Lei n. 13.964/19, que entrou em vigor a partir de 23 de janeiro de 2020, o legislador pátrio adotou, mais uma vez, uma abordagem despenalizadora em direção à solução de conflitos mediante a realização de jurisdição consensual no âmbito do direito processual penal. Trata-se de manifestação do "direito penal de 2ª velocidade"[1], caracterizado pela substituição da pena restritiva de liberdade por uma pena restritiva de direitos ou de natureza pecuniária, por meio da qual o texto legal legitima uma certa flexibilização de garantias penais e processuais, em busca de maior celeridade na resposta estatal em face do delito

---

[1] De forma sucinta, pode-se afirmar que o direito penal de 1ª geração se manifesta pela aplicação da pena restritiva de liberdade em caso de condenação após longo trâmite processual com possibilidade de vários recursos e oportunidades de realização da ampla defesa e contraditório. A pena deve ser imposta ao ofensor apenas após a confirmação da condenação por órgão colegiado. Trata-se de abordagem que visa prestigiar o princípio da presunção da inocência. Já o direito penal de 3ª geração representa um recrudescimento de um processo penal de perfil mais arrefecido no que tange ao devido processo legal, retirando-se certas prerrogativas em face de determinados indivíduos como consequência de suas condutas, tidas como "inimigos" do Estado ou da sociedade. Também é chamado de "direito penal do inimigo".

DIREITO PENAL ECONÔMICO

praticado, ao mesmo tempo em que se prestigia o ressarcimento da vítima. Ainda que não represente a adoção no Brasil do instituto norte--americano do *plea bargain,* relativiza o princípio da indisponibilidade ação penal pública incondicional, almejando uma persecução penal menos burocrática e mais efetiva.

Os dados fornecidos pelo CNJ em seu estudo "Justiça em números", referente ao ano de 2019, indica a média de 7 (sete) mil processos por magistrado, resultando em 78,7 milhões de feitos em tramitação no Poder Judiciário brasileiro[2], o que evidencia a necessidade pela busca de uma "justiça consensual", de caráter mais conciliatório, diminuindo o embate tradicional que se verifica nas Cortes. Há certa urgência por alternativas a uma prática judiciária que – a despeito de inegáveis ganhos nas últimas décadas – ainda se mostra por vezes saturada, morosa e mesmo economicamente inviável.

Neste sentido o artigo 28-A do CPP[3], inserido pela legislação *novel,* possibilita o chamado "acordo de não persecução penal", no qual se concede ao membro do Ministério Público a possibilidade de não ingressar com a ação penal, deixando de oferecer denúncia em caso de aceitação, pelo investigado, de algumas condições impostas casuisticamente – devidamente fundamentadas – além de outras previstas no texto legal.

Pretende-se por meio do presente ensaio apresentar seu instituto, bem como algumas reflexões a respeito de sua aplicação no âmbito do denominado direito penal econômico.

1. O acordo de não persecução penal

O Projeto de Lei 10.372/18, apresentado à Câmara dos Deputados – que originou a Lei 13.964/19 – trazia em seus motivos, a explicação para que o Brasil adotasse como novo instrumento de persecução penal, o acordo

---

[2] BRASIL, CNJ https://www.cnj.jus.br/pesquisas-judiciarias/justica-em-numeros/ (acesso em 17.03.2020)

[3] "Art. 28-A. Não sendo caso de arquivamento e tendo o investigado confessado formal e circunstancialmente a prática de infração penal sem violência ou grave ameaça e com pena mínima inferior a 4 (quatro) anos, o Ministério Público poderá propor acordo de não persecução penal, desde que necessário e suficiente para reprovação e prevenção do crime, mediante as seguintes condições ajustadas cumulativa e alternativamente..." http://www.planalto.gov.br/ccivil_03/decreto-lei/del3689compilado.htm (acesso em 14.03.2020).

196

de não persecução penal auxiliaria com a política criminal de não-encarceramento, promovendo a justiça consensual para delitos não-violentos:

> A presente proposta pretende racionalizar de maneira diversa, porém proporcional, de um lado o combate ao crime organizado e a criminalidade violenta que mantém forte ligação com as penitenciárias e, de outro lado, a criminalidade individual, praticada sem violência ou grave ameaça; inclusive no tocante ao sistema penitenciário.
>
> Hoje, há uma divisão em 3 partes muito próximas nos aproximadamente 720 mil presos no Brasil: 1/3 crimes praticados com violência ou grave ameaça, 1/3 crimes sem violência ou grave ameaça e 1/3 relacionados ao tráfico de drogas.
>
> Em que pese quase 40% serem presos provisórios, há necessidade de reservar as sanções privativas de liberdade para a criminalidade grave, violenta e organizada; aplicando-se, quando possível, as sanções restritivas de direitos e de serviços a comunidade para as infrações penais não violentas.
>
> Para tanto, indica-se a adoção de "acordos de não persecução penal", criando nas hipóteses de crimes cometidos sem violência ou grave ameaça a figura do acordo de não persecução penal, por iniciativa do órgão do Ministério Público e com participação da defesa, submetida a proposta à homologação judicial.
>
> Será possível, inclusive, aproveitar a estrutura criada para a realização de milhares de audiências de custódia para que, em 24 horas, a defesa e acusação façam um acordo que, devidamente homologado pelo Judiciário, permitirá o cumprimento imediato de medidas restritivas ou prestações de serviço a comunidade.
>
> A Justiça consensual para os delitos leves será prestada em 24 horas, permitindo o deslocamento de centenas de magistrados, membros do Ministério Público e defensores públicos para os casos envolvendo a criminalidade organizada e as infrações praticadas com violência e grave ameaça a pessoa.
>
> Trata-se de inovação que objetiva alcançar a punição célere e eficaz em grande número de práticas delituosas, oferecendo alternativas ao encarceramento e buscando desafogar a Justiça Criminal, de modo a permitir a concentração de forças no efetivo combate ao crime organizado e às infrações penais mais graves.

São previstas condições que assegurem efetiva reparação do dano causado e a imposição de sanção penal adequada e suficiente, oferecendo alternativas ao encarceramento. (...)

A racionalização da Justiça Criminal com a adoção do acordo de não persecução penal para os delitos não violentos possibilitará a readequação de magistrados para o combate à criminalidade organizada, com a necessidade de medidas protetivas aos agentes estatais responsáveis por seu processo e julgamento. Propõe-se a instalação de Varas Colegiadas, pelos Tribunais de Justiça e pelos Tribunais Regionais, de caráter permanente com competência para o processo e julgamento dos crimes praticados por organizações criminosas e conexos, de maneira a alcançar maior eficiência nos julgamentos, ao mesmo tempo em que se busca proteger o Poder Judiciário e os magistrados.[4]

O acordo de não persecução penal guarda alguma semelhança com o instituto do *plea bargain*, largamente utilizado nos Estados Unidos, e que pode ser explicado do seguinte modo:

O *plea bargain* é um acordo por meio do qual o acusado aceita alegar sua culpa e troca de uma redução das acusações ou alguma condição mais favorável relacionada à sentença. A vantagem do ponto de vista do acusado é clara: há uma maior certeza sobre os resultados finais do processo e o resultado final, normalmente, mais leniente do que se o acusado fosse para julgamento. A vantagem do *plea bargain* para a acusação e a Corte, é que o acordo representa uma economia de tempo e recursos, uma vez que o acusado reconhece a sua culpa, não é necessário julgamento.[5]

De fato, em sua origem, a proposta almejava estabelecer na legislação nacional a experiência norte-americana:

O "Projeto de Lei Anticrime" (doravante denominado Projeto) apresentado ao Congresso pelo Governo Federal busca promover uma série de alterações relevantes nos sistemas penal e processual penal brasileiros.

---

[4] BRASIL, Câmara dos Deputados. PL 10.372/2018 https://www.camara.leg.br/proposicoesWeb/prop_mostrarintegra?codteor=1666497&filename=PL+10372/2018 (acesso em 14.03.2020)

[5] BURNHAM, William. Introduction to the law and legal system of the United States. 3rd.ed. St. Paulo: West Group, 2002, p. 275. (tradução livre)

BREVES REFLEXÕES SOBRE O ACORDO DE NÃO PERSECUÇÃO PENAL

Uma da mais importantes diz respeito à implementação de instituto de origem estrangeira conhecido como *plea bargain* ou *plea deal* (algo como "pleito de barganha" ou "pedido de acordo"). Trata-se, em linhas gerais, de mecanismo pelo qual o acusado pode, logo no início das apurações pré-processuais, reconhecer a responsabilidade pelo fato, abrindo mão de seu direito a um processo e ao consequente julgamento judicial de mérito para receber, desde logo, uma pena. A principal vantagem ao jurisdicionado é a possibilidade de que a sanção seja menor do que a que seria aplicada caso houvesse sentença de conhecimento após a regular produção de provas. É, no fundo, uma análise de riscos a ser feita pelo investigado em conjunto com sua assistência jurídica.[6]

Todavia, apesar de semelhantes, não podemos afirmar que o acordo de não persecução penal seja a versão "tropical" do mencionado instituto, segundo nos alerta Ó Souza, ressaltando – ainda – sua constitucionalidade à luz do princípio da presunção de inocência:

...a confissão obtida para a celebração do acordo de não persecução não enseja assunção de culpa, e por isso não pode ensejar julgamento antecipado do caso. Também não há se falar em extinção da punibilidade, ou qualquer produção de feitos sobre o jus puniendi estatal, razão pela qual não pode o acordo de não persecução ser confundido com o instituto conhecido como plea bargain, que segundo Albergaria é: a negociação entre arguido e o representante da acusação, com ou sem participação do juiz, cujo objecto integra recíprocas concessões e que contemplará, sempre, a declaração de culpa do acusado (guilty plea) ou a declaração dele de que não pretende contestar a acusação (plea of nolo contendere) (2007, p. 20).
A confissão contida no acordo de não persecução não tem a mesma função e consequência daquela contida no plea bargain, o qual se assenta na irreversibilidade da assunção de culpa do investigado e na possibilidade de aplicação de sanção penal imediatamente após a sua celebração. A confissão aqui tratada é retratável e, mesmo depois de iniciada even-

---

[6] Dotti, René Ariel e Scandelari, Gustavo Britta. Acordos de não persecução e de aplicação imediata da pena: o plea bargain brasileiro https://www.ibccrim.org.br/boletim_artigo/6312-Acordos-de-nao-persecucao-e-de-aplicacao-imediata-de-pena-o-plea-bargain-brasileiro (acesso em 17.03.2020)

DIREITO PENAL ECONÔMICO

tualmente uma ação penal, não leva, por si só, à condenação, até porque, à luz do artigo 155 do CPP, colhida na fase inquisitiva. De outro lado, cumprido o acordo, a confissão exaure-se em si mesma, visto que o procedimento será arquivado.

Exatamente porque a confissão serve apenas para depuração dos elementos indiciários, inservíveis, por si só, para formação da convicção do juiz (CPP, artigo 155) e em razão de não produzir qualquer efeito sobre a culpabilidade do investigado é que não se identifica violação ao princípio da presunção de estado de inocência (CF, artigo 5º, LVII). Repita-se, os elementos indiciários aptos a formação da opinio delict do Ministério Público devem convergir para a pessoa do investigado, independentemente de sua confissão. Por fim, não há sentença penal condenatória, além do que as condições fixadas no acordo não têm natureza jurídica de pena, razão pela qual, também sob está perspectiva, não há violação ao princípio constitucional acima.[7]

Segundo o princípio da obrigatoriedade, aplicável às ações penais públicas incondicionadas, não cabe ao Ministério Público juízo de oportunidade e conveniência acerca da propositura da ação penal, uma vez presentes indícios de autoria e materialidade, conforme explica Tourinho:

> Ninguém ignora que a repressão às infrações penais constitui não só necessidade indeclinável, como também um fim essencial do Estado. Essa repressão é, pois, função eminentemente estatal. Ao Estado e só ao Estado, cumpre punir aquele que inobservou a norma penal. O Estado é o titular do direito concreto de punir. (...)
> Quem propõe a ação penal pública incondicionada é um órgão do Estado, o Ministério Público. Órgão "oficial", órgão do Estado, portanto.[8]

Na mesma esteira, completa Oliveira:

> Estar obrigado à promoção da ação penal significa dizer que não se reserva ao parquet qualquer juízo de discricionariedade, isto é, não se

[7] Ó Souza, Renee do. Acordo de não persecução penal: o papel da confissão e a inexistência de *plea bargain*. https://www.conjur.com.br/2019-jan-07/renee-souza-papel-confissao-inexistencia-plea-bargain (acesso em 14.03.2020)

[8] TOURINHO FILHO. Fernando da Costa. Manual de Processo Penal. 2 ed. São Paulo: Saraiva, 2001, p. 86.

atribui a ele qualquer liberdade de opção acerca da conveniência ou oportunidade da iniciativa penal, quando constatada a presença de conduta delituosa, e desde que satisfeitas as condições da ação penal. A obrigatoriedade da ação penal, portanto, diz respeito à vinculação do órgão do Ministério Público ao seu convencimento acerca dos fatos investigados, ou seja, significa apenas ausência de discricionariedade quanto à conveniência ou a oportunidade da propositura da ação penal.[9]

Ocorre que desde o advento da Lei n. 9.099/95, que trata dos Juizados Especiais Criminais, o legislador pátrio tem buscado mitigar a regra da obrigatoriedade da ação penal incondicionada, entendendo que a pacificação social poderá ser melhor alcançada a partir de medidas que permitam maior conciliação, corroborando para um maior diálogo entre as partes. São exemplos de institutos que relativizam a obrigatoriedade do *parquet* promover a ação penal, a transação penal e a suspensão condicional do processo.

Trata-se, em certa medida, de conceder ao Ministério Público a possibilidade de sopesar aspectos de política criminal no momento do exercício de suas funções:

> Um dos maiores desafios para a teoria e a prática do Ministério Público brasileiro contemporâneo é o de definir, com precisão, o papel que a Instituição tem de cumprir no campo da persecução penal. É justamente nesse campo que emergem com maior frequência condutas ambivalentes e contraditórias, reveladoras da situação de crise posta pelo momento de transição político-institucional (...)
>
> Os maiores embaraços para o avanço institucional se dão nesse campo em razão da natureza estritamente repressiva dessa função e de seus instrumentos legais. Embora o Direito Penal se apresente com o declarado objetivo de proteção de bens jurídicos relevantes para a vida humana individual ou coletiva, cumpre, nas sociedades ainda marcadas pelas desigualdades, pela exploração e opressão, como a brasileira (...)
>
> Por mais paradoxal que possa parecer essa situação, a resposta é no sentido afirmativo. No plano ideal, não haveria melhor solução político-jurídica, no Estado social de direito, do que a de conferir a persecução penal

---

[9] OLIVEIRA, Eugênio Pacelli de. Curso de processo penal. 8 ed. Rio de Janeiro: Lumen Juris, 2007, p. 102.

DIREITO PENAL ECONÔMICO

à instituição que tem como objetivo estratégico a defesa do regime democrático. No plano da realidade, essa melhor solução exige a assunção definitiva, pelo Ministério Público, de seu papel constitucional, condição que permitirá, no campo da persecução penal, a busca equilibrada dos limites que devem balizar a relação entre interesses sociais que não se excluem, mas se complementam (...)

Fica a pregunta: é possível conciliar o objetivo e missão institucionais de promoção da democracia substantiva, de natureza claramente emancipadora, com uma função de natureza estritamente repressiva como a da persecução penal?

Com essa postura, a contribuição do Ministério Público será decisiva para fazer com que o Direito Penal cumpra os objetivos que hoje estão apenas declarados, seguindo na direção de um Direito Penal mínimo, conformado aos princípios do Estado democrático de direito.[10]

Por este motivo, a instituição do acordo de não persecução penal representa avanço para a materialização de justiça mais célere e consensual, menos burocrática e litúrgica, em direção à utilização das penas restritivas de liberdade como última *ratio*, reafirmando a promoção da dignidade da pessoa humana.

2. Características principais do instituto

O acordo de não persecução penal é aplicável nos casos em que o órgão ministerial verifica a existência dos requisitos necessários à propositura da ação penal, mas, diante da ausência de violência ou grave ameaça, pena mínima inferior a 4 (quatro) anos e a confissão formal do investigado, entende – por política criminal – ser adequado a imposição de penas restritivas de direito e pecuniária, como forma de reparação do injusto.

Conforme estabelece o art. 28-A, *caput,* do CPP:

Art. 28-A. Não sendo caso de arquivamento e tendo o investigado confessado formal e circunstancialmente a prática de infração penal sem violência ou grave ameaça e com pena mínima inferior a 4 (quatro) anos, o Ministério Público poderá propor acordo de não persecução

[10] GOULART, Marcelo Pedroso. Elementos para uma teoria geral do Ministério Público. Belo Horizonte: Arraes, 2013, pp. 169-170.

penal, desde que necessário e suficiente para reprovação e prevenção do crime...[11]

Tem-se evidente norma mitigadora do princípio da obrigatoriedade, pois entendeu o legislador que o interesse público seria mais atendido se houvesse maior ênfase no ressarcimento da vítima e a imposição de medidas restritivas de direito, de caráter pedagógico, que pudessem também contribuir para o bem estar social.

Há muito a confissão não tem o valor de outrora, deixando de ser tratada como "rainha das provas", sobretudo a partir do advento da Constituição cidadã de 1988. Não há mais a taxatividade das provas[12], ainda assim, ao confessar a prática delituosa, o investigado demonstra inquestionável desejo de colaborar com a administração da justiça, merecendo algum tipo de benesse. A confissão é uma manifestação prática da consensualidade que se almeja alcançar por meio da adoção de institutos despenalizantes, pois altera o centro da discussão entre as partes envolvidas de questionamentos em relação à ocorrência ou autoria do crime, para as condições que serão impostas ao investigado, como forma de punição alternativa ao aprisionamento, sem olvidar do aspecto de prevenção geral da pena.

O rol de condições previstas reúne requisitos mínimos e não é taxativo, na forma do inciso V, do art. 28-A do CPP, que confere ao Ministério Público a possibilidade de incluir alguma condição adicional àquelas ali previstas, desde que por prazo determinado, proporcional e compatível com a infração penal imputada.

Os demais incisos trazem os seguintes dizeres[13]:

Art. 28-A (...)

I – renunciar voluntariamente a bens e direitos indicados pelo Ministério Público como instrumentos, produto ou proveito do crime;

III – prestar serviço à comunidade ou a entidades públicas por período correspondente à pena mínima cominada ao delito diminuída de um a dois

---

[11] BRASIL, Código de Processo Penal. http://www.planalto.gov.br/ccivil_03/decreto-lei/del3689compilado.htm (acesso em 17.03.2020)

[12] Ainda que permaneçam resquícios, tal como a certidão de óbito para a prova do falecimento do agente.

[13] BRASIL, Código de Processo Penal. Art. 28-A http://www.planalto.gov.br/ccivil_03/decreto-lei/del3689compilado.htm (acesso em 19.03.2020)

DIREITO PENAL ECONÔMICO

> terços, em local a ser indicado pelo juízo da execução, na forma do art. 46 do Decreto-Lei nº 2.848, de 7 de dezembro de 1940 (Código Penal);
> IV – pagar prestação pecuniária, a ser estipulada nos termos do art. 45 do Decreto-Lei nº 2.848, de 7 de dezembro de 1940 (Código Penal), a entidade pública ou de interesse social, a ser indicada pelo juízo da execução, que tenha, preferencialmente, como função proteger bens jurídicos iguais ou semelhantes aos aparentemente lesados pelo delito...

O inciso I traz uma importante contribuição ao combate à criminalidade, pois possibilita que o Ministério Público indique bens e direitos relacionados a instrumentos, produtos ou proveito do crime, em relação aos quais o investigado, para ter acesso ao acordo de não persecução, tem que renunciar de forma voluntária. Trata-se de instrumento hábil a promover rápida transferência de patrimônio e direitos que poderão – em caso de uma ação coordenada, estratégica e bem estruturada pelos integrantes do *parquet* – proporcionar melhorias diretas à população, arrefecendo a maior dificuldade que se apresenta à concretização de direitos: a ausência de recursos financeiros.

O inciso II indica a prestação de serviço à comunidade ou entidades públicas pelo período correspondente à pena mínima, diminuída de um a dois terços, em local indicado pelo juízo da execução penal, que deverá acompanhar o respectivo cumprimento. O legislador entendeu por estabelecer a mesma diminuição aplicável em caso da tentativa de crime: CP, "art. 14 (...), parágrafo único – Salvo disposição em contrário, pune-se a tentativa com a pena correspondente ao crime consumado, diminuída de um a dois terços"[14].

Muito embora naquela, a diminuição se aplique sobre o crime consumado, que poderá ser, por exemplo, na forma qualificada, diversamente do proposto no art. 28-A, II do CP, que determina a aplicação sobre a pena mínima, o legislador estabeleceu o § 1º, o qual declara: "Para aferição da pena mínima cominada ao delito a que se refere o caput deste artigo, serão consideradas as causas de aumento e diminuição aplicáveis ao caso concreto."[15]

---

[14] http://www.planalto.gov.br/ccivil_03/decreto-lei/del2848compilado.htm (acesso em 19.03.2020)

[15] BRASIL, Código de Processo Penal. http://www.planalto.gov.br/ccivil_03/decreto-lei/del3689compilado.htm (acesso em 19.03.2020)

Neste sentido, o legislador buscou aplicar a lógica já consolidada nos Tribunais, ao prestigiar ações que não são perpetradas em concurso de crimes ou crime continuado, a exemplo do que estabelece a Súmula 723 STF: Não se admite a suspensão condicional do processo por crime continuado, se a soma da pena mínima da infração mais grave com o aumento mínimo de um sexto for superior a um ano[16] ou, com as devidas adequações, a Súmula 243 do STJ:

> O benefício da suspensão do processo não é aplicável em relação às infrações penais cometidas em concurso material, concurso formal ou continuidade delitiva, quando a pena mínima cominada, seja pelo somatório, seja pela incidência da majorante, ultrapassar o limite de um ano[17]

Também entendemos ser cabível acordo de não persecução penal em caso de delito cuja pena mínima seja igual ou superior a 4 anos, mas há possibilidade aplicação isolada de pena de multa. Este é o entendimento do STJ, em relação à suspensão condicional do processo:

> É cabível a suspensão condicional do processo e a transação penal aos delitos que preveem a pena de multa alternativamente à privativa de liberdade, ainda que o preceito secundário da norma legal comine pena mínima superior a um ano.[18]

Finalmente, o cálculo para a aferição da pena mínima deve levar em consideração a menor fração incidente nas causas de aumento e a maior fração incidente nas causas de diminuição. Em outros termos, deve-se verificar, após todos os aumentos e diminuições existentes no caso concreto, qual seria a efetiva pena mínima e se esta é menor que 04 (quatro) anos.

O inciso IV, do art. 28-A do CPP indica a possiblidade de imposição de prestação pecuniária, respeitado os limites previstos no art. 45 do CP, cujos §§ 1º e 2º aduzem:

---

[16] BRASIL, STF http://www.stf.jus.br/portal/jurisprudencia/menuSumarioSumulas.asp?sumula=2651 (acesso em 19.03.2020)

[17] https://scon.stj.jus.br/SCON/sumanot/toc.jsp?livre=(sumula%20adj1%20%27243%27).sub. (acesso em 20.03.2020)

[18] BRASIL, STJ. Jurisprudência em teses. https://scon.stj.jus.br/SCON/jt/ (acesso em 20.03.2020)

DIREITO PENAL ECONÔMICO

> Art. 45 (...)
>
> § 1º A prestação pecuniária consiste no pagamento em dinheiro à vítima, a seus dependentes ou a entidade pública ou privada com destinação social, de importância fixada pelo juiz, não inferior a 1 (um) salário mínimo nem superior a 360 (trezentos e sessenta) salários mínimos. O valor pago será deduzido do montante de eventual condenação em ação de reparação civil, se coincidentes os beneficiários.
>
> § 2º No caso do parágrafo anterior, se houver aceitação do beneficiário, a prestação pecuniária pode consistir em prestação de outra natureza...[19]

Assim, caso o membro do Ministério Público entenda por aplicar no caso concreto a pena de prestação pecuniária, deverá – levando em consideração as particularidades do caso – estabelecer montante entre 1 (um) e 360 (trezentos e sessenta) salários mínimos federais, valor este que será destinado à vítima, dependentes ou entidade social. Há também a possibilidade, mediante aceitação do beneficiário, de prestação de outra natureza, diverso do pagamento em pecúnia.

O § 2º do art. 28-A do CPP é taxativo e apresenta as situações em que não se aplicam o acordo de não persecução penal. Diz ele:

> Art. 28-A (...)
>
> § 2º O disposto no caput deste artigo não se aplica nas seguintes hipóteses:
>
> I – se for cabível transação penal de competência dos Juizados Especiais Criminais, nos termos da lei;
>
> II – se o investigado for reincidente ou se houver elementos probatórios que indiquem conduta criminal habitual, reiterada ou profissional, exceto se insignificantes as infrações penais pretéritas;
>
> III – ter sido o agente beneficiado nos 5 (cinco) anos anteriores ao cometimento da infração, em acordo de não persecução penal, transação penal ou suspensão condicional do processo; e
>
> IV – nos crimes praticados no âmbito de violência doméstica ou familiar, ou praticados contra a mulher por razões da condição de sexo feminino, em favor do agressor.[20]

---

[19] *Idem.* (acesso em 19.03.2020)
[20] *Ibidem.* (acesso em 19.03.2020)

A primeira delas ocorre quando for possível a aplicação da transação penal, prevista no art. 76 da Lei n. 9.099/95. Aqui vale a regra hermenêutica de que a lei especial se aplica em detrimento de lei geral. Mais que isto, a transação penal, justamente por se aplicar às contravenções e infrações de menor potencial ofensivo, possui menos condicionantes que o acordo de não persecução penal e não faz coisa julgada no cível.

A segunda situação na qual não é possível aplicar o acordo de não persecução penal é se o investigado for reincidente ou se houver elementos que indica a conduta habitual, reiterada ou profissional, mediante análise de infrações penais pretéritas.

A reincidência deve ser verificada à luz do que dispõe o art. 63 do CP: "Verifica-se a reincidência quando o agente comete novo crime, depois de transitar em julgado a sentença que, no País ou no estrangeiro, o tenha condenado por crime anterior."[21]

Já a análise da conduta pretérita – se habitual, reiterada ou profissional – deverá ser aferida a partir do caso concreto, à luz da doutrina, precedentes jurisprudenciais, condições socioeconômicas e culturais, cuja conclusão, uma vez alcançada pelo integrante do órgão ministerial, deverá ser indicada de maneira fundamentada, nos termos do art. 93, IX da CF/88.[22]

O legislador, no inciso III do art. 28-A do CPP seguiu o mesmo padrão adotado em outras medidas despenalizadoras, ao impossibilitar a utilização da benesse antes do transcurso de 5 (cinco) anos da última ocasião em que o investigado foi beneficiado.

No inciso IV do mesmo diploma legal, o legislador preferiu continuar com a política criminal adotada na história recente brasileira, no sentido de se punir com maior rigor o delinquente que menospreza a condição de gênero feminino ou que é violento no âmbito doméstico ou

---

[21] BRASIL, Código Penal. http://www.planalto.gov.br/ccivil_03/decreto-lei/del2848compilado.htm (acesso em 19.03.2020)

[22] BRASIL, Constituição Federal. Art. 93 (...) IX todos os julgamentos dos órgãos do Poder Judiciário serão públicos, e fundamentadas todas as decisões, sob pena de nulidade, podendo a lei limitar a presença, em determinados atos, às próprias partes e a seus advogados, ou somente a estes, em casos nos quais a preservação do direito à intimidade do interessado no sigilo não prejudique o interesse público à informação; http://www.planalto.gov.br/ccivil_03/constituicao/constituicao.htm (acesso em 19.03.2020)

DIREITO PENAL ECONÔMICO

familiar, dispondo a impossibilidade de se firmar o mencionado acordo com infratores desta jaez. Tem-se presente a mesma *ratio legis* exposta nos enunciados sumulares 536, 588, 589 e 600, todas do STJ: "Súmula 536: A suspensão condicional do processo e a transação penal não se aplicam na hipótese de delitos sujeitos ao rito da Lei Maria da Penha.", Súmula 588: A prática de crime ou contravenção penal contra a mulher com violência ou grave ameaça no ambiente doméstico impossibilita a substituição da pena privativa de liberdade por restritiva de direitos.", "Súmula 589: É inaplicável o princípio da insignificância nos crimes ou contravenções penais praticados contra a mulher no âmbito das relações domésticas." e "Súmula 600: Para a configuração da violência doméstica e familiar prevista no artigo 5º da Lei n. 11.340/2006 (Lei Maria da Penha) não se exige a coabitação entre autor e vítima."[23]

O acordo de não persecução penal deverá ser firmado entre as partes, Ministério Público ou querelante e investigado, e não poderá ter a participação do magistrado que, posteriormente, será instado a se manifestar acerca de sua legalidade e proporcionalidade, podendo enviar novamente ao órgão ministerial antes de proceder com a homologação do acordo para ajustes nas tratativas, na forma do art. 28-A, e seus incisos, cabendo ao *parquet* dar cumprimento ao acordo, perante o juízo de execuções penais. Neste sentido:

> Art. 28-A (...)
>
> § 3º O acordo de não persecução penal será formalizado por escrito e será firmado pelo membro do Ministério Público, pelo investigado e por seu defensor.
>
> § 4º Para a homologação do acordo de não persecução penal, será realizada audiência na qual o juiz deverá verificar a sua voluntariedade, por meio da oitiva do investigado na presença do seu defensor, e sua legalidade.
>
> § 5º Se o juiz considerar inadequadas, insuficientes ou abusivas as condições dispostas no acordo de não persecução penal, devolverá os autos ao Ministério Público para que seja reformulada a proposta de acordo, com concordância do investigado e seu defensor.

---

[23] http://www.stj.jus.br/sites/portalp/Jurisprudencia/Sumulas (acesso em 19.03.2020)

§ 6º Homologado judicialmente o acordo de não persecução penal, o juiz devolverá os autos ao Ministério Público para que inicie sua execução perante o juízo de execução penal.[24]

A voluntariedade do acordo será verificada pelo magistrado em audiência especialmente designada para tal fim, na presença do defensor do investigado. Ainda assim, o magistrado poderá não homologar o acordo caso entenda que os requisitos legais não estejam presentes ou que o Ministério Público não realizou a adequação de condições impostas, a seu juízo, inadequadas, insuficientes ou abusivas, nos termos dos parágrafos 7º e 8º, do art. 28-A do CPP:

§ 7º O juiz poderá recusar homologação à proposta que não atender aos requisitos legais ou quando não for realizada a adequação a que se refere o § 5º deste artigo.

§ 8º Recusada a homologação, o juiz devolverá os autos ao Ministério Público para a análise da necessidade de complementação das investigações ou o oferecimento da denúncia.

Assim, se o acordo não for homologado, os autos serão restituídos ao Ministério Público que poderá requisitar novas diligências à autoridade policial ou proceder com o oferecimento da exordial acusatória.

Contra a decisão judicial que não homologar o acordo de não persecução penal, cabe recurso em sentido estrito, nos termos do art. 581, XXV do CPP.

A vítima será intimada acerca da homologação do acordo de não persecução penal e o seu eventual descumprimento (art. 28-A, §9º do CPP) e, caso alguma condição venha a ser descumprida pelo investigado, o Ministério Público comunica o magistrado para que declare a rescisão do acordo e posterior abertura de vista para eventual oferecimento da denúncia (art.28-A, §10 do CPP), caso o *parquet* já tenha reunido todos os indícios necessários à propositura da ação penal. Vê-se aqui sistemática semelhante àquela aplicável ao descumprimento de acordos em sede de transação penal, nos termos da Súmula Vinculante 35 do STF:

---

[24] BRASIL, Código de Processo Penal. http://www.planalto.gov.br/ccivil_03/decreto-lei/del 3689compilado.htm (acesso em 19.03.2020)

DIREITO PENAL ECONÔMICO

A homologação da transação penal prevista no artigo 76 da Lei 9.099/1995 não faz coisa julgada material e, descumpridas suas cláusulas, retoma-se a situação anterior, possibilitando-se ao Ministério Público a continuidade da persecução penal mediante oferecimento de denúncia ou requisição de inquérito policial.[25]

Durante o cumprimento do acordo de não persecução penal, não correrá prazo prescricional, em conformidade com o disposto no art. 116, IV do Código Penal: "Art. 116 – Antes de passar em julgado a sentença final, a prescrição não corre: (...)V – enquanto não cumprido ou não rescindido o acordo de não persecução penal."[26]

Entendemos tratar-se de uma causa suspensiva do prazo prescricional, que, em voltando a correr, deverá fazê-lo a partir do prazo remanescente, não retornando em sua íntegra.

Eventual descumprimento do acordo de não persecução penal poderá ser utilizado pelo Ministério Público como justificativa para o eventual não oferecimento de suspensão condicional do processo (art. 28-A, §11 do CPP) e a celebração do acordo não constará na certidão de antecedentes criminais, salvo para fins de acompanhamento quinquênio durante o qual a benesse não poderá ser novamente concedida àquele que dela utilizou.

Diversamente da transação penal, na qual o legislador expressamente estabeleceu que não teria efeitos civis, cabendo ao interessado propor ação própria no âmbito cível para buscar ressarcimento (art. 76, § 6º da Lei n. 9.099/95), o acordo de não persecução penal estabelece como condição o ressarcimento da vítima, repisa-se, conforme já dito, salvo impossibilidade de fazê-lo, de modo que – em princípio – não se poderá cogitar a propositura de ação indenizatória no âmbito cível, a menos que conste alguma ressalva no acordo de não persecução penal, ou que o investigado – à época – não tivesse condições econômicas para o integral ressarcimento da vítima, de modo que o representante legal do ofendido, se presente durante as tratativas entre o defensor do investigado

---

[25] BRASIL, STF http://www.stf.jus.br/portal/jurisprudencia/menuSumario.asp?sumula=1953 (acesso em 19.03.2020)

[26] BRASIL, Código Penal. http://www.planalto.gov.br/ccivil_03/decreto-lei/del2848compilado.htm (acesso em 19.03.2020)

e o Ministério Público, deverá constar as ressalvas pertinentes, sob pena de ter frustrado eventual interesse patrimonial do ofendido ou sucessores, sob alegação de *bis in idem*.

Caso não tenha havido qualquer ressarcimento à vítima por ocasião do acordo de não persecução penal, como por exemplo, em razão do investigado, à época não possuir qualquer condição, ou caso tenha-se constado alguma ressalva no instrumento de celebração do acordo no sentido de se buscar a efetiva reparação em juízo cível a partir de um patamar mínimo celebrado no juízo penal, aplicando-se *mutatis mutandis*, o disposto no art. 387, IV do CPP, então nada obsta a propositura de ação cível para a reparação integral do dano.

A celebração de acordo de não persecução penal não representará maus antecedentes e não ensejará na perda da primariedade do investigado:

> Art. 28-A (...)
>
> § 12. A celebração e o cumprimento do acordo de não persecução penal não constarão de certidão de antecedentes criminais, exceto para os fins previstos no inciso III do § 2º deste artigo.[27]

Uma vez Cumprido integralmente o acordo de não persecução penal, o juízo competente decretará a extinção de punibilidade (art. 28-A, § 13 do CPP).

Finalmente, em caso de recusa por parte do Ministério Público, em propor o acordo de não persecução penal, o investigado poderá requerer a remessa dos autos a órgão superior, na forma do art. 28 do CPP. Não há o que se falar em "direito subjetivo" do investigado à celebração do acordo de não persecução penal. Trata-se de uma prerrogativa ministerial, que – no entanto – não poderá se negar às tratativas para a celebração do acordo por razões de "mero capricho pessoal". Há de se fundamentar tal posicionamento seja em razão da publicidade das decisões judiciais e administrativas, de forma a possibilitar sua eventual impugnação (e por este motivo, o defensor deverá ter acesso aos fundamentos expostos pelo *parquet* que deverão ser claramente apresentados), de *status* constitucional, seja para se apurar – em tese – crime de abuso de

---

[27] BRASIL, Código de Processo Penal http://www.planalto.gov.br/ccivil_03/decreto-lei/del 3689compilado.htm (acesso em 19.03.2020)

DIREITO PENAL ECONÔMICO

autoridade, ou, ainda, para se verificar se as atribuições do cargo estão sendo adequadamente desempenhadas, em eventual questionamento junto à corregedoria do órgão ou o Conselho Nacional do Ministério Público – CNMP.

Finalmente, a aplicação do art. 28 do CPP deverá ocorrer em sua redação antiga, anterior à Lei n. 13.964/19, cujo comando legal estabelece:

> Art. 28. Se o órgão do Ministério Público, ao invés de apresentar a denúncia, requerer o arquivamento do inquérito policial ou de quaisquer peças de informação, o juiz, no caso de considerar improcedentes as razões invocadas, fará remessa do inquérito ou peças de informação ao procurador-geral, e este oferecerá a denúncia, designará outro órgão do Ministério Público para oferecê-la, ou insistirá no pedido de arquivamento, ao qual só então estará o juiz obrigado a atender.[28]

Note que, neste caso, é o magistrado quem irá encaminhar ao chefe do Ministério Público – em sede da Justiça Estadual, o Procurador Geral de Justiça e em sede federal, o Procurador Geral da República – haja vista que a concessão de medida cautelar pelo STF, no âmbito da ADI 6305, em decisão monocrática do Ministro Luiz Fux em janeiro de 2020, suspendeu *"sine die* a eficácia, *ad referendum* do Plenário"[29] a alteração do procedimento de arquivamento previsto no art. 28 do CPP.

Portanto, aplica-se a redação anteriormente mencionada do art. 28 do CPP, e não a redação modificada pela Lei n. 13.964/19, que diz:

> Art. 28. Ordenado o arquivamento do inquérito policial ou de quaisquer elementos informativos da mesma natureza, o órgão do Ministério Público comunicará à vítima, ao investigado e à autoridade policial e encaminhará os autos para a instância de revisão ministerial para fins de homologação, na forma da lei.
>
> § 1º Se a vítima, ou seu representante legal, não concordar com o arquivamento do inquérito policial, poderá, no prazo de 30 (trinta) dias do recebimento da comunicação, submeter a matéria à revisão da instância competente do órgão ministerial, conforme dispuser a respectiva lei orgânica.

---

[28] *Idem* (acesso em 20.03.2020)
[29] Brasil, STF. https://portal.stf.jus.br/jurisprudencia/ (acesso em 20.03.2020)

§ 2º Nas ações penais relativas a crimes praticados em detrimento da União, Estados e Municípios, a revisão do arquivamento do inquérito policial poderá ser provocada pela chefia do órgão a quem couber a sua representação judicial.[30]

A menos que haja um novo posicionamento do STF, quando o art. 28-A – que não teve sua aplicabilidade suspensa pela cautelar concedida – em seu §14, menciona que à recusa ministerial ao oferecimento do acordo de não persecução penal, aplica-se o art. 28, deve-se entender pela aplicação da redação do art. 28 do CPP, anterior à Lei n. 13.964/19 (conhecida como "pacote anticrime").

3. Algumas reflexões

Como de costume em relação a qualquer instituto recém-introduzido no ordenamento jurídico, o acordo de não persecução penal recebeu elogios de alguns e críticas de outros. Apresentaremos a seguir algumas reflexões sobre pontos da lei que poderão gerar alguma dúvida no momento da aplicação deste instituto ou lacunas que o legislador poderia ter endereçado e que poderiam conferir maior segurança jurídica.

3.1 O querelante pode oferecer acordo de não persecução penal? Como proceder em caso de desacordo entre o querelante e o Ministério Público quanto ao oferecimento do acordo?

Entendemos que sim: o querelante pode oferecer acordo de não persecução penal. Defendemos este posicionamento, a partir da leitura da jurisprudência emanada do STJ, que já entendeu que: "Embora admitida a possibilidade de transação penal em ação penal privada, este não é um direito subjetivo do querelado, competindo ao querelante a sua propositura."[31]

Conforme já aduzido, o acordo de não persecução penal é um instrumento de justiça consensual, tal como a transação penal, sendo pertinente – portanto – a adoção de posicionamentos jurisprudenciais deste,

---

[30] BRASIL, Código de Processo Penal http://www.planalto.gov.br/ccivil_03/decreto-lei/del3689.htm (acesso em 20.03.2020)
[31] BRASIL. STJ https://ww2.stj.jus.br/processo/revista/inteiroteor/?num_registro=201202532153&dt_publicacao=26/03/2013 (acesso em 20.03.2020)

DIREITO PENAL ECONÔMICO

àquele instituto. Ressalta-se que o acordo de não persecução penal não pode ser compreendido como um direito subjetivo do querelado, cabendo ao titular da ação penal privada o seu oferecimento e, por conseguinte, é o querelante quem pode oferecer o acordo de não persecução penal.

Trata-se de uma faculdade, havendo o exercício de certa liberdade na decisão de sua oferta. Tal discricionariedade aparece na expressão "desde que necessário e suficiente para reprovação e prevenção do crime" contida na segunda parte do *caput* do art. 28-A do CPP, mas a expressão que explicita a possibilidade e não "direito" ao acordo, seja a própria redação do art. 28-A primeira parte, que diz: "Não sendo caso de arquivamento (...) o Ministério Público poderá propor acordo de não persecução penal..."[32]

Aplica-se aqui o princípio da simetria: tudo aquilo que o titular da ação penal tem o direito – ou faculdade – de realizar, o titular da ação penal privada também possui enquanto promove a defesa de seus interesses. Diz a conclusão n. 11 da Comissão Nacional de Interpretação da Lei n. 9.099/95: "11. O disposto no artigo 76 abrange os casos de ação penal privada"[33].

Ocorre que, como é sabido, o *parquet* também funciona na ação penal privada como *custos legis* ou "fiscal da lei"[34] e nesta condição, poderia oferecer o acordo de não persecução penal, a despeito da oposição do querelante?

A resposta aqui não se mostra tão simples e poderia ter sido enfrentada pelo legislador pátrio, deixando claro no texto da lei não só a possiblidade do querelante também oferecer o acordo de não persecução penal mas, além disto, qual deveriam ser os limites da atuação do Ministério Público como fiscal da lei, neste particular. O intuito não seria o de tolher o alcance da importante atuação que o órgão ministerial realiza, mas de indicar balizas e conferir maior transparência e segurança jurídica a todo o processo.

---

[32] BRASIL. Código de Processo Penal. http://www.planalto.gov.br/ccivil_03/decreto-lei/del3689.htm (acesso em 20.03.2020)

[33] http://www.escolamp.org.br/arquivos/22_07.pdf (acesso em 20.03.2020)

[34] Hodiernamente, há dentre os integrantes do Ministério Público quem prefira o uso da expressão *custos societatis*, muito embora a doutrina e jurisprudência tradicional ainda utilizem a expressão *custos legis*.

Isto porque, entendemos que não caberia ao Ministério Público oferecer o acordo de não persecução penal em caso de recusa do querelante, devidamente justificada. (obviamente, desde que tal recusa não configure evidente má-fé ou abuso de direito, o que restaria comprovado a partir da análise dos motivos expostos pelo querelante na manifestação em que expressa sua recusa). Esta posição foi adotada por parcela da jurisprudência:

> CORREIÇÃO PARCIAL. DIREITO PROCESSUAL PENAL. AÇÃO PENAL DE INICIATIVA PRIVADA.TRANSAÇÃO PENAL. NÃO OFERECIMENTO PELO QUERELANTE. OFERECIMENTO PELO MINISTÉRIO PÚBLICO. IMPOSSIBILIDADE. 1. A transação penal, nas ações penais privadas, depende da convergência de vontades, inserindo-se no âmbito do juízo de conveniência e oportunidade do titular da ação, de modo que, se este não concordar, não será realizada. 2. Compete exclusivamente ao querelante o oferecimento da proposta de transação penal nas ações penais privadas, não podendo, a negativa daquele, ser contornada pelo oferecimento pelo Ministério Público. (TRF4, Correição Parcial n. 5053190-76.2016.4.04.0000/SC Rel. Des. Leandro Paulsen, DJ 08.03.2017)[35].

Todavia, o nosso posicionamento parece não obter respaldo na maior parcela da jurisprudência, que entende não só que o investigado tem direito subjetivo aos institutos despenalizantes – desde que preenchido os requisitos legais – como também que, a despeito da negativa do querelante, pode o Ministério Público oferecer a benesse. Neste sentido, o Tribunal de Justiça do Estado de São Paulo já estabeleceu: "Cabimento da transação penal em ação penal privada. Possibilidade de formulação de proposta pelo Ministério Público, em caso de discordância imotivada pelo querelante Direito subjetivo do querelado, presentes os requisitos legais Transação penal mantida[36].

---

[35] https://trf-4.jusbrasil.com.br/jurisprudencia/439382512/correicao-parcial-turma--cor-50531907620164040000-5053190-7620164040000/inteiro-teor-439382695 (acesso e 20.03.2020)

[36] TJ-SP. 2ª Turma Cível, Criminal e Fazenda do Colégio Recursal American, Processo nº 1007574-44.2016.8.26.0019. Relator: Juiz Marcus Cunha Rodrigues. Data do Julgamento: 15/09/2017 https://esaj.tjsp.jus.br/cpopg/show.do?processo.foro=19&processo.codigo=0J00023BC0000 (acesso em 20.03.2020)

DIREITO PENAL ECONÔMICO

E, também:

QUEIXA-CRIME – CRIMES CONTRA A HONRA – TRANSAÇÃO PENAL – Admissibilidade – Direito subjetivo do querelado, se presentes os requisitos objetivos e subjetivos necessários à concessão do benefício – Reincidência não comprovada – Indispensável a certidão cartorária para a comprovação da respectiva agravante – Desnecessidade de prévia iniciativa da querelante, pois é inadmissível facultar-se ao ofendido o arbítrio de negar ao querelado a transação penal, ou ainda, a prerrogativa de propor medidas extremamente gravosas, que acabam por inviabilizar na prática a aceitação do acordo – É dever do Ministério Público, na condição de custos legis, assegurar ao querelado o direito subjetivo ao benefício, formulando desde logo a proposta despenalizadora em patamares aceitáveis, de acordo com a prática forense – Decisão que acolheu a proposta do parquet mantida – Recurso improvido. (2ª Turma Criminal – Santos do Colégio Recursal de Santos. Processo nº 1009201-67.2016.8.26.0477. Relator: Juiz Valdir Ricardo Lima Pompêo Marinho. Data do Julgamento: 25/08/2017)[37].

Não é outro o posicionamento emanado pelo enunciado n. 112 do FONAJE: "Na ação penal de iniciativa privada, cabem transação penal e a suspensão condicional do processo, mediante proposta do Ministério Público (XXVII Encontro Palmas/TO)"[38].

Ante todo o exposto, pode-se concluir que a tendência jurisprudencial é no sentido de que, em caso de recusa do querelante em apresentar a proposta de acordo de não persecução penal, este poderá ser proposto pelo Ministério Público.

---

[37] https://esaj.tjsp.jus.br/cpopg/show.do?processo.foro=19&processo.codigo=0J00023BC0000 (acesso em 20.03.2020)

[38] https://www.amb.com.br/fonaje/?p=32 (acesso em 20.03.2020).

3.2 O que se entende por conduta criminosa profissional? Qual será o tratamento da confissão nos casos em que o acordo não for homologado? É possível a aplicação do acordo de não persecução penal ao crime de tráfico de entorpecentes?

O legislador estabeleceu no § 2º do art. 28-A, inciso II que não se aplica o acordo de não persecução penal ao investigado cuja conduta indique ser um criminoso contumaz e profissional:

> § 2º O disposto no caput deste artigo não se aplica nas seguintes hipóteses: (...) II – se o investigado for reincidente ou se houver elementos probatórios que indiquem conduta criminal habitual, reiterada ou profissional, exceto se insignificantes as infrações penais pretéritas...[39]

Em relação à reincidência e habitualidade, a jurisprudência pátria já tem condições de estabelecer padrões e limites. Todavia, ao "criminoso profissional", melhor seria se o legislador houvesse previsto um conceito, pois – em tese – é possível negar o benefício do acordo de não persecução penal ao investigado que não seja um criminoso habitual, que não tenha praticado a conduta que lhe foi imputada de forma reiterada mas que seja um "criminoso profissional". Tal conceito poderia melhor explicitado pelo legislador, de modo a diminuir margem para questionamento. Por exemplo, um investigado que integra uma organização criminosa é um "criminoso profissional"? Ou é necessário algum tipo de estrutura e sofisticação para que se verifique profissionalismo no caso concreto? Neste caso, devemos entender como profissional apenas se o investigado pertencer a uma organização criminosa?

Esta são algumas questões que poderão ser levantadas em face desta condição impeditiva da benesse.

Quanto à confissão, o art. 28-A do CPP a traz como condição à realização do acordo de não persecução penal. Todavia, como há – em tese – a possibilidade do acordo proposto, cuja realização tem como pré-requisito a confissão do investigado, não ser homologado pelo juiz, como será tratada tal informação? A confissão será excluída dos autos? O juiz que teve contato com ela não poderá sentenciar o feito, a exemplo do que buscou o legislador ao incluir o art. 157, § 5º do CPP, incluído pela Lei

---

[39] http://www.planalto.gov.br/ccivil_03/decreto-lei/del3689.htm (acesso em 20.03.2020).

DIREITO PENAL ECONÔMICO

n. 13.964/19, que diz: "§ 5º O juiz que conhecer do conteúdo da prova declarada inadmissível não poderá proferir a sentença ou acórdão." Ou seria o caso de se aplicar a regra do art. 155 do CPP, que estabelece:

> Art. 155. O juiz formará sua convicção pela livre apreciação da prova produzida em contraditório judicial, não podendo fundamentar sua decisão exclusivamente nos elementos informativos colhidos na investigação, ressalvadas as provas cautelares, não repetíveis e antecipadas.[40]

Entendemos que haveria prejuízo ao investigado se o magistrado utilizar a confissão realizada para a celebração de acordo de não persecução penal não homologado, ainda que para corroborar com outras provas colhidas durante a instrução e sob o crivo do contraditório e da ampla defesa, posição – em tese – passível de ser argumentada diante da atual jurisprudência dos tribunais superiores.

Lamentavelmente, o legislador quedou-se inerte em um momento que poderia deixar uma regra clara para a sociedade. Caberá à jurisprudência, os Tribunais e, talvez o CNJ, expedir normas administrativas que possam auxiliar na correta aplicação do comando legal.

Assim, como a confissão foi anterior ao próprio oferecimento da denúncia, o fato de o magistrado não homologar o acordo de não persecução penal não traria maiores prejuízos.

Finalmente, seria possível a aplicação do acordo de não persecução penal aos crimes de tráfico de entorpecentes? O art. 33, *caput*, da Lei n. 11.343/06[41] prevê a pena mínima de 05 (cinco) anos de reclusão, o que parece afastar o instrumento do acordo de não persecução penal. No entanto, o § 4º do mesmo diploma legal aduz que:

> § 4º Nos delitos definidos no caput e no § 1º deste artigo, as penas poderão ser reduzidas de um sexto a dois terços, desde que o agente seja primário, de bons antecedentes, não se dedique às atividades criminosas nem integre organização criminosa.[42]

---

[40] http://www.planalto.gov.br/ccivil_03/decreto-lei/del3689.htm (acesso em 20.03.2020)

[41] http://www.planalto.gov.br/ccivil_03/_ato2004-2006/2006/lei/l11343.htm#view (acesso em 20.03.2020)

[42] *Idem* (acesso em 20.03.2020)

A depender da dosimetria da pena é possível que o mínimo imposto ao criminoso seja inferior a 04 (quatro) anos, o que o mencionado delito não demanda violência para a sua realização, e tampouco grave ameaça, em uma análise perfunctória, parece ser cabível – em alguns casos – o acordo de não persecução penal.

É possível argumentar de forma contrária – e pode ser que os órgãos do Ministério Público o farão – mencionando, talvez, que a lei de drogas tem uma norma processual própria e especial, afastando a incidência da lei geral, que é o Código Processual Penal. No entanto, o próprio STF já mudou de posição ao estabelecer, mais recentemente, que o interrogatório, mesmo na lei de drogas, deve ser o último ato da audiência, em prestígio ao princípio da dignidade da pessoa humana, modificando orientação anterior em sentido diverso, quando autorizava o interrogatório do acusado como primeiro ato da audiência sob o argumento que *lex specialis derogat legi generali.*

Tendo em vista que a maior parte dos delitos que representam encarceramento é formada por indivíduos condenados pela prática de tráfico de entorpecentes. A depender do posicionamento jurisprudencial, a possibilidade de adoção de acordos de não persecução penal, cuja incidência da lei nova, por trazer hipótese cabível de promover a extinção da punibilidade deverá ser aplicado retroativamente aos casos já em andamento, por ser lei mais benéfica que se submete à sistemática interpretativa da lei penal, será um fator que dará impulso ao esvaziamento carcerário.

4. É possível aplicar o acordo de não persecução penal aos delitos de Direito Penal Econômico?

Entendemos que sim. Pode-se afirmar que o acordo de não persecução penal, desde que atendidos os requisitos indicados no art. 28-A do CPP, aplica-se aos delitos que integram a incidência do denominado "direito penal econômico".

O conjunto de leis que integram o chamado "direito penal empresarial" ou "direito penal econômico" é formado por alguns artigos previstos no Código Penal, mas – sobretudo – por diversos diplomas legais esparsos. Trata-se de certo modo, de uma manifestação de intervenção estatal por meio do ramo do direito penal, criticado por parcela da doutrina que entende não ser mais adequado a utilização deste direito em

DIREITO PENAL ECONÔMICO

situações em que outros ramos, como por exemplo, o direito administrativo, poderiam incidir sobre o ilícito, deixando o direito penal como *ultima ratio.*

De qualquer modo, podem ser citadas como integrantes do direito penal econômico, os seguintes diplomas: Lei n. 7.492/86, Lei n. 8.078/90, Lei n. 8.137/90, Lei n. 9.613/98, dentre outras.

Uma análise perfunctória indica uma ampla possibilidade em se aplicar o instituto em questão aos investigados pela prática das infrações previstas nesta legislação, com o cuidado necessário, diante do caso concreto, em se verificar a ocorrência de concurso de crimes que poderá, eventualmente, impedir a sua incidência.

A título de exemplificação, o crime de gestão fraudulenta tem pena mínima fixada em 03 (três) anos de reclusão, mesmo *quantum* fixado ao crime de lavagem de capitais, em sua forma simples. O crime de descaminho possui pena mínima de 01 (um) ano de reclusão. Os crimes contra a ordem tributária também possuem, como regra, pena mínima de 02 (dois) anos. Enfim, parece-nos ampla a possiblidade de aplicação do acordo de não persecução penal aos delitos integrantes do direito penal econômico.

Conclusões

O acordo de não persecução penal é elemento integrante de uma agenda de medidas consensuais importante para conferir maior celeridade e desburocratização da justiça, sobretudo em relação à atual quadra na qual o Brasil enfrenta sérios limites orçamentários que dificultam a contratação de quadros suficientes nas repartições dos órgãos jurisdicionais, além da insuficiência de recursos materiais ou da estrutura física dos prédios.

Ademais, a crise carcerária é um dos temas mais desafiadores para os Administradores Públicos, de forma que o encarceramento – para o legislador pátrio – deve, aos poucos ser deixado de lado para formas alternativas de cumprimento de pena e da realização da própria persecução penal.

Nesta esteira de acontecimentos, o acordo de não persecução penal vem agregar no intuito de impor ações estatais mais contundentes, apenas aos criminosos reincidentes ou quando ocorrer a prática de crimes violentos ou com grave ameaça à vítima.

A política criminal deixa de conferir maior ênfase à imposição do cárcere como castigo físico para buscar alternativas que corroborem ao efeito pedagógico da pena sem que esta deva, necessariamente, ser restritiva de liberdade. Busca-se, também, uma reparação ágil e razoável para a vítima, de forma que – de algum modo – seja-lhe restituído o *status quo ante*.

A eventual desaprovação popular dos serviços prestados pelo Estado brasileiro não pode, no que toca ao Poder Judiciário, reduzir o debate acerca da efetividade jurisdicional ao tema rapidez. Há de se buscar a realização de acordos de não persecução capazes de ressocializar e causar impacto na sociedade. Para tanto, é necessário que a doutrina e os Tribunais respondam às inquietações práticas supramencionadas, pois será a partir da melhoria dos instrumentos processuais existentes que será alcançada a pacificação social.

REFERÊNCIAS

BRASIL, Câmara dos Deputados. PL 10.372/2018 https://www.camara.leg.br/proposicoesWeb/prop_mostrarintegra?codteor=1666497&filename=PL+10372/2018 (acesso em 14.03.2020)

BRASIL, CNJ https://www.cnj.jus.br/pesquisas-judiciarias/justica-em-numeros/ (acesso em 17.03.2020)

BRASIL, Código Penal. http://www.planalto.gov.br/ccivil_03/decreto-lei/del-2848compilado.htm (acesso em 19.03.2020)

BRASIL. Código de Processo Penal. http://www.planalto.gov.br/ccivil_03/decreto-lei/del3689.htm (acesso em 20.03.2020)

BRASIL. STJ https://ww2.stj.jus.br/processo/revista/inteiroteor/?num_registro=201202532153&dt_publicacao

BURNHAM, William. *Introduction to the law and legal system of the United States.* 3rd.ed. St. Paulo: West Group, 2002.

DOTTI, René Ariel e SCANDELARI, Gustavo Britta. *Acordos de não persecução e de aplicação imediata da pena: o plea bargain brasileiro* https://www.ibccrim.org.br/boletim_artigo/6312-Acordos-de-nao-persecucao-e-de-aplicacao-imediata-de-pena-o-plea-bargain-brasileiro (acesso em 17.03.2020)=26/03/2013 (acesso em 20.03.2020)

GOULART, Marcelo Pedroso. *Elementos para uma teoria geral do Ministério Público.* Belo Horizonte: Arraes, 2013.

Ó SOUZA, Renee do. *Acordo de não persecução penal*: o papel da confissão e a inexistência de plea bargain. https://www.conjur.com.br/2019-jan-07/renee-souza-papel-confissao-inexistencia-plea-bargain (acesso em 14.03.2020)

OLIVEIRA, Eugênio Pacelli de. *Curso de processo penal.* 8 ed. Rio de Janeiro: Lumen Juris, 2007.

LOPES JR, Aury e JOSITA, Higyna. *Questões polêmicas do acordo de não persecução penal.* https://www.conjur.com.br/2020-mar-06/limite-penal-questoes-polemicas-acordo-nao-persecucao-penal (acesso em 20.03.2020).

CAPARICA, Naiara de Seixas Carneiro. https://www.migalhas.com.br/depeso/321184/o-pacote-anticrime-o-acordo-de-nao-persecucao-penal-e-sua-infindavel-lista-de-perguntas-sem-respostas (acesso em 20.03.2020).

TJ-SP.2ª Turma Cível, Criminal e Fazenda do Colégio Recursal American, Processo nº 1007574-44.2016.8.26.0019. Relator: Juiz Marcus Cunha Rodrigues. Data do Julgamento: 15/09/2017 https://esaj.tjsp.jus.br/cpopg/show.do?processo.foro=19&processo.codigo=0J00023BC0000 (acesso em 20.03.2020)

TOURINHO FILHO. Fernando da Costa. *Manual de Processo Penal.* 2 ed. São Paulo: Saraiva, 2001, p. 86.

10. Breve Recorte Jurisprudencial do Alcance da Garantia do "*ne bis in idem*"

DANIELA MARINHO SCABBIA CURY
LISSA MOREIRA MARQUES
MARIANA BEDA FRANCISCO

> *"Fear and abhorrence of governmental power to try people twice for the same conduct is one of the oldest ideas found in western civilization."*
> (Bartkus v. Illinois, 359 U. S. 121, 151 (1959)
> (Black, J., dissenting).

A atividade persecutória dos Estados encontra raízes na soberania, princípio que além de respaldar a própria organização punitiva de cada Estado, conclama a análise ponderada daquelas questões que possam, de qualquer forma, refletir nos direitos e garantias fundamentais dos indivíduos.

Os delitos que ultrapassem os limites territoriais de cada Estado – incluindo aqueles inerentes à vertente econômica do direito penal – podem vir a provocar o interesse, por mais de um ente soberano[1], na persecução criminal.

---

[1] No caso norte-americano, como se verá, a soberania se dá, também, entre as justiças estadual e federal.

DIREITO PENAL ECONÔMICO

Assim, o presente trabalho se propõe ao recorte jurisprudencial do alcance da garantia do *"ne bis in idem"*, no direito norte-americano, regional europeu e americano e, por fim, no brasileiro, com especial destaque ao julgamento do *Habeas Corpus* nº 171.118/SP, em 12 de novembro de 2019, pela Segunda Turma do Supremo Tribunal Federal[2].

Primeiramente, apesar de bastante intuitiva quanto ao seu significado, a garantia do *"ne bis in idem"* possui duas vertentes, a material e a formal[3]:

> "Sob um ponto de vista ontológico, que é o que releva aqui considerar, manifesta-se como **(1)** *"bis in idem"* **material,** consubstanciado no estabelecimento da impossibilidade de imposição ao indivíduo (*ne*) de mais de uma sanção penal (*bis*) em razão de uma mesma prática delituosa (*idem*), e como **(2)** *"bis in idem"* **formal**, entendido como proibição da realização (*ne*) de novo processo e/ou investigação criminal, bem como a decorrente realização de um segundo julgamento (*bis*), após o indivíduo ter sido anteriormente julgado por essa razão ou por já estarem em curso processo ou investigação instaurados por idêntico motivo (*idem*)." [destacamos].

O princípio de que ninguém deve ser punido/processado, ou seja, colocado mais de uma vez em uma situação de risco (*double jeopardy clause*) pelas mesmas circunstâncias, tem a sua origem no direito consuetudinário (*common law*), sendo relacionado aos pleitos de absolvição daquelas pessoas que sofriam nova e idêntica acusação depois de já absolvidas (*plea of autrefois acquit*):

> "(...) the plea of autrefois acquit, or a former acquittal, is grounded on **this universal maxim of the common law of England, that no man is to be brought into jeopardy of his life, more than once, for the same offence.** (...)".[4] [destacamos].

---

[2] Vale anotar que, quando da elaboração do artigo, o Acórdão ainda não fora publicado na íntegra, todavia, consta do Informativo STF de 11 a 15 de novembro de 2019 – nº 959. Disponível em: http://www.stf.jus.br/arquivo/informativo/documento/informativo959.htm. Acesso em 9 de abril de 2020.

[3] RODOLFO TIGRE MAIA, O princípio do *ne bis in idem* e a Constituição Brasileira de 1988, P. 54. Disponível em: http://goo.gl/BTyBjg. Acessado em: 9 de abril de 2020.

[4] BLACKSTONE. Commentaries on the Laws of England. Book the Fourth. Chapter the Twenty-Sixth: Of Plea, And Issue. Disponível em: https://avalon.law.yale.edu/18th_century/blackstone_bk4ch26.asp. Acesso em 9 de abril de 2020.

O direito consuetudinário consagrou, portanto, que ninguém seria submetido mais de uma vez a uma persecução penal **"pela mesma ofensa"**.

O princípio de que ninguém pode ser perseguido duas vezes **"pelos mesmos fatos"** encontra nos países de tradição continental (*civil law*) a sua primeira positivação no art. 9º do Capítulo V da Constituição francesa de setembro de 1791:

> "(...) Article 9. – En matière criminelle, nul citoyen ne peut être jugé que sur une accusation reçue par des jurés, ou décrétée par le Corps législatif, dans les cas où il lui appartient de poursuivre l'accusation. – Après l'accusation admise, le fait sera reconnu et déclaré par des jurés. – L'accusé aura la faculté d'en récuser jusqu'à vingt, sans donner des motifs. – Les jurés qui déclareront le fait, ne pourront être au-dessous du nombre de douze. – L'application de la loi sera faite par des juges. – L'instruction sera publique, et l'on ne pourra refuser aux accusés le secours d'un conseil. – **Tout homme acquitté par un juré légal, ne peut plus** être **repris ni accusé à raison du même fait**. (...)" [5] [destacamos].
>
> "(...) Artigo 9. – Em matéria criminal, nenhum cidadão pode ser julgado, exceto por uma acusação recebida pelos jurados ou decretado pelo órgão legislativo, nos casos em que cabe a ele prosseguir com a acusação. – Após a admissão da acusação, o fato será reconhecido e declarado pelos (ou para) jurados. – O acusado poderá recusar até vinte (jurados), sem justificar. – Os jurados que declararem o fato, não podem estar abaixo do número de doze. – A aplicação da lei será feita pelos juízes. – A investigação será pública e não se pode negar aos acusados a assistência de um advogado. – **Qualquer homem absolvido por um júri não pode mais ser processado ou acusado pelo mesmo motivo. (...)"** [destacamos]

A garantia do *"ne bis in idem"* encontra algumas dificuldades de aplicação.

A hipótese em análise no presente artigo diz respeito à possibilidade de a mesma situação violar, ao mesmo tempo, mais de uma lei penal e despertar a *'persecutio criminis'* de mais de um ente soberano.

---

[5] Disponível em: https://www.conseil-constitutionnel.fr/les-constitutions-dans-l-histoire/constitution-de-1791. Acesso em 9 de abril de 2020.

DIREITO PENAL ECONÔMICO

Como nos Estados Unidos não se prevê a exata fixação da competência criminal da Justiça Federal e da Justiça Estadual, como no Brasil (art. 109 CF/88), sobredita dificuldade de aplicação fica mais evidente uma vez que uma única conduta pode ser perseguida ao mesmo tempo na esfera estadual, na federal e estrangeira[6].

A Suprema Corte Americana, em 17 de junho de 2019, julgou o caso de Terance Martez Gamble, que fora condenado, pela mesma conduta, à pena de 10 anos de prisão pela Justiça do Estado do Alabama e de 3 anos de prisão pela Justiça Federal Americana[7].

O pleito de *Gamble* foi indeferido pela maioria, que afastou a violação da cláusula do *double jeopardy*, aplicando a doutrina do princípio da soberania (*"separate sovereign doctrine"*)[8]:

> "(...) We see no reason to abandon the sovereign-specific reading of the phrase "same offence," from which the dual-sovereignty rule immediately follows. (B) Our cases reflect the same reading. A close look at them reveals how fidelity to the Double Jeopardy Clause's text does more than honor the formal difference between two distinct criminal codes. It honors the substantive differences between the interests that two sovereigns can have in punishing the same act. (...)" [9]

Nesse caso, tanto a *Justice Ruth Bader Ginsburg* quanto o *Justice Neil McGill Gorsuch* ficaram vencidos, declarando seus *dissenting votes*.

---

[6] O princípio do *"ne bis in idem"* está previsto na 5ª Emenda da *Bill of Rights* sendo oposta aos Estados no caso *"Burlington & Quincy Railroad Company v. City of Chicago"* (1897), no qual foi admitida a sua incorporação pela cláusula do *"Due Process"* prevista na 14ª Emenda da Constituição norte-americana. Fonte: https://www.law.cornell.edu/wex/due_process. Acesso em 9 de abril de 2020. Vale anotar que a questão foi pacificada somente com o julgamento do caso *"Benton v. Maryland, 395 U.S. 784 (1969)"* no qual ficou expressamente consignado: *"(...)3. The double jeopardy prohibition of the Fifth Amendment, a fundamental ideal in our constitutional heritage, is enforceable against the States through the Fourteenth Amendment. Palko v. Connecticut, 302 U. S. 319, overruled. Pp. 395 U. S. 793-796. (...)"* Fonte: https://supreme.justia.com/cases/federal/us/395/784/. Acesso em 9 de abril de 2020.

[7] Confira a íntegra da decisão da Suprema Corte no caso "Gamble v. United States, Nº 17-646, 587 U.S. (2019)" em: https://www.supremecourt.gov/opinions/18pdf/17-646_d18e.pdf. Acesso em 9 de abril de 2020.

[8] Disponível em: https://harvardlawreview.org/2019/11/gamble-v-united-states/. Acesso em 9 de abril de 2020.

[9] Confira a íntegra em: https://www.supremecourt.gov/opinions/18pdf/17-646_d18e.pdf. Acesso em 9 de abril de 2020.

A *Justice Ginsburg* deferia o pleito de *Gamble,* afastando o princípio da soberania entre as Justiças estadual e federal americanas, permitindo o duplo processamento perante a soberania estrangeira:

> "(...) The separate-sovereigns doctrine, especially since *Bartkus and Abbate,* has been subject to relentless criticism by members of the bench, bar, and academy. Nevertheless, the Court reaffirms the doctrine, thereby diminishing the individual rights shielded by the Double Jeopardy Clause. **Different parts of the "WHOLE" United States should not be positioned to prosecute a defendant a second time for the same offense.** I would reverse Gamble's federal conviction. (...)" [10] [destacamos]

O *Justice Gorsuch* esclareceu que, se a hipótese cuida dos mesmos fatos, ainda que estivessem previstos em mais de uma lei penal (estadual, federal ou estrangeira), corresponderiam a uma única ofensa, incidindo, portanto, o princípio do *"ne bis in idem"*:

> "(...) **But the major premise of this argument—that "where there are two laws there are 'two offenses'"—is mistaken.** We know that the Constitution is not so easily evaded and that two statutes can punish the same offense. The framers understood the term "offence" to mean a "transgression." And they understood that the same transgression might be punished by two pieces of positive law: After all, constitutional protections were not meant to be flimsy things but to embody "principles that are permanent, uniform, and universal." **As this Court explained long ago in *Blockburger v. United States*,** "where the same act or transaction constitutes a violation of two distinct statutory provisions, the test to be applied to determine whether there are two offenses or only one, is whether each provision requires proof of a fact which the other does not." **So if two laws demand proof of the same facts to secure a conviction, they constitute a single offense under our Constitution and a second trial is forbidden.** (...)" [11] [destacamos]

---

[10] Confira a íntegra em: https://www.supremecourt.gov/opinions/18pdf/17-646_d18e.pdf. Acesso em 9 de abril de 2020.

[11] Confira a íntegra em: https://www.supremecourt.gov/opinions/18pdf/17-646_d18e.pdf. Acesso em 9 de abril de 2020.

DIREITO PENAL ECONÔMICO

Apesar de minoritário nos Estados Unidos, o entendimento do *Justice Gorsuch*, ao se afastar da qualificação e positivação jurídica de uma conduta, se aproxima da experiência da Corte de Justiça da União Europeia, que entende a "identidade fática" como um dos elementos que, se presentes no caso concreto, fazem incidir o princípio do *"ne bis in idem"*[12].

A CJEU, no caso *Van Esbroeck* (C-436/04, j. 9 Mar. 2006), reconheceu o *"bis in idem"* da acusação da mesma pessoa, pelas mesmas circunstâncias e fatos (tráfico de drogas), na Noruega, pela importação, e ao mesmo tempo, na Bélgica, pela exportação, consignando que:

> "(...) **The relevant criterion is the identity of the material acts, understood as the existence of a set of facts which are inextricably linked together, irrespective of the legal classification given to them or the legal interest protected**. Punishable acts of exporting and importing the same narcotic drugs are in principle to be regarded as 'the same acts'. (...)".[13] [destacamos].

O art. 14.7 do Pacto Internacional sobre Direitos Civis e Políticos (*ONU*), promulgado no Brasil pelo Decreto nº 592, de 6 de julho de 1992, impede a dupla perseguição da pessoa pelo "mesmo delito":

> "7. Ninguém poderá ser processado ou punido por um delito pelo qual já foi absolvido ou condenado por sentença passada em julgado, em conformidade com a lei e os procedimentos penais de cada país."

Enquanto o art. 8.4 da Convenção Americana sobre Direitos Humanos (*Pacto de São José da Costa Rica*), promulgada no Brasil pelo Decreto nº 678, de 6 de novembro de 1992, expressamente proíbe a sujeição da pessoa a novo processo "pelos mesmos fatos":

---

[12] Disponível em: http://www.eurojust.europa.eu/doclibrary/Eurojust-framework/caselawanalysis/The%20principle%20of%20Ne%20Bis%20in%20Idem%20in%20criminal%20matters%20in%20the%20case%20law%20of%20the%20Court%20of%20Justice%20of%20the%20EU%20(Sept.%202017)/2017-09_CJEU-CaseLaw-NeBisInIdem_EN.pdf. Acesso em: 9 de abril de 2020.

[13] Disponível em: http://www.eurojust.europa.eu/doclibrary/Eurojust-framework/caselawanalysis/The%20principle%20of%20Ne%20Bis%20in%20Idem%20in%20criminal%20matters%20in%20the%20case%20law%20of%20the%20Court%20of%20Justice%20of%20the%20EU%20(Sept.%202017)/2017-09_CJEU-CaseLaw-NeBisInIdem_EN.pdf. Acesso em 9 de abril de 2020.

"4. O acusado absolvido por sentença passada em julgado não poderá ser submetido a novo processo pelos mesmos fatos."

Com isso, tanto a Convenção Americana de Direitos Humanos, quanto o entendimento da CJEU e a vertente defendida pelo *Justice Gorsuch*, preferem a identidade fática como requisito, em detrimento da previsão na lei penal para a verificação da garantia do *"ne bis in idem"*.

A Corte Interamericana de Direitos Humanos (CIDH) foi além, quando condenou o Peru a decretar a imediata liberdade de María Elena Loayaza Tamayo e sua indenização pelos graves danos material e moral por ela suportados, reconhecendo, por maioria, o *"bis in idem"* na sua dupla perseguição criminal, pelos mesmos fatos, nas esferas comum e militar[14].

O Supremo Tribunal Federal, no julgamento do *Habeas Corpus* nº 86.606/MG[15] e *Habeas Corpus* nº 87.869/CE[16], entendeu que a per-

---

[14] Confira a íntegra da decisão de 17 de setembro de 1997 da CIDH no caso Loaysa Tamayo vs. Peru em: http://www.corteidh.or.cr/docs/casos/articulos/seriec_33_esp.pdf. Acesso em 9 de abril de 2020.

[15] Cujo Acórdão ficou assim ementado: "HABEAS CORPUS. PROCESSUAL PENAL. **PERSECUÇÃO PENAL NA JUSTIÇA MILITAR POR FATO JULGADO NO JUIZADO ESPECIAL DE PEQUENAS CAUSAS, COM TRÂNSITO EM JULGADO:** IMPOSSIBILIDADE: CONSTRANGIMENTO ILEGAL CARACTERIZADO. **ADOÇÃO DO PRINCÍPIO DO *NE BIS IN IDEM*.** HABEAS CORPUS CONCEDIDO. 1. Configura constrangimento ilegal a continuidade da persecução penal militar por fato já julgado pelo Juizado Especial de Pequenas Causas, com decisão penal definitiva. 2. A decisão que declarou extinta a punibilidade em favor do Paciente, ainda que prolatada com suposto vício de incompetência de juízo, é susceptível de trânsito em julgado e produz efeitos. **A adoção do princípio do *ne bis in idem* pelo ordenamento jurídico penal complementa os direitos e as garantias individuais previstos pela Constituição da República, cuja interpretação sistemática leva à conclusão de que o direito à liberdade, com apoio em coisa julgada material, prevalece sobre o dever estatal de acusar. Precedentes.** 3. Habeas corpus concedido." (STF, HC nº 86.606/MG, Primeira Turma, Rel. Min. Cármen Lúcia, DJ de 03/08/2007). [destacamos]

[16] Cujo Acórdão ficou assim ementado: "AÇÃO PENAL. **Duplicidade de processos sobre o mesmo fato. Feitos simultâneos perante a Justiça Militar e a Justiça Estadual. Extinção da punibilidade decretada nesta. Trânsito em julgado da sentença. Coisa julgada material.** Incompetência absoluta do juízo comum. Irrelevância superveniente. Falta, ademais, de coexistência dos requisitos previstos no art. 9º do CPM. Extinção da ação penal em curso perante a Justiça Militar. HC deferido para esse fim. Precedentes. Se, no juízo comum, que seria absolutamente incompetente, foi, com coisa julgada material, decretada a extinção da punibilidade pelo mesmo fato objeto de ação penal perante a Justiça Militar, deve essa

DIREITO PENAL ECONÔMICO

seguição criminal sobre os mesmos fatos perante as Justiças Estadual e Militar configura constrangimento ilegal, reconhecendo o *"bis in idem"*.

Enquanto o princípio do *"ne bis in idem"* incorporaria a clásula do *"due process"* da 14ª Emenda da Constituição norte-americana, no Brasil, a incorporação do princípio tem caráter supralegal, conforme já se manifestou o Supremo Tribunal Federal:

> **"A incorporação do princípio *'ne bis in idem'* ao ordenamento jurídico pátrio, ainda que sem o caráter de preceito constitucional**, vem, na realidade, complementar o rol dos direitos e garantias individuais já previsto pela Constituição Federal, cuja **interpretação sistemática** leva à conclusão de que a Lei Maior impõe a prevalência do direito à liberdade em detrimento do dever de acusar"[17] [destacamos].

É nesse mesmo sentido que NEREU JOSÉ GIACOMOLLI, com especial enfoque à vertente formal da proibição do *ne "bis in idem"*, cuida não só das hipóteses de dupla perseguição, mas de perseguição simultânea:

> "(...) O mesmo caso criminal (identidade fática e de sujeito), em face das peculiaridades da titularidade investigatória criminal, (polícia civil, autoridades administrativas, CPIs, MP, v.g.), poderá estar sendo investigado por mais de uma autoridade estatal. Sendo idêntica a finalidade, como o é a investigação para fins criminais, a dupla investigação fere a vedação do *bis in idem*, (...). **Portanto, a dupla *'persecutio criminis'* ou simultaneidade procedimental persecutória representa um *'bis in idem'* fragilizador das garantias constitucionais.** A autonomia das atribuições investigatórias cede diante do risco de violação dos direitos e das liberdades do investigado (...)"[18] [destacamos].

Além da interpretação sistemática, o Supremo Tribunal Federal procedeu ao controle de convencionalidade quando do julgamento do *Habeas Corpus* nº 171.118/SP.

---

outra (sic) ação ser extinta, sobretudo quando não coexistam os requisitos capitulados no art. 9º do Código Penal Militar." (STF, HC nº 87.869/CE, Segunda Turma, Rel. Min. Cezar Peluso, DJ de 02/02/2007). [destacamos]

[17] STF, HC nº 80.263/SP, Rel. Min. Ilmar Galvão, DJ de 27/03/2007.

[18] GIACOMOLLI, Nereu José. O Devido Processo Penal, Atlas, p. 314.

No caso do sobredito *writ*, o paciente foi denunciado pela suposta prática do crime de lavagem de dinheiro, previsto no art. 1º, §1º, I c.c. art. 1º, §4º da Lei nº 9.613/1998, posteriormente alterado pela Lei nº 12.683/2012, uma vez que teria, em tese, incorrido na ocultação e dissimulação da origem, natureza e propriedade de valores oriundos do tráfico internacional de drogas da Suíça para o Brasil.

Ocorre que, quando o Ministério Público Federal ofereceu a sobredita denúncia, o paciente, na Suíça, já havia sido condenado, por sentença transitada em julgado, pelos mesmos fatos e cumprido a respectiva pena.

As instâncias inferiores afastaram a alegação de ofensa ao princípio do *"ne bis in idem"*, adotando o princípio da territorialidade, nos termos do art. 5º do Código Penal, que determina a aplicação da lei brasileira nos casos em que os crimes foram cometidos em território nacional:

> "Art. 5º – Aplica-se a lei brasileira, sem prejuízo de convenções, tratados e regras de direito internacional, ao crime cometido no território nacional."

Em contraposição à pretensão do paciente, o Ministério Público Federal, repisando argumento que já havia sido ventilado pelo Tribunal Regional Federal da 3ª Região ao apreciar o *Habeas Corpus* nº 0008690-37.2016.4.03.00.008690-8 – *writ* que originou o RHC nº 78.684/SP analisado pela Quinta Turma do Superior Tribunal de Justiça e, após, o HC nº 171.118/SP, impetrado perante o STF – pontuou que o princípio da soberania restringe o âmbito de aplicação do princípio do *"ne bis in idem"*, "veda-se tão somente a dupla punição no Brasil em razão do mesmo fato e não a persecução penal no Brasil do fato punido no exterior", sendo que "a possibilidade de processos nos dois países é decorrência natural e lógica da soberania de cada país (...) e está explicitamente admitida na legislação brasileira (art. 8º do Código Penal), quando permite que a pena imposta no estrangeiro atenue a que venha a ser fixada no Brasil".

No entanto, conforme anotado pelo Supremo Tribunal Federal, além da necessária interpretação sistemática, a solução do caso, em razão da própria ressalva contida no art. 5º do CP, deve observar os direitos assegurados na Convenção Americana de Direitos Humanos e no

DIREITO PENAL ECONÔMICO

Pacto Internacional de Direitos Civis e Políticos[19], ambas promulgadas pelo Brasil.

Ainda quando da concessão do pleito liminar formulado no *writ* em epígrafe[20], o Ministro relator externou preocupação com a responsabilização da República Federativa do Brasil perante a Corte Interamericana de Direitos Humanos por eventual descuido do Judiciário nacional, "haja vista que aos autos tocam matéria pertinente a princípios de processo penal do direito interno e de direitos humanos fixados em tratados internacionais".

Ao apreciar o mérito do *Habeas Corpus* nº 171.118/SP, assentou a Segunda Turma da Suprema Corte que a interpretação sistemática enseja o cotejo da redação dos arts. 5º, 6º e 8º[21] do CP com o que dispõe a Lei nº 13.445/2017 (Lei de Migração), que no art. 82, inciso V não autoriza a extradição daquele que estiver respondendo a processo ou já houver sido condenado ou absolvido no Brasil pelo mesmo fato em que se fundar o pedido. Além disso, o art. 100, *caput*, do mesmo diploma legal, exige expressamente a observância do princípio do *"ne bis in idem"*.

O Tribunal Pleno do Supremo Tribunal Federal, quando do Recurso Extraordinário nº 466.343/SP, decidiu que os tratados internacionais sobre direitos humanos ratificados pelo Brasil ingressariam no ordenamento jurídico nacional com ***status* supralegal**, ou seja, abaixo da Constituição, mas acima das leis infraconstitucionais.

A respeito do princípio *"ne bis in idem"*, a Segunda Turma do Supremo Tribunal Federal, em caso de requerimento de extradição pelo Governo do Equador, aplicou a proibição da *"double jeopardy"* quando do indeferimento do pedido:

> "(...) A QUESTÃO DO *"DOUBLE JEOPARDY"* COMO INSUPERÁVEL OBSTÁCULO À INSTAURAÇÃO DA *"PERSECUTIO CRIMINIS"*, NO BRASIL, CONTRA SENTENCIADO (CONDENADO OU ABSOLVIDO) NO EXTERIOR PELO MESMO FATO – PACTO INTERNA-

---

[19] Vale destacar que as instâncias inferiores registraram, expressamente, a identidade fática entre as acusações formuladas em desfavor do paciente.

[20] O qual visava a suspensão da ação penal de nº 0003112-82.2013.4.03.6181, na qual o paciente houvera sido denunciado pelos mesmos fatos a que acabou condenado na Suíça (pois a instrução processual, à época, encontra-se na iminência de se encerrar).

[21] *In verbis:* "Art. 8º – A pena cumprida no estrangeiro atenua a pena imposta no Brasil pelo mesmo crime, quando diversas, ou nela é computada, quando idênticas."

CIONAL SOBRE DIREITOS CIVIS E POLÍTICOS – OBSERVÂNCIA DO POSTULADO QUE VEDA O *"BIS IN IDEM"*.

– Ninguém pode expor-se, em tema de liberdade individual, a situação de duplo risco. Essa é a razão pela qual a existência de hipótese configuradora de *"double jeopardy"* atua como insuperável obstáculo à instauração, em nosso País, de procedimento penal contra o agente que tenha sido condenado ou absolvido, no Brasil ou no exterior, pelo mesmo fato delituoso.

– A cláusula do Artigo 14, n. 7, inscrita no Pacto Internacional sobre Direitos Civis e Políticos, aprovado pela Assembléia Geral das Nações Unidas, qualquer que seja a natureza jurídica que se lhe atribua (a de instrumento normativo impregnado de caráter supralegal ou a de ato revestido de índole constitucional), inibe, em decorrência de sua própria superioridade hierárquico-normativa, a possibilidade de o Brasil instaurar, contra quem já foi absolvido ou condenado no exterior, com trânsito em julgado, nova persecução penal motivada pelos mesmos fatos subjacentes à sentença penal estrangeira. (...)"[22] [destacamos]

Assim, no julgamento do *Habeas Corpus* nº 171.118/SP, a Segunda Turma do STF consagrou, no ordenamento pátrio, a acepção de que, diante do conflito entre os princípios do *"ne bis in idem"* e da territorialidade (art. 5º, *caput*, do CP), prevalece a proibição da dupla persecução criminal entre esferas jurídicas de países distintos, o que não afronta a soberania nacional, eis que encontra conformidade com o disposto no PIDCP e na CADH e com os precedentes do Tribunal de Justiça da União Europeia e da Corte Interamericana de Direitos Humanos.

A aplicação da garantia do *"ne bis in idem"*, como visto, ainda é debatida na seara criminal, em casos com anterior condenação, absolvição e cumprimento de pena.

A Corte de Justiça da União Europeia já reconheceu o *"bis in idem"* em caso da celebração de acordo de não persecução penal com o Ministério Público (C-187/01 and C-385/01, j. 11 Fev. 2003, *Gözütok and Brügge*)[23].

---

[22] STF, Ext. nº 1.223/DF, Segunda Turma, Rel. Min. Celso de Mello, DJe 28/02/2014.
[23] Disponível em: http://www.eurojust.europa.eu/doclibrary/Eurojust-framework/caselawanalysis/The%20principle%20of%20Ne%20Bis%20in%20Idem%20in%20criminal%20

DIREITO PENAL ECONÔMICO

A questão surge interessante no tocante à vertente material do princípio do *"ne bis in idem"* quando houver a possibilidade da imposição, por autoridade de outros campos e instâncias, de sanções de natureza penal.

A esse respeito, a Corte Europeia de Direitos Humanos nos casos *Grande Stevens v. Itália* (4 Mar. 2014) e *Glantz v. Finlândia* (20 Maio 2014), instada a se manifestar, concluiu que as multas impostas pelas autoridades administrativas, revelavam natureza de cunho penal, reconhecendo o *"bis in idem".*

A natureza de cunho penal das sanções impostas pelas autoridades pode ser reconhecida, segundo a Corte Europeia de Direitos Humanos, pela identificação de três elementos, a chamada *"Engel criteria"* (caso *Engel e outros v. Holanda*)[24].

O primeiro elemento é a classificação jurídica dos fatos no ordenamento jurídico pátrio, o segundo é a natureza dos fatos em si e, o terceiro, é a intensidade da gravidade da penalidade na qual a pessoa corre o risco de incorrer. O segundo e terceiro elementos seriam alternativos e não necessariamente cumulativos[25].

A possibilidade aventada pelo mencionado Tribunal Europeu de, na seara criminal negocial, se alcançar questões de cunho administrativo--sancionadoras, registra o alerta quanto à necessária observância dos direitos e garantias fundamentais (patamar ao qual foi erigido o princípio do *"ne bis in idem"*), também entre instâncias diversas, sendo vedada, ao menos aos olhos daquela Corte, a dupla violação da esfera individual do acusado pelas exatas mesmas circunstâncias.

Dessa forma, com base na análise jurisprudencial realizada neste artigo, conclui-se que o alcance do *"ne bis in idem"* está intrinsecamente

---

matters%20in%20the%20case%20law%20of%20the%20Court%20of%20Justice%20of%20 the%20EU%20(Sept.%202017)/2017-09_CJEU-CaseLaw-NeBisInIdem_EN.pdf. Acesso em 9 de abril de 2020.

[24] Disponível em: http://www.eurojust.europa.eu/doclibrary/Eurojust-framework/caselawanalysis/The%20principle%20of%20Ne%20Bis%20in%20Idem%20in%20criminal%20 matters%20in%20the%20case%20law%20of%20the%20Court%20of%20Justice%20of%20 the%20EU%20(Sept.%202017)/2017-09_CJEU-CaseLaw-NeBisInIdem_EN.pdf. Acesso em 09 de abril de 2020.

[25] Disponível em: https://www.echr.coe.int/Documents/Guide_Art_4_Protocol_7_ENG. pdf. Acesso em 9 de abril de 2020.

vinculado aos direitos humanos[26] e que tal princípio não merece ser preterido em prol de outros preceitos norteadores da política criminal de cada Estado (*verbi gratia* o princípio da territorialidade)[27].

O combate à criminalidade (também a compreendida pelo direito penal econômico, como no caso do delito de lavagem de dinheiro, analisado no HC nº 171.118/SP, STF), portanto, não demanda que os efeitos da lei penal extrapolem limites territoriais ou sirvam de suporte a condenações idênticas entre jurisdições[28] e até instâncias diversas.

Conclui-se, por fim, que o interesse de cada Estado, como ente soberano, de processar um indivíduo, em repetição, pelo mesmo fato delitivo (ainda que o *iter criminis* percorrido ultrapasse fronteiras territoriais) ou mesmas circunstâncias, é afrontador do *"double jeopardy clause"*, eis que o princípio da soberania que rege os Estados deve ser pensado como limitador de eventuais arbitrariedades que emanam da dupla persecução penal.

---

[26] Cuja prevalência é assegurada, no caso do Brasil, não só pelas convenções internacionais sobre direitos humanos, das quais o país é Parte, mas, também pela Constituição Federal (art. 4º, II).

[27] Necessário ressaltar que, no caso norte-americano, nos filiamos ao entendimento minoritário do *Justice Gorsuch*.

[28] Não se pretende evidenciar ou discutir, no caso, qualquer discussão acerca dos acordos internacionais de cooperação jurídica.

11. Breve Análise sobre a Sentença Absolutória do Crime Antecedente e seus Reflexos na Persecução do Crime de Lavagem de Capitais

Enzo Fachini
Juliana Malafaia

Introdução

"Lavagem de dinheiro" é nome adotado para descrever um ato – ou uma sequência de atos – destinados a ocultar ou dissimular a natureza, origem, localização, disposição, movimentação ou propriedade de bens, direitos e valores provenientes, direta ou indiretamente, de infração penal, com a finalidade última de reinseri-los na economia formal como se lícitos fossem.[1]

Diante de sua particular relevância no enfrentamento da criminalidade organizada – a partir do momento em que se concluiu ser mais eficiente ao combate às organizações criminosas a persecução de seus recursos obtidos de forma ilícita do que o próprio embate físico – a temática da lavagem de dinheiro é constantemente objeto de debates e estudos ao redor do mundo e de notório interesse internacional, sendo

---

[1] Blanco Cordeiro, Isidoro. El Delito de Blanqueo de Capitales. 3. ed. Pamplona: Aranzadi Editorial, 2012, p. 21.

DIREITO PENAL ECONÔMICO

objeto de diversos tratados e cooperações entre países[2]. Somando a isso a constante atualização e aprimoramento da própria delinquência econômica, é certo que o branqueamento de capitais é assunto sempre em voga por despertar a atenção por sua estreita vinculação com as organizações criminosas.

No Brasil, os iniciais esforços legislativos surgiram com a Lei 9.613/98, que trouxe os primeiros traços de condutas criminalmente puníveis quanto à reciclagem de capitais. Após algumas alterações, verifica-se a tripla natureza da Lei, que contém dispositivos relacionados ao controle administrativo, normas que tratam dos crimes e das penas relacionadas ao crime em questão e, por fim, dispositivos com regras de processo penal próprias.[3]

Especificamente para o que interessa a esse artigo, a Lei 9.613/98 trouxe inicialmente um número fechado de infrações penais cujo produto seria apto para passar por um procedimento de "lavagem de capitais", os conhecidos crimes antecedentes. De caráter processual, previu também em seu artigo 2º, inciso II a independência do processamento da lavagem de dinheiro ao do crime antecedente, dispondo que "o processo e julgamento dos crimes previstos nesta Lei II – independem do processo e julgamento dos crimes antecedentes referidos no artigo anterior, ainda que praticado em outro país".

Por fim, também determinou que a denúncia fosse "instruída com indícios suficientes da existência da infração penal antecedente, sendo puníveis os fatos previstos nesta Lei, ainda que desconhecido ou isento de pena o autor, ou extinta a punibilidade da infração penal antecedente".

A alteração legislativa nº. 12.683/2012 trouxe importante inovação ao excluir o rol taxativo de crimes antecedentes e, portanto, abrangendo a incidência de condutas tipicamente puníveis como lavagem de capitais. Alterou também a redação original do artigo 2º, inciso II ao dispor que o processamento e julgamento do crime de lavagem de capitais "independem do processo e julgamento das infrações penais antecedentes, ainda que praticados em outro país, cabendo ao juiz competente para

---

[2] Op. Cit, p. 21.
[3] BADARÓ, Gustavo Henrique e BOTTINI, Pierpaolo Cruz. Lavagem de dinheiro: aspectos penais e processuais penais; comentários à Lei 6.613/1998, com alterações da Lei 12.638/2012. 4. ed. rev., atual. e ampl. – São Paulo: Thompson Reuters Brasil, 2019, p. 39.

BREVE ANÁLISE SOBRE A SENTENÇA ABSOLUTÓRIA DO CRIME ANTECEDENTE

os crimes previstos nesta Lei a decisão sobre a unidade de processo e julgamento".

Quanto ao § 1º do artigo 2º, sua redação também foi modificada, tendo o texto passado a trazer que "a denúncia será instruída com indícios suficientes da existência da infração penal antecedente, sendo puníveis os fatos previstos nesta Lei, ainda que desconhecido ou isento de pena o autor, ou extinta a punibilidade da infração penal antecedente".

Assim, o legislador deu à lavagem de dinheiro, de um lado, caráter de crime autônomo e, de outro, uma relação de *"acessoriedade material"* com o crime antecedente[4], de modo que não seria necessária a persecução do crime antecedente, mas obrigatória a instrução com indícios suficientes da existência de infração penal antecedente.

Surge, com isso, a pergunta chave desse artigo. Se **(a)** o legislador desvinculou a persecução do crime de lavagem de dinheiro de qualquer persecução de crime antecedente, sendo inclusive possível que seu autor seja desconhecido ou que a punibilidade da infração antecedente já se encontre extinta, mas **(b)** havendo o dever institucional por parte do órgão acusatório de perseguir também o crime previamente cometido, **(c)** qual a consequência para o processamento do crime de lavagem de capitais caso haja sentença absolutória para o crime antecedente?

É certo que a extensão no que tange o assunto seria digna de aprofundado debate acadêmico, o que não é o objetivo para o momento. É igualmente certo que diversos pontos na temática "lavagem de capitais" (alguns responsáveis pelas principais divergências na temática de lavagem de capitais) deixarão de serem trazidos ao longo desse artigo. Ao final, pretende-se abordar, ainda que de sobrevoo, as implicações que a absolvição (e seus fundamentos) em relação ao crime antecedente terão na persecução da lavagem de capitais.

Para tanto, far-se-á necessário, **(i)** traçar um panorama sobre a estrutura da lavagem e do que é infração penal antecedente, **(ii)** trazer considerações sobre a sentença e outros conceitos processuais penais relevantes, **(iii)** abordar as possibilidades e fundamentos de absolvição previstas no artigo 386 do Código de Processo Penal para, ao final, **(iv)** concluir sobre os efeitos dessa absolvição sobre a persecução da lavagem de capitais.

---

[4] PITOMBO, Antônio Sergio A. de Moraes. Lavagem de dinheiro. São Paulo: Revista dos Tribunais, 2003, p. 110.

DIREITO PENAL ECONÔMICO

1. Considerações sobre a estrutura do crime de lavagem de capitais e o crime antecedente.

A lavagem de dinheiro, conceituada por BALTAZAR JUNIOR como "atividade de desvinculação ou afastamento do dinheiro de sua origem ilícita para que possa ser reaproveitado"[5], corresponde a um processo complexo com o objetivo de reintrodução na economia formal de valores obtidos de forma ilícita sob a aparência de licitude que pode ser subdividido em três fases: a) introdução ou ocultação; b) transformação ou dissimulação; e c) integração.

A primeira fase da lavagem, também conhecida por colocação, consiste na separação física do dinheiro do crime antecedente e sua introdução no sistema financeiro.

A dissimulação, segunda fase do branqueamento, consiste na dificuldade empregada para rastrear a origem do dinheiro. Ou seja, cria-se um emaranhado de complexas transações financeiras para encobrir a origem dos valores de modo que se perca a trilha do numerário. É fazer desaparecer o vínculo existente entre o delinquente e o bem precedente de sua atuação.

Por fim, a integração ou reinversão – terceira e última fase –, se traduz na incorporação do capital ao sistema econômico, já com a aparência lícita, dificultando ainda mais a investigação. Logo, o dinheiro pode ser utilizado no sistema econômico e financeiro como se tratasse de dinheiro licitamente obtido.

O tipo penal do artigo 1º da Lei 9.613/98, de ação múltipla ou plurinuclear, consuma-se com a prática de qualquer dos verbos mencionados na descrição típica e relaciona-se com qualquer das fases do branqueamento de capitais, não exigindo a demonstração da ocorrência de todos os três passos do processo de lavagem.

A lavagem deve ser vista então como um processo e, mesmo que se saiba qual é o ponto de partida – a execução de um fato ilícito economicamente produtivo –, não é possível determinar aonde encontra seu fim, já que sempre será possível avançar um passo novo, realizando uma nova

---

[5] BALTAZAR JUNIOR, José Paulo. Crimes federais. 10ª ed., rev., atual. e ampl., São Paulo: Saraiva, 2015, p. 1088.

operação de lavagem que favoreça um pouco mais a distância dos bens a respeito de sua remota procedência.[6]

O crime de lavagem de dinheiro é dito crime acessório, derivado ou parasitário, porque pressupõe a existência de infração anterior, que constitui uma circunstância elementar do tipo de lavagem. O dito ponto de partida encontra sua origem em uma atividade ilícita *per si*, ou seja, procede necessariamente de atividades delitivas.[7]

Para que haja a conduta típica de lavagem de capitais é necessária a ocorrência de um delito antecedente que tenha gerado produto apto a ser lavado. E, com o advento da Lei 12.683/2012, por razões de política criminal e seguindo a tendência internacional de combate à lavagem, não existe mais um rol taxativo de crimes antecedentes e necessários para a configuração do delito de lavagem de capital. A atual redação prevê que todas as infrações penais podem ser antecedentes do crime em comento.

Passou então o artigo 1º da Lei 9.613/98 a dispor sobre direitos ou valores provenientes, direta ou indiretamente, de infração penal, sendo certo que o legislador optou por incluir no rol antecedente tanto os crimes quanto as contravenções penais, sem distinção. A nova legislação, duramente criticada[8], alargou por completo o âmbito de reconhecimento ou esfera de tipificação da lavagem ao referir-se à infração antecedente como *qualquer* infração.

Justamente por isso se faz relevante traçar um panorama sobre a estrutura dogmática do delito e seus elementos, a saber: tipicidade, antijuridicidade e culpabilidade.

Tratar da tipicidade é dizer que o crime antecedente deve ser típico, ou seja, é necessário que a conduta (e todos os seus elementos, objetivos

---

[6] CALLEGARI, André Luís. Lavagem de dinheiro: aspectos penais da Lei 9.613/98. 2. ed. rev. atual., Porto Alegre: Livraria do Advogado Editora, 2008, p. 69.

[7] BLANCO CORDEIRO, Isidoro. El Delito de Blanqueo de Capitales. Pamplona: Aranzadi Editorial, 1997, p. 93.

[8] Crítica pertinente é feita, por exemplo, ao processamento de lavagem de dinheiro em que o produto vem de uma contravenção penal. Ao fim e ao cabo, a inconsistência legislativa se dá no momento em que o legislador opta por punir pela infração principal com pena de prisão simples ou multa, enquanto ao crime acessório reservou duras penas que flutuam entre 3 (três) e 10 (dez) anos de reclusão.

DIREITO PENAL ECONÔMICO

e subjetivos) sejam descritos em lei como passíveis de punição criminal[9]. O comportamento do crime antecedente deve ser criminalmente proibido pela legislação anteriormente a sua prática (não há crime sem lei anterior que o defina, como dispõe a primeira parte do artigo 1º do Código Penal). Caso o fato antecedente seja apenas um ilícito civil ou administrativo, ou de qualquer forma um irrelevante penal, não será possível imputar o delito de lavagem de capitais.

Antijuridicidade, por sua vez, trata das situações específicas em que, na verdade, não se taxa a conduta criminosa pela injustiça do comportamento típico. Assim, caso o fato antecedente seja antijurídico, não poderá, também, acarretar na persecução de lavagem de dinheiro, por não preencher os elementos da estrutura do delito.

Questão interessante e controversa reside na culpabilidade. Há quem defenda, de um lado, que a culpabilidade seja elemento do crime e, por isso, somente haverá crime se o comportamento for também culpável No entanto, não parece ser essa a opção do legislador, que elegeu uma concepção dualista do delito, tendo tratado a culpabilidade como condição de punibilidade[10].

Assim, não se exige que o sujeito que realiza um dos delitos antecedentes seja culpável, bastando para a caracterização da lavagem que a infração antecedente seja um ato típico e antijurídico. Logo, a culpabilidade não é considerada requisito necessário para a consideração do fato prévio como crime antecedente, visto que a existência de qualquer causa de exclusão de culpabilidade no comportamento de origem é irrelevante.[11].

Da adoção de tal entendimento, se deduzem duas consequências. A uma, quando os bens não tenham sua origem em um fato típico, não haverá um delito de lavagem de dinheiro. Assim, se o fato prévio no qual tem origem os bens não se encontram descrito em algum tipo de injusto

---

[9] BITENCOURT. Cezar Roberto. Tratado de Direito Penal: parte geral. 24. Ed. São Paulo: Saraiva Educação, 2018, p. 354.

[10] BOTTINI, por exemplo, por mais que defenda que a culpabilidade como elemento do crime, reconhece que essa não parece a opção do legislador brasileiro. In: BADARÓ, Gustavo Henrique e BOTTINI, Pierpaolo Cruz. Lavagem de dinheiro: aspectos penais e processuais penais; comentários à Lei 6.613/1998, com alterações da Lei 12.638/2012. 4. ed. rev., atual. e ampl. – São Paulo: Thompson Reuters Brasil, 2019, p. 98 e 99.

[11] Conforme o art. 2º, §1º da Lei 9.613/98.

BREVE ANÁLISE SOBRE A SENTENÇA ABSOLUTÓRIA DO CRIME ANTECEDENTE

penal, as condutas de lavagem que recaiam sobre ditos bens não podem ser típicas.

A segunda consequência que se depreende é que quando no fato prévio no qual tem origem os bens objeto de lavagem concorre uma causa de justificação, não poderá haver um delito de lavagem de dinheiro, pois se as condutas que podem constituir a lavagem recaem sobre bens que têm sua origem num fato típico, mas não antijurídico, não se pode apreciar um delito de lavagem de dinheiro.

Assim, ocorrendo, em relação ao crime antecedente, a exclusão da tipicidade ou da antijuridicidade, acarretará na inocorrência do crime precedente. E, não havendo crime antecedente, não se pode falar em lavagem de capitais.

No entanto, as causas de exclusão de culpabilidade ou as excludentes de punibilidade não afastam, *per si*, a tipicidade da lavagem de dinheiro. Assim, ainda que o sujeito agente da infração penal antecedente seja menor de idade ou inimputável, ou ainda que tenha se dado a sua morte ou prescrito o crime antecedente, não há óbice para o prosseguimento da persecução da lavagem de dinheiro. As exceções das causas extintivas de punibilidade que podem afetar a persecução da lavagem de dinheiro ficam por conta dos incisos II e III do artigo 107 do Código Penal (anistia e *abolitio criminis*) que inferem na própria tipicidade do crime antecedente.[12]

Ainda, é preciso que essa infração gere um produto apto a ser lavado, como determina a lei. Extrai-se, assim, que um dos requisitos para a tipificação do crime de lavagem de dinheiro é a demonstração de que o numerário que se busca branquear decorre de proveito econômico criminoso, uma vez que há uma conexão causal da lavagem com o ilícito precedente.

No caso de tentativa, caso se trate de crime, eventual produto poderá ser mascarado, desde que a tentativa por si só seja apta para gerar produtos que possam ser utilizados para os fins de lavagem de dinheiro. No entanto, não será passível de lavagem de dinheiro o produto obtido por meio de tentativa de contravenção penal, uma vez que a própria Lei de Contravenções Penais exclui a punibilidade da contravenção tentada

---

[12] Pitombo, Antônio Sergio A. de Moraes. Lavagem de dinheiro. São Paulo: Revista dos Tribunais, 2003, p. 122.

DIREITO PENAL ECONÔMICO

(artigo 4º do Dec.-lei 3.688/1941) e, portanto, seria fato antecedente atípico não apto a sustentar a imputação de lavagem de dinheiro.

É no delito prévio que existirá a origem do objeto material sobre o qual vai recair a conduta típica de branqueamento de capitais. A procedência delitiva é que constitui a origem dos bens e precisa ser efetivamente demonstrada. Bem por isso, para que uma pessoa seja condenada por lavagem de dinheiro, a denúncia deve indicar o crime antecedente, cometido na obtenção de recurso ilícito.

Assim, não se exige para instauração da ação penal ou para o recebimento da denúncia prova concreta da ocorrência de infração penal, bastando a existência de elementos indiciários de que o capital lavado tenha origem ilícita. Contudo, não admite o legislador que a peça acusatória deixe de indicar quais crimes antecedentes teriam dado a certeza ao órgão acusador de que os recursos recebidos têm origem desonesta[13].

E, bem por isso, a denúncia que não apresenta a infração penal antecedente será considerada inepta visto que sua deficiência resulta em vício na compreensão da acusação a ponto de comprometer o direito de defesa do acusado[14]. A generalidade da peça acusatória viola a ampla defesa pois não cumpre com o deve de delimitar e individualizar os fatos delituosos.

Um setor da doutrina defende inclusive que a ausência de prova do cometimento do delito prévio torna impossível a condenação do sujeito pelo crime de lavagem visto que o crime antecedente condiciona até mesmo o tipo de lavagem que ocorreria. Assim, seria necessário a certeza quanto a realização do tipo precedente.[15]

---

[13] Embora não haja divergência sobre a desnecessidade da persecução do crime antecedente para o oferecimento de denúncia de Lavagem de Capitais, pertinente a crítica de Vilardi, para quem, quando não ficar confirmado durante a instrução processual os indícios descritos na denúncia, não será possível resolver o processo penal que apura lavagem de dinheiro sem que, anteriormente, se resolva questão prejudicial sobre a existência de crime anterior e seu objeto. Para tanto, apesar de se tratar de crime autônomo, sugere a conexão entre os processos ou, quando não possível, a suspensão do processo de lavagem até decisão definitiva de mérito sobre o crime antecedente. In: VILARDI, Celso Sanchez. A prejudicialidade no processo penal relativo ao crime de lavagem de dinheiro. Dissertação de Mestrado em Direito – Pontifício Universidade Católica de São Paulo, São Paulo, 2005.

[14] VILARDI, Celso Sanchez. "A prejudicialidade..."

[15] DAVILA, Fabio Roberto. A certeza do crime antecedente como elementar do tipo nos crimes de lavagem de capitais. IBCCRIM, ano 7, n. 79, junho 1999, São Paulo, p. 4.

Dessa forma, a denúncia por lavagem só pode ser concretizada com a presença de delitos antecedentes. Ou seja, a indicação da infração penal antecedente, à qual a lavagem de dinheiro se direciona para fins de branqueamento, é inafastável para fins de imputação do fato criminoso. E nem se diga que havendo processo próprio para julgar a infração antecedente deixa de ser necessária a indicação com todas as suas circunstâncias no processo que cuida da lavagem. O fato de haver processo apartado em andamento não atenua a exigência da descrição completa do delito antecedente nos autos que apuram a lavagem.[16]

Seguindo o mesmo raciocínio, não há dúvida de que não se pode cogitar condenação pelo crime de lavagem de capitais quando não haja prova e certificação do crime antecedente. E, muito menos razão terá o magistrado que condenar pela lavagem o acusado absolvido em alguns dos incisos do artigo 386 do Código de Processo Penal, o que será demonstrado mais adiante.

Além disso, a justiça não pode esperar que autores dos delitos antecedentes façam a declaração do cometimento dos seus próprios crimes, ou, que declare que a origem de parte do patrimônio é oriunda de atividade ilícita. Não é demais lembrar que ninguém está obrigado a produzir prova contra si mesmo e a administração da justiça e os órgãos encarregados da persecução criminal devem ter o aparelhamento suficiente para isso.[17]

Portanto, se não há crime anterior, ou se, pelo menos, por defeituosa descrição dos fatos típicos, não se consegue demonstrar o vínculo, objetivo ou subjetivo, entre o delito antecedente e aquele outro cuja prática se atribui ao paciente, obviamente, não se poderá, ao final, impor-lhe um juízo condenatório pelo crime de lavagem de ativos.

2. A sentença penal e a coisa julgada material e formal

Feitas as observações sobre o crime de lavagem de capitais e sua acessoriedade com o crime antecedente, devemos traçar algumas considerações sobre a sentença penal e suas características.

---

[16] BADARÓ, Gustavo Henrique e BOTTINI, Pierpaolo Cruz. Lavagem de dinheiro: aspectos penais e processuais penais; comentários à Lei 6.613/1998, com alterações da Lei 12.638/2012. 4. ed. rev., atual. e ampl. – São Paulo: Thompson Reuters Brasil, 2019, p. 341.

[17] CALLEGARI, André Luís. Lavagem de dinheiro: aspectos penais da Lei 9.613/98. 2. ed. rev. atual., Porto Alegre: Livraria do Advogado Editora, 2008, p. 86.

DIREITO PENAL ECONÔMICO

Sentença é ato que extingue o processo com ou sem julgamento de mérito[18]. É por meio dela que a pretensão dirigida ao Poder Judiciário será resolvida de forma definitiva. Em se tratando de processo penal, é dizer que, na prolação da sentença de mérito definitiva, o Poder Judiciário decide a respeito da condenação ou absolvição de pessoa criminalmente processada[19].

O artigo 381 dispõe sobre os requisitos da sentença, determinando que contenha "I – os nomes das partes ou, quando não possível, as indicações necessárias para identificá-las; II – a exposição sucinta da acusação e da defesa; III – a indicação dos motivos de fato e de direito em que se fundar a decisão; IV – a indicação dos artigos de lei aplicados; V – o dispositivo e VI – a data e assinatura do juiz".

A motivação que consta no inciso III vem revestida, é verdade, da garantia constitucional da motivação das decisões judiciais, prevista no artigo 93, XI da Constituição da República. É por essa garantia que é possível entender as razões da decisão proferida, tanto pelas circunstâncias de fato quanto de direito.[20]

Convicto da existência de provas suficientes de autoria e materialidade, o juiz deverá condenar o acusado, fixar o *quantum* da pena, seu regime de cumprimento e, quando o caso, valor mínimo para reparação dos danos causados pela infração penal, tudo conforme o artigo 387 do *Códex* Processual.

Já no que tange às possibilidades de absolvição, todas as 7 previstas no artigo 386 do Código de Processo Penal, podemos separá-las em quatro grupos.

Os dois primeiros incisos tratam especificamente da existência do fato. Isso é, da ocorrência naturalística de um acontecimento, e não de sua qualificação jurídica. É dizer que o fato que sustenta a acusação não se realizou no mundo ou não é relevante do ponto de vista criminal.

---

[18] TOURINHO FILHO, Fernando da Costa. Manual de Processo Penal – 17ª Ed. – São Paulo, Saraiva, 2017, p. 857.

[19] *"Dizem condenatórias as sentenças quando julgam, no todo ou em parte, a pretensão deduzida, infligindo ao responsável uma pena"* e *"Absolutórias são as sentenças que julgam improcedente a pretensão punitiva"*. TOURINHO FILHO, Fernando da Costa. Manual de Processo Penal – 17ª Ed. – São Paulo, Saraiva, 2017, p. 858.

[20] FERNANDES, Antonio Scarance. Sobre o princípio Constitucional da motivação das decisões judiciais: Processo Penal Constitucional. São Paulo: Revista dos Tribunais, 1999, p. 119.

A diferença entre eles reside no grau da certeza de sua não ocorrência: enquanto o primeiro inciso é categórico ao afirmar estar provada a inexistência do fato, o segundo trata de uma dúvida sobre sua existência ou não.

O inciso III trata da tipicidade da conduta. Aqui, não se discute se o fato aconteceu ou não, como nos dois incisos anteriores. O que se discute é se aquele fato se amolda a algum ilícito penal.

Os incisos IV e V tratam, por sua vez, da prova de autoria ou participação do agente denunciado nos fatos julgados. Para além da certeza de que o fato ocorreu e de que é juridicamente típico, discute-se aqui se é possível afirmar se o denunciado efetivamente concorreu de alguma forma para a realização desse fato. Assim como ocorre quanto aos incisos I e II, a distinção entre os incisos IV e V reside no grau de certeza. Enquanto naquele está provado que o réu não concorreu para a infração penal, neste não há provas seguras de que o réu teria concorrido para a infração penal.

Já o inciso VI trata das hipóteses de excludentes de ilicitude e de culpabilidade. Esse inciso será usado, portanto, em situações em que restar demonstrado (ou se ao menos houver dúvida fundada) o estado de necessidade, legítima defesa, estrito cumprimento do dever legal, exercício regular de direito, ou quando se tratar de réu menor de 18 anos. Caso seja reconhecida sua inimputabilidade, o magistrado sentenciante deverá absolvê-lo de maneira imprópria no inciso VI e aplicar medida de segurança (artigo 386, par. único, inciso III).

Por fim, o inciso VII consagra a regra constitucional do *in dubio pro reo*, ao prescrever que o juiz deverá absolver quando "não existir prova suficiente para sua condenação".

Dito isso, é preciso destacar que a sentença, que tem por finalidade por cabo à uma pretensão resistida (no caso do processo penal, pretensão entre o Estado que pretende exercer seu direito de punir e o acusado que exerce seu direito de se defender da acusação imposta) só atinge sua eficácia plena por formar coisa julgada – material e formal – que é, de acordo com Liebman, a imutabilidade dos efeitos da sentença e da própria sentença. Isso decorre da consequência lógica de que, firmado o posicionamento do Poder Judiciário, essa sentença deverá permanecer imutável para que passe alguma sensação de segurança jurídica[21].

---

[21] A exceção reside na possibilidade de revisão criminal por parte do condenado, que poderá rever sua condenação ainda que transitada em julgado, nas hipóteses previstas no

DIREITO PENAL ECONÔMICO

A coisa julgada formal é a imutabilidade da sentença dentro do próprio processo, e ocorre quando esgotadas as vias impugnativas, quer pelo trânsito em julgado quando não há interposição de recurso ou quando esgotadas todas as vias recursais[22].

Já a coisa julgada material é a imutabilidade dos efeitos da sentença proferida. Formada a coisa julgada material, o objeto do processo que envolver as mesmas partes e os mesmos fatos não poderá ser novamente judicializado. Umbilicalmente ligada ao princípio do *ne bis in idem* (de que ninguém poderá ser processado duas vezes pelo mesmo fato), a coisa julgada material exterioriza seus efeitos perante o fato naturalístico debatido ao longo do processo.[23]

A importância da coisa julgada para as conclusões que se pretende chegar esse artigo reside na impossibilidade de nova valoração dos fatos do crime antecedente quando já julgados pelo Poder Judiciário. Assim, havendo sentença absolutória do crime antecedente proferida por um juízo, os mesmos fatos não poderão ser revalorados, diante de sua imutabilidade. Não poderá o juiz sentenciante da lavagem de dinheiro, por exemplo, entender existentes indícios suficientes para a condenação da lavagem quando, em processo distinto, já houver pronunciamento do poder judiciário pela inexistência do fato.

Não é possível também que haja, concomitantemente, duas denúncias que busquem a condenação pelos mesmos fatos, sendo cabível a oposição de exceção de litispendência, nos termos do artigo 95, III do Código de Processo Penal.

A Lei de Lavagem, contudo, deixou de tratar da influência da coisa julgada já formada em processo que tinha por objeto a infração penal antecedente. Isso porque, diante da acessoriedade material do delito de lavagem de dinheiro em relação à conduta antecedente, a coisa julgada já formada implicará diretamente na instauração ou no resultado de subsequente processo pelo crime de lavagem.

Para solucionar o problema, BADARÓ sugere que, diferentemente do âmbito civil, na esfera penal o que se julga no dispositivo da sentença é

---

art. 621 do Código de Processo Penal. No entanto, não há possibilidade de revisão criminal "a favor da acusação".

[22] BADARÓ, Gustavo Henrique. Processo Penal. 5 ed. São Paulo: Revista dos Tribunais, 2017, p. 561.

[23] Op. Cit, p. 562.

248

o objeto da imputação penal, ou seja, é o fato penalmente relevante atribuído a alguém. Assim, a coisa julgada se formará sobre o fato criminoso em sua integralidade, abarcando inclusive aspectos não deduzidos em juízo. Justamente por isso, a imunização da coisa julgada atingirá também o fato e a autoria delitiva.[24]

Em suma, para renomado doutrinador, a autoridade da coisa julgada que se forma sobre o dispositivo da sentença penal inclui "o fato imputado, sua caracterização como infração penal e a autoria delitiva".[25] Contudo, a análise das implicações da coisa julgada em uma sentença absolutória pela infração antecedente somente impedirá o processo pelo delito de lavagem a depender da questão prejudicial posta, conforme analisaremos adiante.

3. A sentença absolutória do crime antecedente e suas consequências para a persecução do crime de lavagem de dinheiro.

Feitas as considerações sobre o tipo de lavagem de dinheiro e também sobre o crime antecedente, bem como destacados pontos processuais relevantes, como os efeitos da sentença penal, tal qual a imutabilidade da sentença (coisa julgada material e formal) e a impossibilidade da existência de duas denúncias para apurar o mesmo fato (litispendência), cabe agora responder a questão inicial: havendo absolvição do crime apontado na denúncia como antecedente, quais as implicações para o início ou continuidade da persecução da lavagem de dinheiro?

Para melhor visualização da exposição, manteremos a divisão dos fundamentos da absolvição nos mesmos quatro grupos tratados em tópico acima. Também, optamos por não incluir em nossa análise as absolvições proferidas no inciso VII, pela sua generalidade.[26]

---

[24] BADARÓ, Gustavo Henrique e BOTTINI, Pierpaolo Cruz. Lavagem de dinheiro: aspectos penais e processuais penais; comentários à Lei 6.613/1998, com alterações da Lei 12.638/2012. 4. ed. rev., atual. e ampl. – São Paulo: Thompson Reuters Brasil, 2019, p. 258.

[25] Op. cit.

[26] Por mais que a prática forense demonstre que a absolvição com fundamento no inciso VII do artigo 386 do Código de Processo Penal é, de fato, a mais utilizada pelos magistrados, por se tratar de modalidade de absolvição parca, não é possível extrair o verdadeiro fundamento da decisão tão somente por seu inciso, de modo que será necessário adentrar na sentença do caso concreto para extrair, a partir daí, eventuais reflexos ao processo da lavagem de dinheiro. Desse modo, optou-se por não dar a esse fundamento igual tratamento daquele dado aos demais nesse estudo.

DIREITO PENAL ECONÔMICO

> *"Art. 386. O juiz absolverá o réu, mencionando a causa na parte dispositiva, desde que reconheça": "I – estar provada a inexistência do fato" ou "II – não haver prova da existência do fato".*

Como dito alhures, sentenças absolutórias proferidas nos incisos I e II atacam a existência do próprio fato penal. Assim, inexistente o fato penal anteriormente apontado como antecedente, não há que se falar em possibilidade de lavagem de dinheiro, já que não se pode "lavar o que nunca foi sujo".

Aqui, é irrelevante que a absolvição tenha se dado no inciso I ou II, ainda que diferente o grau da certeza. Se é certo que a denúncia do crime de lavagem de capitais tem, por imposição legal, apenas o dever de trazer indícios suficientes para o seu processamento no primeiro momento, é certo que a sentença de mérito proferida no sentido de que não há elementos suficientes da materialidade do crime antecedente afasta por completo a validade dos indícios anteriormente apontados para a condenação por lavagem de capitais.

Além do que, não seria possível a reanálise pelo poder judiciário sobre os mesmos fatos, de modo que feita a coisa julgada material sobre a inexistência dos fatos daquilo que foi apontado como crime anterior, não poderá outro juízo revalorar a força probatória dos "indícios" apontados em denúncia para se chegar a uma condenação por lavagem de capitais.

Sendo certa a inexistência do crime antecedente (ou ao menos, colocada dúvida), parece ser indiscutível a impossibilidade de condenação quanto ao delito de lavagem de dinheiro, pois sem a materialidade do delito antecedente, obviamente, não se pode falar da existência do delito de lavagem de ativos.

Havendo a exclusão da tipicidade objetiva do crime antecedente exclui-se, propriamente, a existência de fato penalmente relevante.

A tipicidade subjetiva, por sua vez, tem em si uma questão não tão simples. Nos parece seguro afirmar que a inexistência de dolo reconhecida em sentença de mérito do crime antecedente exclui por completo a possibilidade de autolavagem de dinheiro, salvo se a conduta for punida em sua modalidade culposa. Trata-se da situação em que ao mesmo agente é imputada a prática do crime antecedente e de lavagem de capitais[27]. No entanto, quando de frente a situação em que A é processado pela lavagem de dinheiro de crime antecedente praticado por B, e em que posteriormente é reconhecido por sentença de mérito definitiva que B agia sem dolo, a exclusão de tipicidade subjetiva do crime antecedente não infere na exteriorização fática do crime antecedente, podendo haver, portanto, produto a ser lavado.

No entanto, no ponto de vista prático, poderia se criar a situação em que B fosse processado pela lavagem de dinheiro de A, sem que o próprio A ou B soubessem que se tratava na verdade de produto de crime antecedente, o que seria um verdadeiro contrassenso.

Uma solução possível seria a análise do tipo subjetivo de B em relação à lavagem de capitais, já que o legislador não estabeleceu a figura culposa para o delito de lavagem. Assim, o autor B deve ter consciência de que está ocultando ou dissimulando dinheiro, bens ou valores cuja procedência saiba que está relacionada com crimes anteriormente cometidos. Em todas as operações realizadas, o autor deve saber que concorre para a prática de lavagem de capitais.

Esse não parece ser, contudo, o entendimento majoritário sobre o tema. Apenas a título de exemplo, para BOTTINI. sob a ótica da perspectiva subjetiva, *"a ausência de dolo ou culpa no comportamento anterior também afasta a tipicidade* [da lavagem]"*.[28]

Reconhecidas em sentença do crime antecedente alguma das causas de antijuridicidade, o mesmo raciocínio deve ser seguido, impedindo a materialização da lavagem de capitais.

> *"Art. 386. O juiz absolverá o réu, mencionando a causa na parte dispositiva, desde que reconheça": "III – não constituir o fato infração penal"*

---

[27] Parcela significativa da doutrina critica – com acerto – a possibilidade da persecução da autolavagem. No entanto, para não fugir do tema proposto nesse estudo, remetemos o leitor para a entrevista concedida por Heloisa Estellita ao Consultor Jurídico. "Proibir auto lavagem resolveria injustiças trazidas pela nova lei". < https://www.conjur.com.br/2014--jun-15/entrevista-heloisa-estellita-advogada-criminalista-professora > último acesso em 18/02/2020.

[28] BADARÓ, Gustavo Henrique e BOTTINI, Pierpaolo Cruz. Lavagem de dinheiro: aspectos penais e processuais penais; comentários à Lei 6.613/1998, com alterações da Lei 12.638/2012. 4. ed. rev., atual. e ampl. – São Paulo: Thompson Reuters Brasil, 2019, p. 101

DIREITO PENAL ECONÔMICO

Havendo atipicidade da conduta do crime antecedente, conforme comentários trazidos acima, também não há de se falar em lavagem de capitais pelo produto eventualmente proveniente da conduta anterior. Essa hipótese ocorre quando se verifica a ausência de descrição normativa. Por exemplo, em relação ao crime de organização criminosa, se praticada anteriormente à edição da Lei 12.850/2013, esse não pode ser apontado como crime antecedente da lavagem de capitais, já que apenas a partir da edição dessa Lei passou a haver a conduta típica de organização criminosa. Assim, a absolvição do crime antecedente por esse fundamento acarreta o reconhecimento da atipicidade da conduta apontada como lavagem de capitais.

> *"Art. 386. O juiz absolverá o réu, mencionando a causa na parte dispositiva, desde que reconheça: IV – estar provado que o réu não concorreu para a infração penal; V – não existir prova de ter o réu concorrido para a infração penal;*

Diferente dos demais incisos, as hipóteses previstas nos incisos IV e V tratam exclusivamente da autoria e, em se tratando de crime antecedente e lavagem de capitais, não vemos nenhuma implicação da absolvição por ausência de prova de autoria do crime antecedente para a persecução da lavagem. Não custa lembrar: a própria Lei 9.613/98 prevê a possibilidade da persecução do crime acessório ainda que seja sequer conhecido o autor do crime antecedente.

> *"Art. 386. O juiz absolverá o réu, mencionando a causa na parte dispositiva, desde que reconheça: VI – existirem circunstâncias que excluam o crime ou isentem o réu de pena ou mesmo se houver fundada dúvida sobre sua existência".*

O inciso VI traz duas hipóteses distintas e que devem ser analisadas separadamente.

As circunstâncias que excluem o crime são aquelas previstas do artigo 20 ao 23 do Código Penal: erro de tipo, erro de proibição, coação irresistível e obediência hierárquica, estado de necessidade, legítima defesa e estrito cumprimento do dever legal ou exercício regular do direito. Seu reconhecimento traz as mesmas implicações já ditas sobre a inexistência do fato. Sendo excluído o crime antecedente, não há de se falar em mascaramento de seu produto.

A mesma conclusão, contudo, não se chega na segunda parte do inciso. Como trazido alhures, o §1º do artigo 2º da Lei 9.613/98 (com redação dada pela Lei 12.683/2012) expressamente previu como puníveis os atos de lavagem de dinheiro ainda que isento de pena o autor, ou extinta a punibilidade da infração penal antecedente.

Assim, em síntese, havendo absolvição por circunstâncias que afetem a própria materialidade do crime antecedente (incisos I, II, III e VI primeira parte) não é possível o prosseguimento da ação penal de lavagem de dinheiro. Já, caso haja sentença absolutória nos termos dos incisos IV, V e VI segunda parte, ainda assim é possível se falar na persecução da lavagem de capitais, desde que existentes indícios concretos da existência material do crime antecedente.

Por fim, considerando que o processo que apura a infração penal antecedente e o processo que apura a lavagem de capitais não precisam caminhar necessariamente juntos, sendo uma faculdade do juízo processante da lavagem de capitais[29], situações em que, por exemplo, houver a absolvição que reconheça a inexistência material do crime antecedente enquanto pendente de julgamento definitivo de mérito o procedimento de lavagem de capitais, é possível o trancamento desta ação penal pela via do *Habeas Corpus*, diante da evidente falta de justa causa para a ação penal, consubstanciada na ausência de materialidade, nos termos do artigo 648, I do Código de Processo Penal.

Caso já tenha transitado em julgado a ação penal da lavagem de capitais e posteriormente haja absolvição pelo crime antecedente nos incisos I, II, III e VI primeira parte, cabível a impugnação da decisão afetada pela coisa julgada pela via da revisão criminal, por se tratar verdadeira prova da inocência do acusado.

Conclusões

A Lei de Lavagem de Dinheiro, ao exigir "indícios suficientes da existência do crime antecedente" para o oferecimento de denúncia do crime da Lei 9.613/98, dispensou a certeza de sua existência, desde que haja provas suficientes acerca da infração penal antecedente, que essa conduta anterior seja crime ou infração penal (excluída a possibilidade de tentativa), e desde que apta a gerar produto a ser lavado. O que não

---

[29] Cf. artigo 2º, II, parte final da Lei 9.613/98, com redação dada pela Lei 12.683/12.

DIREITO PENAL ECONÔMICO

quer dizer, contudo, que a Lei desincumbiu o órgão acusatório da persecução penal de demonstrar suficientemente a ocorrência do crime antecedente.

A autonomia do crime antecedente, ainda que materialmente acessório, cria, na prática, a possibilidade para que as sentenças proferidas em ambos os processos sejam conflitantes entre si e, por isso, foi proposta a análise das consequências da sentença absolutória do crime antecedente para o crime de lavagem de capitais.

Assim, havendo sentença absolutória proferida pelo julgador do crime antecedente que refute sua materialidade, como aquela que reconheça a inexistência ou ausência de provas suficientes sobre o fato, ou que reconheça que o fato não constitui infração penal, ou que ainda por algum outro motivo exclua o crime, não será possível sustentar um édito condenatório de lavagem de capitais, por atipicidade da conduta, uma vez que não havendo infração penal antecedente não haverá produto a ser lavado. Ainda, é importante lembrar que essa sentença forma coisa julgada formal e material, de modo que não poderá mais ser modificada, quer dentro do seu próprio processo ou no seu exterior. É dizer, não poderá o juízo responsável pelo processamento da lavagem de capitais desconsiderar a sentença anteriormente proferida por entender apto o prosseguimento do processo de lavagem em razão da existência de "indícios" do crime antecedente.

No entanto, mesma conclusão não se chega às situações em que a absolvição da infração penal antecedente foi proferida sob o fundamento de estar provado ou não existirem provas suficientes de que o acusado tenha concorrido para o delito, já que não há vinculação necessária de autoria entre o crime anterior e o de lavagem de capitais. Também não impedirá o prosseguimento da lavagem de dinheiro caso existam circunstâncias que isentem o réu de pena no crime antecedente, por expressa previsão legal.

Diante da possibilidade de que a apuração dos dois crimes ocorra separadamente, havendo sentença absolutória que implique no afastamento da materialidade do crime antecedente, cabível *Habeas Corpus* para trancar a ação penal que apura o crime de lavagem de dinheiro, ou Revisão Criminal, caso já haja sentença transitada em julgado.

12. Reflexos Penais do Acordo de Leniência: quando a Lógica Empresarial colide com a Lógica Personalíssima

FERNANDO GARDINALI CAETANO DIAS
JOSÉ ROBERTO COÊLHO DE ALMEIDA AKUTSU LOPES

Introdução: escopo do trabalho

O presente trabalho tem como escopo apresentar uma exposição primeiro sobre a lei de improbidade administrativa (Lei 8.429/92) e, depois, sobre a denominada Lei Anticorrupção (Lei 12.846/13), para que se possa perceber os privilégios gozados pelas pessoas jurídicas em comparação às pessoas físicas diante das substanciais diferenças entre os acordos de leniência (dirigidos às empresas) e de colaboração premiada (dirigidos às pessoas naturais).

Ao longo do trabalho, pretende-se apresentar, sem qualquer pretensão exaustiva, os reflexos penais e algumas críticas da incompatibilidade (ao menos *parcial*) de convivência dos dois institutos, o que acaba por gerar insegurança jurídica, sobretudo para as pessoas físicas.

Por fim, serão apontados aspectos práticos que também podem ser geradores de insegurança jurídica na medida em que, diante da pluralidade de autoridades com atribuição para celebrar acordos de leniência, a legislação não aponta de forma clara *qual* órgão deverá ser procurado pela pessoa jurídica para celebração do acordo ou se o valor pago em razão do acordo celebrado com um órgão será abatido do valor eventualmente exigido por outro ente estatal.

DIREITO PENAL ECONÔMICO

O objetivo, portanto, é apontar algumas imprecisões trazidas pelas referidas disposições legais e situações percebidas na prática forense que acarretam, por diversos motivos, situações de dúvidas tanto para as pessoas jurídicas interessadas como, principalmente, para as pessoas físicas envolvidas no ilícito – e que podem ser prejudicadas, na defesa de seus interesses, com os reflexos oriundo da celebração de acordo de leniência pela pessoa jurídica.

1. Breve panorama da Lei de Improbidade Administrativa

Não se pretende, aqui, fazer uma análise exauriente da Lei 8.429/92, mas sim uma breve exposição que permita a compreensão de como tal lei se insere no microssistema anticorrupção. À luz dos tipos penais voltados a atos cometidos por agentes públicos em detrimento da administração, previstos no Código Penal desde a sua entrada em vigor, na década de 1940 (como, por exemplo, o peculato e a corrupção passiva, previstos nos artigos 312 e 317 do Código Penal, respectivamente), a superveniência de um mecanismo legal extrapenal que tutela a gestão da coisa pública (leia-se: a *probidade administrativa*) insere-se em um novo contexto de persecução.

1.1. Contexto de surgimento da lei: uma alternativa à via penal?

A Lei 8.429/92 foi elaborada em obediência ao comando constitucional previsto no art. 37, § 4º, em que o constituinte fez referência expressa à figura da "improbidade administrativa", à luz da previsão reitora (prevista no *caput* do artigo) dos princípios basilares da administração pública – quais sejam: legalidade, impessoalidade, moralidade, publicidade e eficiência. A par da discussão sobre a exata dimensão do conceito de *improbidade administrativa*, fato é que ela se aproxima da *imoralidade*, de modo a exigir do funcionário público que atue com honestidade no exercício de sua função e, especificamente, na gestão da coisa pública[1].

---

[1] Para uma exposição detalhada do conceito de *improbidade administrativa*, v.: Costa, Susana Henriques da. *O processo coletivo na tutela do patrimônio público e da moralidade administrativa*: ação de improbidade administrativa, ação civil pública e ação popular. 2ª ed. São Paulo: Atlas, 2015, pp. 127/128; Jorge, Flávio Cheim. A improbidade administrativa (Lei n. 8.429 de 2 de junho de 1992), In. Farias, Cristiano Chaves de; Didier Jr., Fredie (coord.). *Procedimentos especiais cíveis – legislação extravagante*. São Paulo: Saraiva, 2003, pp. 1136/1140. Para esse último autor, a improbidade *"está diretamente ligada à necessidade do agente público agir*

Daí se percebe o intuito da lei: proteção aos bens públicos geridos pelo agente da administração pública.

É sintomático que referido o mandamento constitucional disponha sobre os atos de improbidade administrativa, a serem previstos em lei, *"sem prejuízo da ação penal cabível"*. Pela simples leitura dessa norma, depreende-se que o objetivo do constituinte foi inserir os tais *"atos de improbidade"* além das tipificações penais já existentes em relação à administração pública. É dizer: a *ratio legis* aqui é muito clara quanto à criação de um mecanismo *extrapenal* de persecução a atos que, de maneira mais geral, violem a boa gestão da coisa pública. Por isso é possível dizer que a Lei de Improbidade Administrativa situa-se em um *meio-termo* entre a persecução penal e a persecução civil – um mecanismo que, por um lado, se vale de sanções severas, algumas delas restritivas de direitos fundamentais (como a suspensão de direitos políticos)[2]; e, de outro lado, de um procedimento em tese mais célere, guiado por um standard cognitivo menos rigoroso que o penal[3].

Trata-se, assim, do que MANN classifica como *"middleground"* entre a punição civil e a penal, a combinar aspectos desses dois campos punitivos – menor rigor do que a persecução penal, a se aproximar do processo civil; e maior severidade nas sanções, a se aproximar do direito penal[4]. Esse destaque é importante para o presente artigo porque, como se verá adiante (item 4), a correlação entre esses dois âmbitos jurídicos não é

---

sempre, impreterivelmente, com honestidade. A própria terminologia da palavra já carrega em si o seu significado. Improbidade vem do latim improbitate, correspondente à desonestidade" (*idem, ibidem*, p. 1137).

[2] Sobre a discussão da natureza jurídica das sanções cominadas na Lei de Improbidade Administrativa, v.: MERÇON-VARGAS, Sarah. *Teoria do processo judicial punitivo não penal.* Salvador: Juspodium, 2018, pp. 69/70; OLIVEIRA, Ana Carolina Carlos de. *Hassemer e o direito penal brasileiro*: direito de intervenção, sanção penal e administrativa. São Paulo: IBCCrim, 2013, pp. 213/220. Para essa última autora, *"a gravidade das sanções previstas como consequência dos atos de improbidade pode ser localizada em um espectro intermediário entre o Direito Penal e o Administrativo"* (*idem, ibidem*, p. 217).

[3] Nesse ponto, dada a gravidade das sanções cominadas, MERÇON-VARGAS propõe um "processo judicial punitivo não penal", no qual incidam determinadas garantias do âmbito penal (MERÇON-VARGAS, Sarah. *Teoria do processo...* cit., pp. 89/122).

[4] *"The middleground draws on these two basic paradigms to form a hybrid jurisprudence in which the sanction's purpose is punishment, but its procedure is drawn primarily from the civil law"* (MANN, Kenneth. Punitive Civil Sanctions: The Middleground Between Criminal and Civil Law. *Yale Law Journal*, 101, 1992, p. 1799).

DIREITO PENAL ECONÔMICO

harmônica e gera graves consequências para a pessoa física envolvida, que se vê diante de graves sanções, mas que são regidas por um racional sobretudo econômico – para o qual a pessoa jurídica envolvida tem maior facilidade de resolução do seu problema jurídico, em detrimento da pessoa física.

1.2. Imputação de responsabilidade a agentes públicos e a agentes privados (inclusive pessoas jurídicas)

De fato, o objetivo primordial da Lei 8.429/92 é a responsabilização do *agente público* que tenha praticado ato de improbidade (art. 1º, *caput*), adotando-se, para tanto, definição ampla de *agente público* (art. 2º).

Além dele, também se prevê a possibilidade de responsabilização do agente privado que de alguma maneira participe – *"induza ou concorra"* – do ato de improbidade ou que dele obtenha proveito – *"se beneficie sob qualquer forma direta ou indireta"* (art. 3º). Diante dessa norma, abre-se a possibilidade de responsabilização de pessoas jurídicas de direito privado[5] – sobretudo levando-se em consideração que o beneficiário do ato ímprobo muitas vezes também é a pessoa jurídica contratada pela administração pública.

Ao que interessa para o presente artigo, é importante destacar a possibilidade de responsabilização de pessoas jurídicas, o que se amolda, inclusive, às severas penas de multa cominadas. A lógica de punição de um indivíduo (agente público) em concomitância com a pessoa jurídica (agente privado) traz problemas na composição entre os interesses de cada personagem, sobretudo no momento de celebração de acordo de leniência – e seus posteriores desdobramentos.

1.3. Condutas típicas

As condutas ilícitas estão previstas na Lei de Improbidade Administrativa nos seus artigos 9º, 10 e 11, que tipificam, respectivamente, os atos de improbidade que importam enriquecimento ilícito, os que causam prejuízo ao erário e os que atentam contra os princípios da administração pública.

Deixando de lado a discussão sobre a demasiada amplitude dessas tipificações legais (sobretudo no que diz respeito às condutas previs-

---

[5] Nesse sentido: MERÇON-VARGAS, Sarah. *Teoria do processo...* cit., p. 66.

258

REFLEXOS PENAIS DO ACORDO DE LENIÊNCIA

tas no artigo 11, que, por estarem relacionadas a violação de princípios, possuem maior elasticidade na interpretação)[6], observa-se que o rol de condutas ilícitas é numeroso (pois cada um desses três artigos se desdobra em vários incisos), de modo a abarcar várias condutas do agente público e/ou do agente privado (inclusive pessoa jurídica) participante.

Além disso, muitas dessas previsões possuem relação de semelhança com os tipos penais ligados à tutela do patrimônio público (a exemplo do peculato e da corrupção ativa), como inclusive será indicado no item 3.3 *infra*.

1.4. Sanções cominadas

À luz da baliza estabelecida no artigo 37, § 4º, da Constituição Federal, o artigo 12 da Lei 8.429/92 prevê as penas cominadas para cada bloco de atos de improbidade. Assim, o seu inciso I elenca as penas aplicáveis às condutas do artigo 9º; o inciso II, do artigo 10; e o inciso III, do artigo 11 – sendo que os parâmetros de fixação das penas estão previstos no parágrafo único do artigo 12.

De modo geral, cominam-se severas penas que atingem diretamente a pessoa física (como, por exemplo, perda da função pública e suspensão dos direitos políticos) e penas que atingem em maior proporção a pessoa jurídica (tal como a proibição de contratar com o Poder Público e de receber benefícios ou incentivos fiscais creditícios).

Nesse contexto, para o objeto do presente artigo, é importante destacar as penas previstas na Lei de Improbidade Administrativa que possuem nítido caráter financeiro, a exemplo da perda de bens, multa civil e proibição de contratar com o poder público. Não obstante possam elas ser aplicadas a pessoas físicas, percebe-se que possuem grande impacto nas pessoas jurídicas relacionadas ao ato de improbidade – fazendo com que o racional econômico surja com grande relevância na celebração de acordos de leniência pelas pessoas físicas.

1.5. Acordo de leniência: surgimento de previsão, ausência de regulamentação

Originalmente, o art. 17, § 1º, da Lei 8.492/92 previa expressamente ser *"vedada a transação, acordo ou conciliação nas ações"* de improbidade

---

[6] Nesse sentido: MERÇON-VARGAS, Sarah. *Teoria do processo...* cit., p. 67.

DIREITO PENAL ECONÔMICO

administrativa. Tal norma chegou a ser temporariamente revogada pela Medida Provisória nº 703/15; mas, como sua vigência se encerrou sem a respectiva conversão em lei, a norma voltou a ter vigência.

Nesse contexto, mesmo diante de tal vedação legal, sustentou-se a possibilidade de celebração de acordo de leniência no âmbito da improbidade administrativa, com base em raciocínios que se apoiavam em princípios do direito – a exemplo da denominada "consensualidade administrativa", pela qual o "consenso" possibilitaria "maior eficiência" e "legitimidade da ação administrativa"[7] – e em interpretações jurídicas – *v.g.*, uma "interpretação corretiva" que supriria uma alegada contradição entre *"disposições normativas que, de um lado, permitem o uso da colaboração premiada ou do acordo de leniência e, de outro, uma previsão legal que [aparentemente] os proíbe"*[8].

Tal discussão, contudo, parece ter sido superada com o advento da Lei 13.964/19, que alterou o §1º do artigo 17 para, agora, prever a possibilidade de transação: *"as ações de que trata este artigo admitem a celebração de acordo de não persecução cível, nos termos desta Lei"*. Contudo, houve veto presidencial à proposta de inserção do artigo 17-A, que continha regulamentação (ainda que tímida) do acordo de não persecução cível no âmbito da improbidade administrativa. É dizer: inseriu-se a expressa previsão legal de consenso; mas deixou-se de regulamentar a celebração desse acordo entre as partes – com disposições, por exemplo, sobre critérios mínimos para a realização do acordo (incisos I, II e III do vetado artigo 17-A), legitimidade e homologação judicial (§ 5º do vetado artigo).

Nesse cenário, persiste o problema da falta de regulamentação do acordo – e, por isso, talvez se sigam os parâmetros estabelecidos para o acordo de leniência da Lei 12.846/13 (a denominada "Lei Anticorrupção")[9], motivo pelo qual se justifica sua breve análise no tópico subsequente.

---

[7] LOPES, Paula Lino da Rocha. Atuação administrativa consensual: acordo substitutivo envolvendo atos de improbidade administrativa. *Revista de processo*, vol. 274, dez./17, pp. 392 e 398.

[8] DINO, Nicolao. A colaboração premiada na improbidade administrativa: possibilidade e repercussão probatória. In: SALGADO, Daniel de Resende; QUEIROZ, Ronaldo Pinheiro de. *A prova no enfrentamento à macrocriminalidade*. 3. ed. Salvador: JusPodivm, 2019. pp. 634-635.

[9] Assim sustenta LOPES, Paula Lino da Rocha. Atuação administrativa consensual... cit., p. 403.

2. Breve panorama da Lei Anticorrupção

Nesse item, o objetivo é expor os principais contornos da Lei 12.846/13 (Lei Anticorrupção), com vistas à posterior análise do acordo de leniência e dos casos divulgados pela CGU. Não se tem a pretensão de analisar profundamente cada um desses pontos, não só em razão do delimitado espaço, mas também porque há diversos trabalhos voltados à análise minuciosa do conteúdo da Lei 12.846/13[10]. Assim, o intuito da exposição a ser feita nesse tópico é mostrar o panorama geral do diploma legal para, em seguida, analisar-se especificamente um de seus pontos – qual seja, o acordo de leniência.

2.1. Contexto de surgimento da lei e seu escopo: (mais um) mecanismo de persecução no microssistema anticorrupção

Para que a *ratio legis* fique mais clara, é importante contextualizar o surgimento da lei tanto sob o aspecto *normativo*, como sob o aspecto *temporal*.

Pelo *normativo*, a lei surgiu no em meio a diversas normas internacionais (às quais aderiu o Brasil) voltadas à persecução de atos de corrupção. Dentre os principais compromissos internacionais assumidos pelo Brasil, destacam-se, pela estreita relação que guardam com o teor da Lei 12.846/13: Convenção das Nações Unidas contra a Corrupção (Decreto 5.687/06); Convenção Interamericana contra a Corrupção (Decreto 4.410/02); e Convenção sobre o Combate da Corrupção de Funcionários Públicos Estrangeiros em Transações Comerciais Internacionais (Decreto 3.678/00)[11].

Nesse cenário é que se afirma que, como compromisso assumido pelo Brasil no âmbito da Organização para a Cooperação e o Desenvol-

---

[10] Entre outros, v.: CAMBI, Eduardo; GUARAGNI, Fábio André (Coord.); BERTONCINI, Mateus (Org.). *Lei anticorrupção*: comentários à Lei 12.846/2013. São Paulo: Almedina, 2014; CARVALHOSA, Modesto. *Considerações sobre a lei anticorrupção das pessoas jurídicas*: Lei 12.846/2013. São Paulo: Revista dos Tribunais, 2015; CASCIONE, Fábio de Souza Aranha; RIBEIRO, Bruno Salles Pereira (orgs.). *Lei anticorrupção*: uma análise interdisciplinar. São Paulo: LiberArs, 2015; GRECO FILHO, Vicente; RASSI, João Daniel. *O combate à corrupção e comentários à lei de responsabilidade de pessoas jurídicas*: lei n. 12.846, de 1º de agosto de 2013. São Paulo: Saraiva, 2015; PETRELUZZI, Marco Vinicio; RIZEK JUNIOR, Rubens Naman. *Lei anticorrupção*: origens, comentários e análise da legislação correlata. São Paulo: Saraiva, 2014.

[11] Para maiores explanações sobre o conteúdo de cada uma dessas convenções internacionais, v.: GRECO FILHO, Vicente; RASSI, João Daniel. *O combate à corrupção... cit.*, pp. 27-43.

DIREITO PENAL ECONÔMICO

vimento Econômico (OCDE), a Lei Anticorrupção teve como principal finalidade *"fortalecer os órgãos de fiscalização e aumentar o rigor das sanções impostas às empresas que sirvam de contexto ou sejam beneficiadas pela prática dos crimes de corrupção e de fraudes à licitação"*[12].

Dentro desse contexto normativo internacional, é importante situar no *tempo* a promulgação dessa lei, no ano de 2013.

O projeto de lei (PL 6826/2010) que redundou na lei foi apresentado pelo Poder Executivo à Câmara dos Deputados em 18 de fevereiro de 2010. Após longo período de tramitação, o relator apresentou seu parecer no início do ano de 2012. O projeto, então, permaneceu parado por vários meses, até que, em abril de 2013, voltou a andar, ao que se seguiu rápida tramitação, até a remessa ao Senado Federal em 19 de junho de 2013.

No Senado, o projeto (autuado como Projeto de Lei da Câmara 39/2013) caminhou também rapidamente, de modo que, em menos de um mês, foi aprovado e enviado à sanção presidencial, o que ocorreu no dia 01 de agosto subsequente.

As rápidas tramitações em 2013 são explicadas pelo clima de agitação popular e pela proximidade das eleições presidenciais. Especificamente em relação ao primeiro aspecto, há que se rememorar que, naquele período, houve intensa movimentação social em protesto a diversas políticas do governo e, também, a atos de corrupção[13].

A resposta estatal a esse clamor social veio na forma da Lei 12.846/13: um instrumento de prevenção e repressão à corrupção, em resposta aos anseios populares e aos problemas socioeconômicos em parte gerados pela corrupção. Daí se compreender o motivo da rápida tramitação do projeto naquele curto período de 2013.

---

[12] GRECO FILHO, Vicente; RASSI, João Daniel. *O combate à corrupção...* cit., p. 25.

[13] Assim explica CAMBI, ao discorrer sobre a gênese da lei: *"O projeto tramitava, lentamente, na Câmara até surgirem manifestações populares, em todo o país, em junho de 2013, em meio à realização da Copa das Confederações, para protestar contra a decisão do governo federal de gastar milhões de reais para fazer estádios caríssimos com a finalidade de abrigar a Copa do Mundo de Futebol, organizada pela Federação Internacional de Futebol (FIFA). Em resposta aos protestos, o Governo Federal, rapidamente, agilizou a tramitação do Projeto de Lei 6.826/2010"* (CAMBI, Eduardo. Introdução. In: CAMBI, Eduardo; GUARAGNI, Fábio André (Coord.); BERTONCINI, Mateus (Org.). *Lei anticorrupção...* cit., p. 43).

REFLEXOS PENAIS DO ACORDO DE LENIÊNCIA

O escopo da lei pode ser definido pela própria redação de seu art. 1º: promover "*a responsabilização objetiva administrativa e civil de pessoas jurídicas pela prática de atos contra a administração pública, nacional ou estrangeira*".

Percebe-se, assim, que a *ratio legis* consiste na criação de um mecanismo de repressão e prevenção a atos de corrupção praticados pelo particular, por meio da "responsabilização objetiva administrativa e civil" das pessoas jurídicas, independente da responsabilização do agente público. Em outras palavras, a inovação da lei reside no combate à corrupção pela responsabilização objetiva e voltada somente ao corruptor (*rectius*, da pessoa jurídica subjacente ao ato de corrupção), prescindindo da apuração da conduta do agente público corrupto[14].

Trata-se de um reflexo da mudança no cenário global, "*em que o corrupto vira coadjuvante e o corruptor estrela principal das atividades corruptoras lato sensu*", no contexto da "*hegemonia empresária corporativa sobre o poder estatal, sobretudo desenhada a partir dos anos 90*"[15]. Esse novo direcionamento de foco do ato de corrupção seria, inclusive, uma medida de *enforcement* para que as empresas adequassem as suas condutas ao padrão moral/ético esperado no seu relacionamento com o Estado[16].

O raciocínio jurídico que embasou a criação desse novo mecanismo parte da premissa de insuficiência das normas repressivas e sancionatórias de atos de corrupção no ordenamento brasileiro.

Se, conforme a exposição de motivos do então anteprojeto, o Direito Penal não seria suficiente para o propósito de responsabilização das pessoas jurídicas, tampouco o seriam a Lei 8.666/93 (já que "*possui ainda lacunas que urgem ser supridas*", referentes "à previsão das condutas e às sanções") e nem mesmo a Lei 8.429/92 (pois "*a responsabilização da*

---

[14] Nesse sentido, afirma CAMBI: "*O espírito da lei, e outra não deve ser a sua exegese, é de combater duramente os corruptores*" (CAMBI, Eduardo. Introdução. In: CAMBI, Eduardo; GUARAGNI, Fábio André (Coord.); BERTONCINI, Mateus (Org.). *Lei anticorrupção...* cit., p. 43).

[15] GUARAGNI, Fábio André. Disposições gerais. In: CAMBI, Eduardo; GUARAGNI, Fábio André (Coord.); BERTONCINI, Mateus (Org.). *Lei anticorrupção...* cit., p. 51.

[16] Assim sustentam TAMASAUSKAS e BOTTINI: "*esse parece ser o objetivo maior da Lei Anticorrupção, ao estabelecer um mecanismo mais contundente para o controle de ilícitos cometidos contra o Estado, e ao deslocar o foco da persecução para o corruptor, trazendo objetivamente à atividade empresarial a necessidade de portar-se de modo ético, sob pena de responder por desvios de conduta de seus colaboradores, funcionários e dirigentes*" (TAMASAUSKAS, Igor Sant'Anna; BOTTINI, Pierpaolo Cruz. A interpretação constitucional possível da responsabilidade objetiva na lei anticorrupção. *Revista dos Tribunais*, São Paulo, ano 103, vol. 947, set./2014, p. 134).

DIREITO PENAL ECONÔMICO

pessoa jurídica depende da comprovação do ato de improbidade do agente público, e as condutas descritas pela lei são de responsabilidade subjetiva", o que geraria outro problema, decorrente da comprovação da *"culpa dos envolvidos, com todos os inconvenientes que essa comprovação gera com relação às pessoas jurídicas"*)[17].

Por isso é precisa a constatação de que o escopo da Lei 12.846/13 é o combate à corrupção *"pelo prisma dos corruptores e não dos corrompidos e de maneira estrutural e não pontual, como tipicamente ocorre no Direito Penal"*[18]. De fato, reprime-se apenas a *pessoa jurídica* ("corruptor"), por meio de sua responsabilização *objetiva* ("estrutural"), prescindindo-se tanto da conduta do agente público corrupto, quanto da conduta do agente privado (subordinado à empresa) corruptor.

Desse contraste (responsabilização de fundo penal, mas de rótulo administrativo) advém algumas consequências. Dentre elas, destacam-se: a dificuldade de interpretação da responsabilidade objetiva prevista no art. 1º da Lei 12.846/13 (que será tratada no subitem 2.2 *infra*); a sobrecarga da via não-penal, especificamente do direito administrativo sancionador, com a consequente sobreposição normativa; e, ligada ao último ponto, a (in)eficácia da política legislativa de inflação de normas sancionatórias como solução a problemas socioeconômicos.

2.2. Responsabilidade objetiva da pessoa jurídica

Como visto acima e destacado na própria exposição de motivos, um dos eixos principais desse mecanismo anticorrupção é a responsabilização *objetiva* das pessoas jurídicas pela prática de atos de corrupção. Isso significa que, pela estrita interpretação dessa norma, a responsabilidade do

---

[17] Esse também é o entendimento de CARVALHOSA: *"Embora já exista e em vigor em nosso País uma variedade de leis que – de forma simultânea, autônoma e dispersa – estabelecem sanções aos delitos praticados por pessoas jurídicas junto aos entes públicos estas normas não satisfaziam plenamente o compromisso assumido no campo internacional pelo Brasil de aplicar sanções a todas as pessoas jurídicas envolvidas em corrupção pública, num plano abrangente envolvendo quaisquer atividades do setor econômico e social em suas relações ilícitas com os poderes públicos, no âmbito interno e internacional, neste último, mediante regras de extraterritorialidade"* (CARVALHOSA, Modesto. *Considerações sobre a lei anticorrupção...* cit., pp. 31-32).

[18] CASCIONE, Fábio de Souza Aranha; RIBEIRO, Bruno Salles Pereira. Lei anticorrupção: visão geral. In: _____ (orgs.). *Lei anticorrupção*: uma análise interdisciplinar. São Paulo: LiberArs, 2015, p. 28.

REFLEXOS PENAIS DO ACORDO DE LENIÊNCIA

ente coletivo pode se dar, no âmbito civil ou administrativo, sem a demonstração do elemento subjetivo (dolo ou culpa) do agente.

Assim, a imputação depende apenas da demonstração do nexo de causalidade entre a conduta e o resultado ilícito, prescindindo de qualquer aferição subjetiva na conduta, com o que, então, será possível a responsabilização.

Diante disso, encontram-se duas correntes na doutrina: uma que sustenta a possibilidade da responsabilização objetiva na Lei Anticorrupção; e outra que sustenta a inconstitucionalidade de tal responsabilização objetiva, inclusive interpretando-a sob a necessidade de certa "dose" de elemento subjetivo.

Assim, no primeiro grupo, PETRELUZZI e RIZEK JUNIOR seguem os exatos termos da previsão do art. 1º da lei para afirmar que *"há que se perquirir, apenas, nexo causal entre a conduta e o dano, sem que se precise buscar a presença de qualquer elemento de ordem subjetiva para caracterizar a responsabilização"*, de modo que *"não mais será possível, para o sancionamento de pessoa jurídica, que se exija vínculo de ordem subjetiva com a pessoa natural que tenha praticado o ato ilícito favorecendo os interesses da pessoa jurídica"*[19].

Igualmente, GRECO FILHO e RASSI explicam que a responsabilidade objetiva *"não exclui o fenômeno da imputação, que é a operação jurídica de atribuição de responsabilidade e que depende de critérios que, no caso, devem consubstanciar-se na prática de um dos atos do art. 5º, evidentemente por meio de algum de seus agentes"*[20].

Em sentido diverso, TAMASAUSKAS e BOTTINI sustentam que a culpabilidade da pessoa jurídica deve ser interpretada à luz de um dos seguintes requisitos: má organização do sistema de integridade ou envolvimento direto e deliberado no ilícito[21]. Isso porque, segundo os autores, a responsabilização dependeria da *"averiguação de algum desvalor no comportamento da estrutura da empresa como a justificação para o apenamento"*[22], de modo que essa seria uma interpretação proposta para a responsabilidade objetiva prevista em lei. Percebe-se, assim, que, não obstante os

---

[19] PETRELUZZI, Marco Vinicio; RIZEK JUNIOR, Rubens Naman. *Lei anticorrupção...* cit., p. 53.

[20] GRECO FILHO, Vicente; RASSI, João Daniel. *O combate à corrupção...* cit., pp. 137-138.

[21] TAMASAUSKAS, Igor Sant'Anna; BOTTINI, Pierpaolo Cruz. A interpretação constitucional... cit., pp. 151-153.

[22] TAMASAUSKAS, Igor Sant'Anna; BOTTINI, Pierpaolo Cruz. A interpretação constitucional... cit., p. 153.

DIREITO PENAL ECONÔMICO

autores não rechacem, de plano, a responsabilidade objetiva, dão a ela uma interpretação conforme à Constituição Federal, que passa, em última análise, por uma maior aproximação dos elementos subjetivos da imputação.

Já para Rosa e Martins Junior *"a dispensa do elemento subjetivo para a imposição de sanções (penas) civis ou administrativas não parece ser adequada"*[23], uma vez que "é excepcional a responsabilidade objetiva no direito brasileiro e demanda previsões normativas explícitas"[24]. Daí, nesse ponto, sustentarem que *"no campo das sanções administrativas, por exemplo, a voluntariedade é, no mínimo, exigível, ainda que se trate de pessoa jurídica"*[25].

Radicalmente contrária é a posição de Serrano, que sustenta a inconstitucionalidade do art. 2º da Lei 12.846/13, por *"desrespeitar o princípio constitucional do due process of law (art. 5º, inciso LIV, da Constituição da República – CR) e da isonomia (art. 5º, caput, da CR)"*[26], uma vez que, tratando-se de atividade sancionatória do Estado, seria imprescindível a comprovação de culpabilidade, *"sob pena de se excluir o due process of law"*[27].

2.3. Condutas típicas

À luz dos objetivos do presente trabalho, não se pretende, nesse subtópico, analisar cada uma das condutas ilícitas tipificadas no rol do art. 5º da Lei 12.846/13. Assim, o recorte que se dá é pelo aspecto da sobreposição normativa, que será útil para a posterior análise crítica do acordo de leniência.

Diz-se *sobreposição normativa* porque vários dos *atos lesivos* tipificados no art. 5º da referida lei guardam correlação com condutas ilícitas

---

[23] Rosa, Márcio Fernando Elias; Martins Junior, Wallace Paiva. Estudo comparativo entre as Leis 8.429/1992 e 12.846/201. *Revista dos Tribunais*, São Paulo, ano 103, vol. 947, set./2014, p. 304.

[24] Rosa, Márcio Fernando Elias; Martins Junior, Wallace Paiva. Estudo comparativo... cit., p. 303.

[25] Rosa, Márcio Fernando Elias; Martins Junior, Wallace Paiva. Estudo comparativo... cit., p. 304.

[26] Serrano, Pedro Estevam Alves Pinto. A responsabilidade objetiva da lei anticorrupção. *Revista do Advogado*, São Paulo, vol. 34, n. 125, dez./2014, p. 112.

[27] Serrano, Pedro Estevam Alves Pinto. A responsabilidade objetiva... cit., p. 111.

previstas tanto no âmbito do Direito Penal[28], como no da improbidade administrativa – notadamente, os tipos previstos no inciso I e nas alíneas *a, b, c, d, f, g* do inciso IV da lei[29].

Para que a comparação entre os ilícitos fique mais clara, veja-se alguns exemplos dos citados atos lesivos.

Assim é que a conduta prevista no inciso I do art. 5º guarda correlação não só com o delito de corrupção ativa (art. 333 do Código Penal)[30], mas também com a conduta ímproba de enriquecimento ilícito prevista no art. 9º, *caput*, da Lei 8.429/92:

ART. 5º, I, LEI 12.846/13	ART. 333 DO CP	ART. 9º DA LEI 8.429/92
prometer, oferecer ou dar, direta ou indiretamente, vantagem indevida a agente público, ou a terceira pessoa a ele relacionada	*Oferecer ou prometer vantagem indevida a funcionário público, para determiná-lo a praticar, omitir ou retardar ato de ofício*	*auferir qualquer tipo de vantagem patrimonial indevida em razão do exercício de cargo, mandato, função, emprego ou atividade nas entidades mencionadas no art. 1º desta lei*

Também existe correlação entre a conduta típica da alínea *a* do inciso IV da Lei 12.846/13 e o crime de fraude à licitação, previsto no art. 90 da Lei 8.666/93:

ART. 5º, IV, *A*, DA LEI 12.846/13	ART. 90 DA LEI 8.666/93
frustrar ou fraudar, mediante ajuste, combinação ou qualquer outro expediente, o caráter competitivo de procedimento licitatório público	*Frustrar ou fraudar, mediante ajuste, combinação ou qualquer outro expediente, o caráter competitivo do procedimento licitatório, com o intuito de obter, para si ou para outrem, vantagem decorrente da adjudicação do objeto da licitação*

---

[28] Partindo da premissa de que a Lei Anticorrupção tem *"nítida natureza penal"*, CARVALHOSA afirma que *"os crimes contra a administração pública cometidos pelos agentes públicos do Estado (agentes políticos e administrativos), constantes da legislação penal, esparsa e codificada, correspondem aos tipos enumerados no art. 5º da presente Lei"* (CARVALHOSA, Modesto. *Considerações sobre a lei anticorrupção...* cit., p. 33).

[29] SERRANO, Márcio Fernando Elias; MARTINS JUNIOR, Wallace Paiva. *Estudo comparativo...* cit., p. 305.

[30] GRECO FILHO, Vicente; RASSI, João Daniel. *O combate à corrupção...* cit., p. 153.

DIREITO PENAL ECONÔMICO

Há correlação integral entre a alínea *b* do inciso V da Lei 12.846/13 e o delito tipificado no art. 93 da Lei 8.666/93:

Art. 5º, IV, *b*, da Lei 12.846/13	Art. 93 da Lei 8.666/93
impedir, perturbar ou fraudar a realização de qualquer ato de procedimento licitatório público	*Impedir, perturbar ou fraudar a realização de qualquer ato de procedimento licitatório*

Existe, também, grande semelhança do ato lesivo da alínea *c* do inciso IV da Lei 12.846/13 com o tipo penal do art. 95 da Lei 8.666/93:

Art. 5º, IV, *c*, da Lei 12.846/13	Art. 93 da Lei 8.666/93
afastar ou procurar afastar licitante, por meio de fraude ou oferecimento de vantagem de qualquer tipo	*Afastar ou procurar afastar licitante, por meio de violência, grave ameaça, fraude ou oferecimento de vantagem de qualquer tipo*

Em relação à alínea *d* do inciso IV, apesar da norma ser genérica (e, por isso, abrangente), é possível compará-la com o tipo penal do art. 96 da Lei 8.666/93[31]:

Art. 5º, IV, *d*, da Lei 12.846/13	Art. 96 da Lei 8.666/93
fraudar licitação pública ou contrato dela decorrente	*Fraudar, em prejuízo da Fazenda Pública, licitação instaurada para aquisição ou venda de bens ou mercadorias, ou contrato dela decorrente*

[31] No entendimento de Cambi, *"para fins exegéticos é possível buscar semelhanças em tipos penais voltados à proteção de bens jurídicos semelhantes, como os descritos nos artigos 92, 93 e 96 da Lei 8.666/93 e 335 do Código Penal"* (Cambi, Eduardo. Dos atos lesivos à Administração Pública Nacional ou Estrangeira – comentário ao artigo 5º. In: Cambi, Eduardo; Guaragni, Fábio André (Coord.); Bertoncini, Mateus (Org.). *Lei anticorrupção...* cit., p. 121).

Por sua vez, a alínea *f* do inciso V da Lei 12.846/13 guarda relação com o tipo penal do art. 92 da Lei 8.666/93, não obstante a sua confusa redação:

Art. 5º, IV, *f*, da Lei 12.846/13	Art. 92, *caput* e par. único, da Lei 8.666/93
obter vantagem ou benefício indevido, de modo fraudulento, de modificações ou prorrogações de contratos celebrados com a administração pública, sem autorização em lei, no ato convocatório da licitação pública ou nos respectivos instrumentos contratuais	*Art. 92. Admitir, possibilitar ou dar causa a qualquer modificação ou vantagem, inclusive prorrogação contratual, em favor do adjudicatário, durante a execução dos contratos celebrados com o Poder Público, sem autorização em lei, no ato convocatório da licitação ou nos respectivos instrumentos contratuais, ou, ainda, pagar fatura com preterição da ordem cronológica de sua exigibilidade, observado o disposto no art. 121 desta Lei. Parágrafo único. Incide na mesma pena o contratado que, tendo comprovadamente concorrido para a consumação da ilegalidade, obtém vantagem indevida ou se beneficia, injustamente, das modificações ou prorrogações contratuais.*

Por fim, é possível correlacionar o ato lesivo previsto na alínea *g* do inciso IV com o tipo penal do art. 96, V, da Lei 8.666/93. Apesar de não haver uma semelhança textual, pode-se depreender que ambas condutas visam punir a fraude que possa redundar em quebra do equilíbrio contratual:

Art. 5º, IV, *g*, da Lei 12.846/13	Art. 96, v, da Lei 8.666/93
manipular ou fraudar o equilíbrio econômico-financeiro dos contratos celebrados com a administração pública	*Art. 96. Fraudar, em prejuízo da Fazenda Pública, licitação instaurada para aquisição ou venda de bens ou mercadorias, ou contrato dela decorrente:* *(...)* *V – tornando, por qualquer modo, injustamente, mais onerosa a proposta ou a execução do contrato*

Não obstante existam alguns atos lesivos de corrupção sem correlação com condutas ilícitas de outras searas, verifica-se, à luz desses quadros comparativos, que boa parte das condutas tipificadas na Lei Anticorrupção encontra semelhante (quando não exata) tipificação na improbidade administrativa e, principalmente, no Direito Penal. A consequência disso é a *sobreposição normativa*, que, como será explanado

DIREITO PENAL ECONÔMICO

abaixo, pode gerar problemas de dupla responsabilização e duplo sancionamento por um mesmo fato.

2.4. Blocos de sanção e respectivas esferas de responsabilização

São previstos dois grupos de sanções na Lei Anticorrupção, a depender da autoridade que pode aplicá-la.

Assim, dispõe-se no art. 6º da lei que a autoridade administrativa pode aplicar dois tipos de sanção: multa no valor de 0,1% a 20% do faturamento bruto da empresa, em montante que não poderá ser inferior à vantagem auferida pelo ato de corrupção (inciso I); e publicação extraordinária da decisão condenatória proferida ao final do processo administrativo (inciso II).

Já a autoridade judicial poderá aplicar, além das citadas sanções da esfera administrativa (art. 20 da Lei 12.846/13), as sanções de (art. 19 do diploma legal): perdimento de bens, direitos ou valores decorrentes do ilícito (inciso I); suspensão ou interdição parcial das atividades da empresa (inciso II); dissolução compulsória da pessoa jurídica (inciso III); e proibição de receber incentivos, subsídios, subvenções, doações ou empréstimos de órgãos públicos, por um a cinco anos (inciso IV).

Trata-se, como se vê, de sanções graves, que implicam severas restrições às atividades da empresa – motivo pelo qual se prevê a sua aplicação apenas pelo Poder Judiciário, ao final de competente ação judicial com tal finalidade.

No campo administrativo, a aplicação das sanções do art. 6º da lei deve ser precedida de *processo administrativo para apuração da responsabilidade da pessoa jurídica*, cujo legitimado ativo é a *autoridade máxima de cada órgão ou entidade dos Poderes Executivo, Legislativo e Judiciário* (art. 8º). Especificamente no âmbito do Poder Executivo Federal, prevê-se que a Controladoria-Geral da União (CGU) terá competência concorrente para instaurar tal processo administrativo ou mesmo para invocá-lo de outras autoridades executivas (§2º do art. 8º)[32].

---

[32] Por sua vez, os órgãos competentes para promover a ação judicial de responsabilização são: a União, os Estados, o Distrito Federal e os Municípios; e o Ministério Público (art. 19, caput, da Lei 12.846/13). Conforme disposto no art. 21, caput, do diploma legal, tal ação seguirá o rito da ação civil pública, previsto na Lei 7.347/85.

A INTERNACIONALIZAÇÃO DO DIREITO PENAL ECONÔMICO

Somadas as duas esferas de responsabilização (administrativa e judicial) e as autoridades competentes, chega-se a um quadro de *plurilegitimação ativa* para a persecução dos atos ilícitos. Afinal, não bastasse a pluralidade de autoridades que se amoldam à previsão do art. 8º, *caput*, da Lei Anticorrupção, ainda se acrescentou o Ministério Público como competente para promover a ação judicial (art. 19, *caput*, da lei).

Nesse panorama, é possível indicar dois problemas decorrentes dessa *plurilegitimação ativa*: possível conflito de interesses entre os diversos órgãos colegitimados para promover a responsabilização, sobretudo no que diz respeito ao interesse do órgão executivo e ao interesse do Ministério Público; e a *"diluição de competência normativa"* entre os diversos órgãos competentes para a responsabilização[33], o que poderá causar insegurança jurídica à pessoa jurídica imputada[34].

Por fim, ressalte-se que, conforme disposto no art. 30 da Lei 12.846/13, a aplicação das sanções acima indicadas (nas esferas administrativa e judicial) não impede a aplicação das penalidades previstas na Lei de Improbidade Administrativa (Lei 8.429/92), na Lei de Licitações (Lei 8.66693) e na Lei de Regime Diferenciado de Contratações Públicas – RDC (Lei 12.462/11).

2.5. Acordo de leniência

Previsto nos arts. 16 e 17 da Lei 12.846/13, o acordo de leniência é pacto celebrado entre a pessoa jurídica responsável pelo ato de corrupção e o órgão público lesado, com o objetivo de confissão da conduta e fornecimento de todos os elementos de informações a ela relacionados (inclusive com a identificação de outros eventuais envolvidos no ilícito), para,

---

[33] Cite-se, por exemplo, que, no âmbito municipal, a Lei 12.846/13 foi regulamentada por meio do Decreto nº 55.107, de 13 de maio de 2014 (publicado no Diário Oficial da Cidade de São Paulo de 14.05.14).

[34] A expressão é de CONCEIÇÃO, que, ao tratar do *"excesso-normativo"*, afirma que *"um dos pontos que se revelam mais problemáticos da Lei Anticorrupção é, certamente, a diluição de competência normativa, visto que a Lei precisará ser regulada em todos os municípios do Brasil, em todos os Estados do Brasil, além da norma já editada pela Controladoria Geral da União ('CGU'), para fins de regulação federal – no caso, o Decreto Federal 8.420/2015"* (CONCEIÇÃO, Pedro Simões da. *Crime e caos...* cit., p. 149). A consequência disso, segundo o autor, é que *"qualquer ideal de segurança jurídica para que regras administrativas tenham uma aplicabilidade mais ou menos uniforme (dentro de uma mesma região, de um mesmo mercado relevante, enfim) se esvai"*, de modo que, para as empresas, *"o custo de interpretação de todas essas normas será altíssimo"* (idem, ibidem, p. 150).

DIREITO PENAL ECONÔMICO

em benefício, se obter redução ou isenção de algumas das sanções previstas na Lei Anticorrupção.

Nesse contexto, é interessante a abordagem feita por SILVEIRA, que, ao considerar que o acordo de leniência firmou-se *"quase que como um pilar fundamental da Política Nacional contra a Corrupção"*, aponta a aproximação desse instituto com o *compliance* e o *criminal compliance*, na medida em que o acordo *"baseia-se em uma noção de autodenúncia das empresas quanto a ilícitos por ela praticados"*[35].

De fato, não só a Lei 12.846/13 prevê que a existência de mecanismos e procedimentos de integridade é um fator a ser considerado na aplicação das sanções (art. 7º, VIII), como também a sua respectiva regulamentação federal (Decreto 8.420/15) disciplina o programa de integridade (arts. 41 e 42) e o insere expressamente como condição do acordo de leniência a ser firmado com o ente coletivo privado (art. 37, IV).

Por isso é que corretamente se afirma que a Lei Anticorrupção *"representa uma marcha decisiva em favor dos modelos de autorregulação, nos moldes de uma corregulação público-privada"*[36]: afinal, se, de um lado, o Estado elabora normas de fiscalização da atividade empresarial (no caso, por meio do sancionamento de atos ilícitos de corrupção), por outro lado incentiva (e conta com) a atuação da própria empresa na apuração, detecção e comunicação de atos ilícitos contra o Estado.

3. Colidência a lógica empresarial com a lógica personalíssima: reflexos penais do acordo de leniência em relação à pessoa física

Da breve análise da Lei de Improbidade Administrativa de da Lei Anticorrupção, com destaque para os pontos que são de maior interesse e/ou que afetam em maior medida a pessoa jurídica (em comparação com a pessoa física), é possível perceber que o instituto do acordo de leniência para a pessoa jurídica pauta-se por aspectos muitas vezes alheios à (e até mesmo colidentes com a) pessoa física. Em outras palavras, a lógica econômica-empresarial que pauta a celebração de um acordo de leniência pela pessoa jurídica é diferente da lógica em que se pauta a pessoa física diante de uma imputação de ilícito penal.

---

[35] SILVEIRA, Renato de Mello Jorge. O acordo de leniência... cit., p. 168.
[36] SILVEIRA, Renato de Mello Jorge; SAAD-DINIZ, Eduardo. *Compliance...* cit., p. 315.

A INTERNACIONALIZAÇÃO DO DIREITO PENAL ECONÔMICO

Como visto acima, a cominação de severas multas de caráter financeiro (e, consequentemente, a possibilidade de transacioná-las em uma leniência) faz com que os critérios reguladores do acordo de leniência muitas vezes colidam com os interesses das pessoas físicas envolvidas no ilícito – e mesmo que prejudiquem a defesa desses indivíduos.

A colidência de interesses, aqui, está ligado aos interesses envolvendo esses diversos atores nas questões jurídicas de ilícitos penais e/ou civis. Afinal, se, de um lado, a lógica empresarial implica numa visão do direito baseada no critério de eficiência (à luz dos institutos de direito privado da propriedade, dos contratos e da responsabilidade civil)[37], que atenda a melhor alocação de dinheiro, por outro lado a pessoa física – a quem se comina penas restritivas de direitos fundamentais, como a suspensão de direitos políticos ou mesmo a prisão – tem como principal interesse a sua defesa dentro do que considera *justo*, isto é, se pauta sobretudo pelo senso de *justiça* – e não de eficiência[38].

Exemplo desse conflito pode ser visto na discussão em andamento no Supremo Tribunal Federal no âmbito do ARE 1.175.650, em que se decidirá a possibilidade de utilização do acordo de colaboração premiada no âmbito civil, em ação civil pública por ato de improbidade administrativa, à luz dos princípios da legalidade (art. 5º, II, da Constituição Federal), da imprescritibilidade do ressarcimento ao erário (art. 37, § 4º e 5º, da Constituição Federal) e da legitimidade para propositura da ação (art. 129, § 1º, da Constituição Federal)[39].

Nesse contexto, também a demonstrar a colidência entre os interesses em jogo (da pessoa jurídica e da pessoa física) e os reflexos penais causados ao indivíduo pelo acordo de leniência, apontar-se-ão, nesse tópico, alguns pontos críticos que se inserem nesse contexto. Não se tem a pretensão de esgotar todos os reflexos penais, mas sim apontar aqueles

---

[37] COOTER, Robert; ULLEN, Thomas. *Direito e economia*. Trad.: Luis Marcos Sander, Francisco Araújo da Costa. 5ª ed. Porto Alegre, Bookman, 2010, p. viii e 26.

[38] À luz da eficiência e da justiça, sustenta-se que "*o direito também pode estar relacionado com o uso mais eficiente dos recursos escassos da sociedade; ele pode criar incentivos para que as pessoas se comportem de maneira mais produtiva, ou mesmo mais justa*" (COOTER, Robert; ULLEN, Thomas. *Direito e economia... cit.*, p. ix).

[39] Como consta no acórdão que reconheceu a repercussão geral do tema: ARE 1175650, rel. Min. Alexandre de Moraes, j. 25.04.19, *DJE* 06.05.19.

DIREITO PENAL ECONÔMICO

que parecem ser os principais e que mais tornam clara a desarmonia que se vê nesse cenário.

3.1. Legitimação: em qual porta bater primeiro?

Como antecipado ao longo do trabalho, há uma real dúvida acerca do órgão que possui atribuição para celebrar o acordo de leniência, notadamente diante da *plurilegitimação ativa* permitida pela lei, conforme detalhou-se no item 2.4 acima.

No âmbito federal, é possível conhecer as minúcias dos acordos que já foram celebrados em razão da divulgação, por parte da Controladoria Geral da União (CGU), de dados atinentes a cada um deles.

O hiato temporal transcorrido entre a celebração do acordo de leniência entre diferentes órgãos da administração, demonstra não só o vácuo normativo sobre a composição dos diversos órgãos estatais em torno da leniência, mas também a insegurança jurídica a que é submetida a empresa interessada.

É sintomático que, nos 11 (onze) casos até hoje divulgados pela CGU[40], as empresas tenham, em sua maioria, firmado acordo primeiro com o MPF. A explicação para tanto pode residir na vasta cobertura dada por tal acordo, sob o aspecto das sanções que poderiam ser aplicadas à pessoa jurídica (nas ações civis públicas e nas ações de improbidade, além da própria referência à Lei Anticorrupção) e, principalmente, pela cobertura dada a pessoas físicas (subordinadas da pessoa jurídica) que venham aderir ao acordo – o que não seria possível no acordo de leniência da Lei Anticorrupção, que abrange apenas a pessoa jurídica.

Nesse longo período entre a celebração de um e outro acordo (que pode levar anos), a pessoa jurídica se vê totalmente desprotegida, na medida em que, malgrado seja beneficiada em determinada extensão (pelo acordo firmado com o MPF), ainda assim se mostra suscetível de outras responsabilizações, decorrentes da Lei Anticorrupção. Assim, por mais que o ente coletivo se predisponha a revelar suas condutas ilícitas e pactuar as sanções cabíveis, ainda assim não terá segurança jurídica suficiente para se ver livre de qualquer ação sancionatória do

---

[40] Disponível em <https://www.cgu.gov.br/assuntos/responsabilizacao-de-empresas/lei-anticorrupcao/acordo-leniencia/arquivos/como-e-feita-a-divulgacao-dos-acordos-de-leniencia.pdf>, acesso em 05.03.2020.

Estado, em razão dos distintos órgãos envolvidos na celeuma do acordo de leniência.

Em resumo, portanto, a *plurilegitimação ativa* que permite que o acordo seja celebrado perante diversos órgão acaba por gerar inegável insegurança jurídica, seja diante das parcas informações trazidas pela própria lei para tal fim, seja, ainda, pelo cenário de incerteza de que celebrando o acordo perante um dos órgãos ele será suficiente a atender aos anseios de colaboração da empresa.

3.2. Abatimento de sanções impostas em diferentes instâncias pelos mesmos fatos

Dentre os acordos já divulgados, notou-se que as cláusulas que previram o abatimento da multa pactuada na CGU com obrigações anteriormente assumidas pela pessoa jurídica com outros órgãos sancionatórios (nos casos acima referidos, com o MPF e com autoridades estrangeiras), não obstante guardem coerência lógica com todo o sistema anticorrupção, não possuem fundamento legal expresso na Lei Anticorrupção. Em outras palavras, por mais que tal mecanismo de abatimento se mostre apropriado, sua pactuação depende tão-somente das tratativas entre o órgão público e a pessoa jurídica interessada – e não, como seria o ideal, de obrigação legal prevista no ordenamento.

A dificultar ainda mais essa questão, o art. 30 da Lei 12.846/13 prevê expressamente que a aplicação de sanções desse diploma legal não afasta a responsabilização do órgão coletivo em outras searas (Lei 8.429/92, Lei 8.666/93 e Lei 12.462/11). Tem-se, aqui, possível fundamento jurídico para infirmar a possibilidade de abatimento de multas aplicadas em searas diversas pelos mesmos fatos imputados à pessoa jurídica.

Uma possível solução reside no art. 22, § 3º, da Lei de Introdução às Normas do Direito Brasileiro (Decreto-Lei 4.657/42), pela qual se dispõe que, na interpretação de normas sobre gestão pública, *"as sanções aplicadas ao agente serão levadas em conta na dosimetria das demais sanções de mesma natureza e relativas ao mesmo fato"*. Assim, tal norma poderia ser aplicada nos procedimentos da Lei Anticorrupção (que, por certo, também versa sobre gestão pública), especificamente para sustentar o abatimento de multas impostas por distintos órgãos públicos.

DIREITO PENAL ECONÔMICO

3.3. Compartilhamento de provas com outras esferas de investigação

Em face da abrangência dos acordos de leniência analisados, percebe-se que as informações fornecidas em uma seara podem ser compartilhadas com vários outros órgãos públicos de persecução. Como exposto acima, nos acordos de leniência firmados com a CGU prevê-se vasta "cooperação" das empresas, inclusive mediante o fornecimento de informações que envolvam outras pessoas físicas e jurídicas por atos de corrupção e por atos de improbidade. Além disso, seria possível cogitar de compartilhamento de informações com o Ministério Público e órgãos de Polícia Judiciária, com vistas à instauração de investigações criminais[41].

Ocorre, contudo, que esse possível compartilhamento de informações poderá ocorrer sem qualquer controle judicial prévio, principalmente sob o prisma da legalidade das provas apresentadas pela pessoa jurídica leniente. Perceba-se que elementos de prova decorrentes de um acordo podem acabar servindo para uma persecução criminal, no âmbito da qual tal fornecimento (em decorrência de colaboração processual) somente ocorreria após a homologação judicial do respectivo acordo de colaboração (art. 4º da Lei 12.850/13).

Ademais, sob o ponto de vista da atividade sancionatória estatal, por meio de um só acordo administrativo (de leniência, nos termos da Lei 12.846/13) o Estado poderia obter elementos para promover a persecução em outras searas – a saber, na esfera de improbidade administrativa, em que há polêmica sobre a possibilidade de leniência; e na esfera criminal, em que o acordo dependeria de homologação judicial.

3.4. Facilitação de acordos para pessoas jurídicas (e maior dificuldade para as pessoas físicas)

Por fim, mas não menos importante, verifica-se que a cobertura da pessoa jurídica traz a reboque a desproteção de eventuais pessoas físicas envolvidas no ato ilícito de corrupção. Diante da "*não previsão de atenuação*

---

[41] Destaque-se, nesse ponto, o entendimento de BERTONCINI, para quem, após a celebração do acordo de leniência da Lei 12.846/13, a autoridade responsável deveria comunicar o Ministério Público, para tal órgão promova as investigações cabíveis, inclusive criminais (BERTONCINI, Mateus. Do acordo de leniência – comentários aos artigos 16 e 17. In: CAMBI, Eduardo; GUARAGNI, Fábio André (Coord.); BERTONCINI, Mateus (Org.). *Lei anticorrupção...* cit., pp. 213-214).

A INTERNACIONALIZAÇÃO DO DIREITO PENAL ECONÔMICO

ou isenção de responsabilidades penais a serem estendidas às pessoas físicas"[42], é coerente afirmar que *"embora seja favorável à pessoa jurídica nas esferas administrativa e cível, a celebração do acordo poderá prejudicar administradores e funcionários envolvidos"*, o que faz possível *"um choque de interesses que tornam as pessoas físicas mais vulneráveis"*[43].

Nesse contexto, não obstante a omissão da Lei 12.846/13 quanto às implicações penais e às pessoas físicas possa, por um lado, incentivar a autodenúncia das pessoas jurídicas e a sua conformidade ética na relação com o Estado, por outro lado pode ou inibir o convencimento da empresa leniente[44] ou, o mais preocupante, causar à pessoa física uma insegurança jurídica muito grande, deixando-a sujeita à atividade repressiva estatal por mais que ela tenha interesse em colaborar.

REFERÊNCIAS

CAMBI, Eduardo; GUARAGNI, Fábio André (Coord.); BERTONCINI, Mateus (Org.). *Lei anticorrupção*: comentários à Lei 12.846/2013. São Paulo: Almedina, 2014.

CARVALHOSA, Modesto. *Considerações sobre a lei anticorrupção das pessoas jurídicas*: Lei 12.846/2013. São Paulo: Revista dos Tribunais, 2015.

CASCIONE, Fábio de Souza Aranha; RIBEIRO, Bruno Salles Pereira. Lei anticorrupção: visão geral. In: _____ (orgs.). *Lei anticorrupção*: uma análise interdisciplinar. São Paulo: LiberArs, 2015, pp. 11-28.

CONCEIÇÃO, Pedro Simões da. *Crime e caos*: proposta para a criminalidade empresarial brasileira. São Paulo: LiberArs, 2019.

COOTER, Robert; ULLEN, Thomas. *Direito e economia*. Trad.: Luis Marcos Sander, Francisco Araújo da Costa. 5ª ed. Porto Alegre, Bookman, 2010.

COSTA, Helena Regina Lobo da. *Direito penal econômico e direito administrativo sancionador*: *ne bis in idem* como medida de política sancionadora integrada. Tese de livre-docência. Universidade de São Paulo, São Paulo, 2013.

_____. *Ne bis in idem* e Lei Anticorrupção: sobre os limites para a imposição de sanção pelo Estado. *Revista Fórum de Ciências Criminais*, Belo Horizonte, ano 2, n. 3, p. 73-90, jan.-jun./2015.

COSTA, Susana Henriques da. *O processo coletivo na tutela do patrimônio público e da moralidade administrativa*: ação de improbidade administrativa, ação civil pública e ação popular. 2ª ed. São Paulo: Atlas, 2015.

---

[42] SILVEIRA, Renato de Mello Jorge; SAAD-DINIZ, Eduardo. *Compliance...* cit., p. 350.

[43] GRECO FILHO, Vicente; RASSI, João Daniel. *O combate à corrupção...* cit., p. 197.

[44] Nesse sentido: SILVEIRA, Renato de Mello Jorge. O acordo de leniência... cit., pp. 169-170.

DIREITO PENAL ECONÔMICO

DINO, Nicolao. A colaboração premiada na improbidade administrativa: possibilidade e repercussão probatória. In: SALGADO, Daniel de Resende; QUEIROZ, Ronaldo Pinheiro de. *A prova no enfrentamento à macrocriminalidade*. 3ª ed. Salvador: JusPodivm, 2019, pp 611-637.

GRECO FILHO, Vicente; RASSI, João Daniel. *O combate à corrupção e comentários à lei de responsabilidade de pessoas jurídicas*: lei n. 12.846, de 1º de agosto de 2013. São Paulo: Saraiva, 2015.

JORGE, Flávio Cheim. A improbidade administrativa (Lei n. 8.429 de 2 de junho de 1992), In. FARIAS, Cristiano Chaves de; DIDIER JR., Fredie (coord.). *Procedimentos especiais cíveis* – legislação extravagante. São Paulo: Saraiva, 2003, pp. 1135/1180.

LOPES, Paula Lino da Rocha. Atuação Administrativa consensual: acordo substitutivo envolvendo atos de improbidade administrativa. *Revista de Processo*, São Paulo, ano 42, vol. 274, pp. 383-407, dez./2017.

MANN, Kenneth. Punitive Civil Sanctions: The Middleground Between Criminal and Civil Law. *Yale Law Journal*, 101, 1992, pp. 1795/1873.

OLIVEIRA, Ana Carolina Carlos de. *Hassemer e o direito penal brasileiro*: direito de intervenção, sanção penal e administrativa. São Paulo: IBCCrim, 2013.

PETRELUZZI, Marco Vinicio; RIZEK JUNIOR, Rubens Naman. *Lei anticorrupção*: origens, comentários e análise da legislação correlata. São Paulo: Saraiva, 2014.

ROSA, Márcio Fernando Elias; MARTINS JUNIOR, Wallace Paiva. Estudo comparativo entre as Leis 8.429/1992 e 12.846/201. *Revista dos Tribunais*, São Paulo, ano 103, vol. 947, p. 295-311, set./2014.

SERRANO, Pedro Estevam Alves Pinto. A responsabilidade objetiva da lei anticorrupção. *Revista do Advogado*, São Paulo, vol. 34, n. 125, pp.106-114, dez./2014.

SILVEIRA, Renato de Mello Jorge. O acordo de leniência na Lei Anticorrupção. *Revista dos Tribunais*, São Paulo, ano 103, vol. 947, p. 157-178, set./2014.

_____; SAAD-DINIZ, Eduardo. *Compliance, direito penal e lei anticorrupção*. São Paulo: Saraiva, 2015.

TAMASAUSKAS, Igor Sant'Anna; BOTTINI, Pierpaolo Cruz. A interpretação constitucional possível da responsabilidade objetiva na lei anticorrupção. *Revista dos Tribunais*, São Paulo, ano 103, vol. 947, pp. 133-155, set./2014.

TAVARES, João Paulo Lordelo Guimarães. A aplicação do instituto da colaboração premiada nas ações de improbidade. In: BRASIL. Ministério Público Federal. Câmara de Coordenação e Revisão, 5. *Coletânea de artigos*: avanços e desafios no combate à corrupção após 25 anos de vigência da Lei de Improbidade Administrativa / 5ª Câmara de Coordenação e Revisão, Criminal. – Brasília: MPF, 2018, pp. 28-51.